Einführung in die
Betriebswirtschaftslehre



VERLAG
C. E. POESCHEL

Günter Specht

# Einführung in die Betriebswirtschaftslehre

C. E. Poeschel Verlag Stuttgart

CIP-Titelaufnahme der Deutschen Bibliothek

*Specht, Günter:*
Einführung in die Betriebswirtschaftslehre
/ Günter Specht. –
Stuttgart: Poeschel, 1990
3-7910-0565-0

ISBN 3 7910 0565 0


Druck: Gulde-Druck GmbH, Tübingen
Printed in Germany

# Vorwort

Die Grundlagen für diesen Text wurden an der Technischen Hochschule Darmstadt in einer einsemestrigen Vorlesung mit dem Titel »Einführung in die Betriebswirtschaftslehre« geschaffen, die sich in erster Linie an Wirtschaftsingenieure, Wirtschaftsinformatiker und Ingenieure richtete. Ziel dieser Veranstaltung war es, in knapper, kompakter Form einen umfassenden Überblick über die Inhalte dieses Fachs zu geben.
Diesem Anspruch folgt auch das vorliegende Buch. Kurz und bündig – aber anspruchsvoll – soll das Buch Leser ansprechen, die an einer Einführung interessiert sind, die sowohl wissenschaftliche als auch praktische Problemstellungen und -lösungen aufgreift.
Inhaltlich steht das aktuelle Grundwissen der Betriebswirtschaftslehre im Vordergrund. Dennoch sollten und konnten einige Akzente gesetzt werden. So wurden beispielsweise Fragen des F&E-, Innovations- und Technologiemanagement relativ größere Beachtung geschenkt als dies in den meisten einführenden Lehrbüchern der Betriebswirtschaftslehre der Fall ist. Bemerkenswert ist weiterhin, daß die Behandlung von Produktionsfaktoren und Produktionsfunktionen nicht wie üblich im Rahmen der Erörterung fertigungswirtschaftlicher Fragen erfolgt, sondern betriebsfunktionsübergreifend in einem Abschnitt über die Betriebswirtschaft als produktives System. Damit wird dem Gedanken Rechnung getragen, daß in allen betrieblichen Funktionsbereichen Leistungen erstellt werden. In einer Zeit, in der Dienstleistungen immer wichtiger werden, kommt einer solchen Umorientierung in der Behandlung von Produktionsfaktoren und -funktionen programmatische Bedeutung zu. Hinsichtlich der wissenschaftstheoretischen Grundlegung in den ersten Kapiteln des Buches mag der ein oder andere Leser die Frage stellen, ob ein derartiges Thema in einer Einführung angebracht ist. Die Antwort kann unterschiedlich ausfallen. Jeder, der sich mit Problemen in Betrieben und in der Betriebswirtschaftslehre beschäftigt, sollte jedoch darüber nachdenken, warum und mit welchem Ziel er dies tut. Einen Anstoß dazu soll speziell die Diskussion von zentralen Aufgaben einer Wissenschaft geben.
Studenten des Wirtschaftsingenieurwesens haben mir bei der textlichen Überarbeitung meines Vorlesungsskriptums wertvolle Hilfe geleistet. An erster Stelle möchte ich cand. Wirtschaftsingenieur Matthias Beck danken, der mit großer Sorgfalt das Vorlesungsskriptum auf dem PC geschrieben und dabei zahlreiche Verbesserungen vorgenommen hat. Stud. Wirtschaftsingenieur Carsten Schildknecht und stud. Wirtschaftsingenieur Johannes Becker-Flügel haben in der Endphase der Textbearbeitung mitgeholfen und zahlreiche Schaubilder und Tabellen angefertigt. Auch dafür bedanke ich mich bestens.

Darmstadt, im März 1990 *Günter Specht*

# Inhaltsverzeichnis

# Abkürzungsverzeichnis

| | |
|---|---|
| Abb. | Abbildung |
| Abs. | Absatz |
| Abschn. | Abschnitt |
| AG | Aktiengesellschaft |
| AktG | Aktiengesetz |
| Aufl. | Auflage |
| BAB | Betriebsabrechnungsbogen |
| Bd. | Band |
| BetrVG | Betriebsverfassungsgesetz |
| BGB | bürgerliches Gesetzbuch |
| BRD | Bundesrepublik Deutschland |
| BWL | Betriebswirtschaftslehre |
| bzw. | beziehungsweise |
| CAD | Computer Aided Design |
| CAM | Computer Aided Manufacturing |
| CIM | Computer Integrated Manufacturing |
| CPM | Critical Path Method |
| d.h. | das heißt |
| DGB | Deutscher Gewerkschaftsbund |
| DM | Deutsche Mark |
| EDV | elektronische Datenverarbeitung |
| EEV | Ertrag-, Einkommen-, Vermögen |
| eG | eingetragene Genossenschaft |
| ESt | Einkommensteuer |
| etc. | et cetera |
| f. | folgende |
| FA | frühestmöglicher Starttermin |
| FE | frühestmöglicher Endtermin |
| ff. | fortfolgende |
| F & E | Forschung und Entwicklung |
| GbR | Gesellschaft bürgerlichen Rechts |
| GE | Geldeinheit(en) |
| gegr. | gegründet |
| GewSt | Gewerbesteuer |
| GKR | Gemeinschaftskontenrahmen |
| GmbH | Gesellschaft mit beschränkter Haftung |
| GmbHG | GmbH-Gesetz |
| GuV | Gewinn- und Verlustrechnung |
| HGB | Handelsgesetzbuch |
| Hrsg. | Herausgeber |
| i.d.R. | in der Regel |
| i.e.S. | im engeren Sinne |
| i.w.S. | im weiteren Sinne |
| IKR | Industriekontenrahmen |
| KG | Kommanditgesellschaft |

| | |
|---|---|
| KGaA | Kommanditgesellschaft auf Aktien |
| KLR | Kosten- und Leistungsrechnung |
| KSt | Körperschaftsteuer |
| LKW | Lastkraftwagen |
| m. E. | meines Erachtens |
| MD | Management Development |
| ME | Mengenheinheit(en) |
| MIS | Management-Informationssysteme |
| MitbestG | Mitbestimmungsgesetz |
| MPM | Metra Potential Methode |
| MPS | materialwirtschaftliche Planungs- und Steuersysteme |
| N°. | number |
| Nr. | Nummer |
| OHG | Offene Handelsgesellschaft |
| OR | Operations Research |
| p. | page/pages |
| PERT | Program Evaluation and Review Technique |
| PLZ | Produkt-Lebenszyklus |
| PPS | Produktionsplanungs- und Steuerungssysteme |
| PR | Public Relations |
| Prod.fkt. | Produktionsfunktion |
| REFA | Reichsausschuß für Arbeitzeitermittlung |
| RKW | Reichskuratorium für Wirtschaftlichkeit |
| ROI | Return on Investment |
| S. | Seite/Seiten |
| SA | spätest erlauber Starttermin |
| SE | spätest zulässiger Endtermin |
| SE | Substanzerhaltung |
| Tab. | Tabelle |
| u. | und |
| u. a. | und andere/unter anderem |
| u. U. | unter Umständen |
| USt | Umsatzsteuer |
| usw. | und so weiter |
| vgl. | vergleiche |
| VSt | Vermögensteuer |
| VWL | Volkswirtschaftslehre |
| z. B. | zum Beispiel |
| z. T. | zum Teil |
| ZE | Zeiteinheit(en) |
| ZfB | Zeitschrift für Betriebswirtschaftslehre |

# Abbildungs- und Tabellenverzeichnis

# 1. Der Gegenstand der Betriebswirtschaftslehre

## 1.1 Betriebswirtschaft in praktischen Beispielen

Betriebe begegnen uns im täglichen Leben in unterschiedlichster Form. Zu denken ist z.B. an Industriebetriebe, Handelsbetriebe, Bankbetriebe, Versicherungen, Bergbaubetriebe, Handwerksbetriebe oder landwirtschaftliche Betriebe.
Trotz aller Unterschiede gibt es jedoch eine wesentliche Gemeinsamkeit: Alle Betriebe produzieren und vermarkten Produkte, leisten also einen Beitrag zur Lösung von Problemen in anderen Wirtschaftseinheiten.

Zur Verdeutlichung der Sachverhalte, mit denen sich die Betriebswirtschaftslehre auseinanderzusetzen hat, sollen folgende Beispiele dienen:

Unternehmensgründung:

Die Diskussion um die Förderung der Gründung technologieorientierter Unternehmen nimmt in der Bundesrepublik zur Zeit breiten Raum ein. Durch zahlreiche Förderprogramme wird versucht, den "Jung-Managern" bei der Lösung typischer Gründungsprobleme zu helfen. Aufgabe der Betriebswirtschaftslehre ist in diesem Zusammenhang, derartige Probleme von Gründern aufzuzeigen, zu beschreiben, zu erklären und mögliche Lösungen zu skizzieren. Zu den Problemen gehören u.a.:

- finanzielle Probleme der Gründer, speziell ihre Ausstattung mit Eigen- und Fremdkapital,
- Mangelnde Überschaubarkeit gründungsrelevanter rechtlicher Vorschriften (z.B. Handelsrecht, Steuerrecht),
- Qualifikationsprobleme bei den Gründern (Meist sind sie nur partiell qualifiziert, d.h. sie sind primär Techniker oder primär Kaufmann),
- Personalprobleme (Gewinnung, Motivation und Ausbildung von Mitarbeitern),
- Marketingprobleme sowie
- Raum- und Standortprobleme.

Diversifikation:

Wenn von Diversifikation gesprochen wird, dann werden damit neuartige Leistungsbereiche des Unternehmens bezeichnet.
Mit derartigen betrieblichen Innovationsstrategien wird z.B. versucht, das Unternehmen durch weitere "Standbeine" in anderen Märkten krisenunanfälliger zu machen oder neue Wachstumsmöglichkeiten zu erschließen.
Jede Diversifikationsplanung erfordert sogenannte "feasibility studies", d.h. technisch-wirtschaftliche Durchführbarkeitsstudien.

Es geht dabei z.B. um

- die technische Machbarkeit,
- die Bestimmung der Marktchancen und -risiken,
- Wirtschaftlichkeitsuntersuchungen und
- die Untersuchung der Finanzierbarkeit.

Krisenmanagement:

Unternehmen können durch Umsatzrückgang und/oder Kostensteigerung in eine akute Krise geraten. Um sie zu überwinden, ist folgende Vorgehensweise denkbar:

- Bestimmung der Ursachen für die Krise,
  z.B.: Geringer Umsatz pro Beschäftigtem und zu hohe Zinskosten durch hohen Fremdkapitalanteil und
- Einleitung von Gegenmaßnahmen,
  z.B.: Personaleinsparung durch Rationalisierung und Gespräche mit der Bank mit dem Ziel, die Tilgung auszusetzen oder den Zinssatz zu senken.

Fazit:

Betriebe beschäftigten sich mit den unterschiedlichsten Tätigkeiten wie:

- analysieren, planen, entscheiden, durchführen, kontrollieren, informieren, beraten, verhandeln, anordnen
- beschaffen, entwickeln, produzieren, absetzen, finanzieren, investieren.

Dennoch ist nicht jedes Verhalten von Menschen in Betrieben Gegenstand der Betriebswirtschaftslehre.

## 1.2 Betriebswirtschaftslehre in der Wissenschaft

### 1.2.1 Der Kern der Betriebswirtschaftslehre

Zentral für die Betriebswirtschaftslehre ist der Begriff "Wirtschaften".In der Literatur wird dieser Begriff jedoch nicht einheitlich definiert. Dies zeigen die folgenden Beispiele.

"Wirtschaften in Betrieben" kann bedeuten:

- "planvolle Versorgung der Menschen mit knappen Gütern" (Raffée 1974, S. 23)
- "disponieren über knappe Güter, die direkt oder indirekt geeignet sind, menschliche Bedürfnisse und Wünsche zu erfüllen" (Schierenbeck 1980, S. 2)
- "...Gebiet menschlicher Tätigkeit, das der Bedürfnisbefriedigung dient." (Wöhe 1984, S. 1)

Zwei dieser Definitionen beziehen sich auf "knappe Güter", die die Bedürfnisse der Menschen befriedigen sollen. Dahinter steckt der Gedanke, daß der Wert eines Gutes sowohl durch seine Fähigkeit zur Bedürfnisbefriedigung als auch durch seine Knappheit bestimmt wird. Derartige Güter können sein:

- materielle oder immaterielle Güter,
- Güter mit oder ohne direktes Entgelt ( wie im Falle öffentlicher Kollektivgüter),
- Produktions- oder Konsumgüter,
- Verbrauchs- oder Gebrauchsgüter und
- Real- oder Nominalgüter (Geld, Patente, etc.).

Gemeinsam sind all diesen "Wirtschaftsgütern" die Merkmale:

- der Knappheit,
- der Eignung zur Bedürfnisbefriedigung und
- der Übertragbarkeit und Disponibilität, d.h. die Eignung zum Austausch (mit oder ohne Entgelt) zwischen Wirtschaftssubjekten.

Neben dem Begriff "Wirtschaften" muß nun auch der Begriff "Betrieb" definiert werden, um klarzumachen, was unter Betriebswirtschaftslehre verstanden werden soll. Es gibt dabei im Prinzip zwei unterschiedliche Auffassungen:

**1. Auffassung**

Der Betrieb ist eine Wirtschaftseinheit bzw. ein soziales System, das Güter produziert und/oder konsumiert.
Dies führt dazu, daß:

- private Haushalte ebenso Betriebe sind wie Unternehmen und
- die Betriebswirtschaftslehre mit Einzelwirtschaftslehre und Mikroökonomie gleichzusetzen ist.

**2. Auffassung**

Der Betrieb ist eine Wirtschaftseinheit, deren Primärzweck die Gütererstellung ist. Damit ist der Betrieb eine spezialisierte Wirtschaftseinheit.

- Dies führt zu einer Ausklammerung privater Haushalte aus dem Objektbereich der Betriebswirtschaftslehre. Für private Haushalte ist in diesem Falle eine spezielle "Hauswirtschaftslehre" zuständig. Die Betriebswirtschaftslehre kann infolgedessen auch nicht mehr mit der Mikroökonomie gleichgesetzt werden.

Zweckmäßig ist es, sich an die erste Auffassung anzulehnen und zu sagen:
Betriebe sind Wirtschaftseinheiten und damit komplexe, offene, sozio- technische Systeme, in denen über die Verwendung knapper Mittel entschieden wird.

Vom Begriff des Betriebes ist der des Unternehmens zu trennen. Ein Unternehmen ist ein spezieller Betriebstyp, der

- durch einen Gründungsakt gebildet wurde,
- mit Kapital ausgestattet ist,
- überwiegend produktive Aufgaben erfüllt,
- überwiegend der Fremdbedarfsdeckung dient und
- die Leistungen i.d.R. gegen individuell zu zahlende Entgelte (Preise) abgibt.

Als Betriebsarten unterscheidet man:

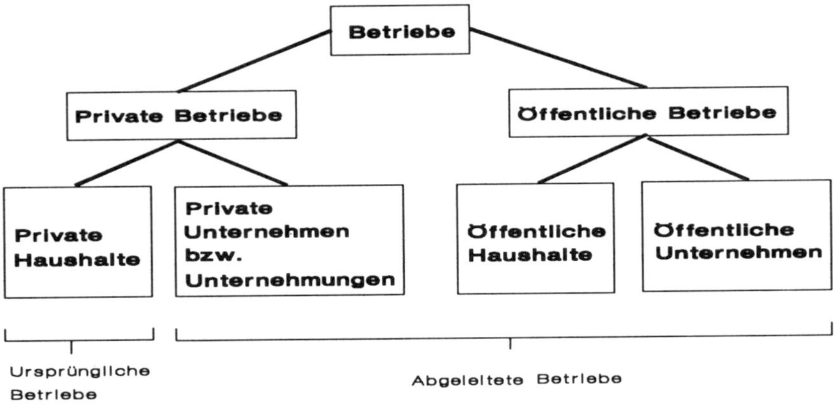


Abb. 1.2.1/I Betriebsarten

Die Betriebswirtschaftslehre erfaßt allerdings nicht sämtliches Verhalten von Menschen in Betrieben. Sie ist eine "Aspektlehre" (Schneider 1981, S. 15), d.h. ihr Gegenstand ist nur ein spezieller Bereich des Handelns von Menschen in Betrieben, nämlich das "wirtschaftliche" Handeln. Das menschliche Verhalten in Betrieben läßt sich auch unter anderen Aspekten analysieren.

Solche Aspekte sind z.B.:

- der soziale Aspekt (Soziologie),
- der psychische Aspekt (Psychologie),
- der technische Aspekt (Ingenieurwissenschaften),
- der ergonomische Aspekt (Arbeitswissenschaft),
- der mathematische Aspekt (Mathematik) und
- der Informationsverarbeitungsaspekt (Informatik).

Für die Beantwortung der Frage, mit welchem "Aspekt" von Betrieben sich die Betriebswirtschaftslehre beschäftigen soll, bietet sich eine zweckmäßige Unterscheidung an, und zwar die Unterscheidung eines Erfahrungsobjekts und eines Erkenntnisobjekts. (vgl. Schneider 1981, S. 162)

Das Erfahrungsobjekt der Betriebswirtschaftslehre sind reale Betriebe mit all ihren Dimensionen.

Demgegenüber ist das Erkenntnisobjekt der Betriebswirtschaftslehre ein durch isolierende Abstraktion gewonnenes Denkobjekt "Betrieb". Das heißt, nur die wirtschaftliche Dimension bzw. der wirtschaftliche Aspekt eines Betriebes bzw. des Erfahrungsobjektes "realer Betrieb" bildet das Erkenntnisobjekt der Betriebswirtschaftslehre. Deshalb wird oft auch nicht von "Betrieb", sondern von "Betriebswirtschaft" gesprochen.

Es ist allerdings nicht ganz einfach, den wirtschaftlichen Aspekt von anderen (nicht-wirtschaftlichen) Aspekten abzugrenzen.

In der Literatur werden folgende Abgrenzungskriterien angeführt, um den Untersuchungsbereich der Betriebswirtschaftslehre eingrenzen zu können:

- langfristige Gewinnmaximierung

  Dagegen ist folgendes einzuwenden:
  Gemeinnützige Betriebe streben nicht nach Gewinnmaximierung. Sie wären nach diesem Abgrenzungskriterium kein Untersuchungsgegenstand der Betriebswirtschaftslehre. Dies wäre sicher keine zweckmäßige Abgrenzung der Betriebswirtschaftslehre, obwohl dem Prinzip der langfristigen Gewinnmaximierung große Bedeutung zukommt.

- gemeinwirtschaftliche Wirtschaftlichkeit (Schmalenbach 1934, S. 2)

  Gegen dieses Abgrenzungskriterium spricht der Umstand, daß die meisten Betriebe nicht nach dem Prinzip der Gemeinwirtschaftlichkeit handeln. Folglich kann sich die Betriebswirtschaftslehre nicht nur auf gemeinwirtschaftliche Betriebe beziehen.

- Wirtschaftlichkeitsprinzip (Ökonomisches Prinzip),

  d.h. optimales Verhältnis von Aufwand (Input) und Ertrag (Output).
  Üblicherweise werden drei Formen des Ökonomischen Prinzips unterschieden:
  1. Das Maximumprinzip
  Mit gegebenem Aufwand soll ein möglichst hoher Ertrag erzielt werden.
  2. Das Minimumprinzip
  Ein bestimmter Ertrag soll mit möglichst geringem Aufwand erzielt werden.
  3. Das generelle Extremumprinzip
  Ziel ist die Maximierung der Differenz zwischen Aufwand und Ertrag.
  Gegen die Wahl des Wirtschaftlichkeitsprinzips als Abgrenzungskriterium sprechen vor allem zwei Argumente:

  a)
  Betriebe handeln nicht immer nach dem Ökonomischen Prinzip . Die Betriebswirtschaftslehre muß sich auch (und zum Teil gerade) mit ineffizientem Verhalten beschäftigen.

  b)
  Speziell das generelle Extremumsprinzip ist nicht operational (nicht meßbar) formuliert. Nahezu jedes menschliche Verhalten kann mit dem Extremumsprinzip in Verbindung gebracht werden, und zwar auch dann, wenn dieses Prinzip nicht Richtschnur des Handelns war.
  Ein solch unklares Prinzip ist als Abgrenzungskriterium für eine wissenschaftliche Disziplin wie die Betriebswirtschaftslehre ungeeignet.

- Beziehungen zwischen Gütereinsatz und -ausbringung

  Beinahe jedes menschliche Verhalten kann als Beziehung zwischen Gütereinsatz und -ausbringung aufgefaßt werden. Von daher kann auch dies kein geeignetes Abgrenzungskriterium sein.

- Einkommenserzielung und -verwendung (Schneider 1981, S. 17)

  Im Rahmen der Einkommenserzielung und -verwendung werden z.B. Verhandlungen geführt, Kunden beeinflußt, usw. Dies sind Aktivitäten, die nicht als "rein" wirtschaftliche Aktivitäten bezeichnet werden können.

- Tauschverhältnisse (Schneider 1981, ebenda)
  Problem:
  Auch gegen dieses Abgrenzungskriterium kann ähnlich argumentiert werden wie zuvor.

Wir kommen also zu dem Schluß, daß kein hier angeführtes Abgrenzungskriterium operational ist.
Daraus läßt sich folgern, daß die Betriebswirtschaftslehre die Forschungsresultate anderer Wissenschaften, speziell zum Beispiel der Verhaltenswissenschaften, einbeziehen muß. Dabei sind als ihr Ausgangspunkt "wirtschaftliche Probleme" zu sehen, die in ihrem Kern einem der erwähnten Abgrenzungskriterien entsprechen.
Bei der Problemlösung muß die Betriebswirtschaftslehre dementsprechend mehrdimensional bzw. interdisziplinär vorgehen; d.h. der Betriebswirt sollte z.B. "Auch-Mathematiker" und "Auch-Psychologe" sein und mit den Nachbardisziplinen kooperieren.

### 1.2.2 Grundbegriffe und Grundsachverhalte der Betriebswirtschaftslehre

Um einen Einblick in die Betriebswirtschaftslehre zu bekommen, ist es sehr wichtig, einige Begriffe der Fachsprache zu beherrschen und einen Überblick über grundlegende betriebswirtschaftliche Sachverhalte zu bekommen. Dies soll im folgenden Abschnitt erreicht werden.

#### a) Produktionsprozeß

Um den Begriff "Produktionsprozeß" zu definieren, muß man zunächst auf den Begriff "Produktion" bzw. Leistungserstellung eingehen. Darunter kann im engeren Sinne die Fertigung im Industriebetrieb verstanden werden oder auch im weiteren Sinne jegliche Leistungserstellung in sämtlichen betrieblichen Funktionsbereichen (z.B. auch in der Forschung und Entwicklung) und in sämtlichen Betriebstypen (z.B. auch im Handel, Dienstleistungsgewerbe etc.).

Der Begriff "Produktionsprozeß" bezeichnet nun die Umwandlung von Einsatzgütern (produktiven Faktoren, Produktionsfaktoren) in Produkte (Leistungen) im Rahmen einer Input-Output-Beziehung.

Dabei lassen sich als Objekte betrieblicher Prozesse

- Realgüter (also Sachgüter und Dienstleistungen),
- Nominalgüter (also Geld und Rechte (z.B. Patente)) und
- Informationen

unterscheiden.

Bildlich sind die Real- und Nominalgüterströme z.B. wie folgt darstellbar:

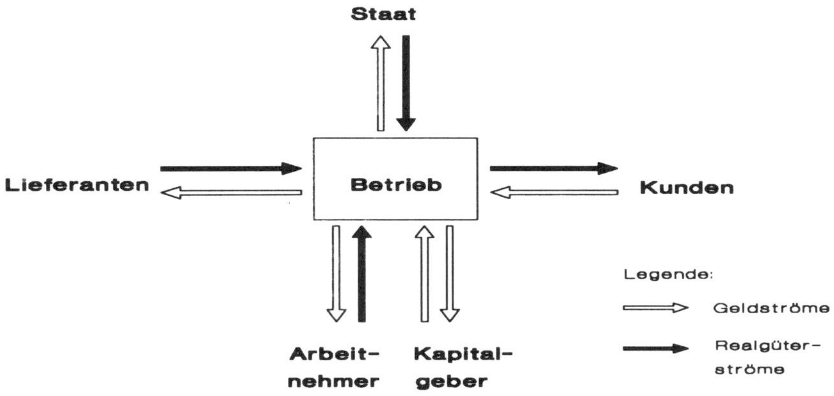


Abb. 1.2.2/II Real- und Nominalgüterströme

**b) Produktionsfaktoren**

Der Begriff "Produktionsfaktor" steht für materielle und immaterielle Güter, die zur Leistungserstellung eingesetzt werden.

Gutenberg (vgl. Gutenberg 1965, S. 3) unterscheidet in seinem System folgende produktive Faktoren:

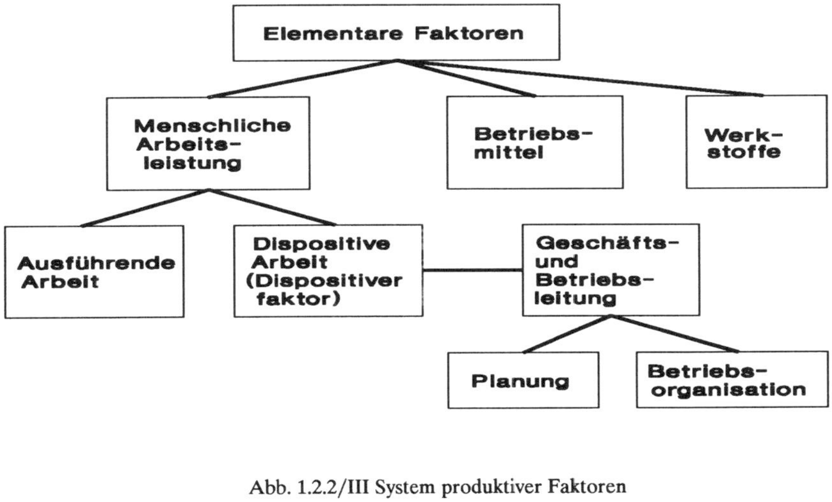


Abb. 1.2.2/III System produktiver Faktoren

Als Betriebsmittel sind z.B. Grundstücke, Gebäude, Maschinen und Werkzeuge zu verstehen. Zu den Werkstoffen zählen u.a. Roh-, Hilfs- und Betriebsstoffe.

Das System produktiver Faktoren von Gutenberg ist insofern zu kritisieren, als Input-Güter und Betriebsfunktionen nicht klar auseinandergehalten werden.

In der Literatur gibt es zahlreiche andere Versuche, Produktionsfaktorsysteme zu entwickeln.

Ulrich (Ulrich 1970, S. 47) unterscheidet beispielsweise folgende Produktionsfaktoren:

- Mensch
- Energie
- Anlagen
- Information
- Materialien
- Geld

Auch dieses System ist kritisierbar, denn der "Faktor" Geld liegt auf völlig anderer Ebene als die anderen Faktoren. Außerdem läßt sich der Faktor Information kaum von den anderen Produktionsfaktoren trennen.

Darüber hinaus ist die Zeit ein Produktionsfaktor. Sie tritt explizit in Erscheinung bei der Unterscheidung der Produktionsfaktoren nach der Dauer der Nutzenabgabe.

Hierbei kann nämlich differenziert werden zwischen:

- Repetierfaktoren (Verbrauchsgüter), die ihren Nutzen nur im Moment des Verbrauchs entfalten (z.B. Treibstoffe) und
- Potentialfaktoren (Gebrauchsgüter), die ihren Nutzen während der ganzen Zeit des Gebrauchs stiften (z.B Maschinen).

### c) Produktionsfunktionen

Produktionsfunktionen stellen den Zusammenhang zwischen der Ausbringungsmenge (m) einer Produktion und den Produktionsfaktoreinsatzmengen ($v_1$ bis $v_n$) dar:

$$m = f(v_1, v_2, ...., v_n)$$

Dieser Zusammenhang ist dabei von der Art des Produktionsprozesses abhängig, d.h. es gibt eine große Anzahl verschiedenartiger Produktionsfunktionen.

Die Ausbringungsmenge m wird auch als Produktionsertrag E bezeichnet. Analog kann also geschrieben werden:

$$E = f(v_1, v_2, ...., v_n)$$

Eine wichtige Kennziffer im Zusammenhang mit Produktionsfunktionen ist die Produktivität. Sie gibt Auskunft über die Ergiebigkeit des Einsatzes von Produktionsfaktoren:

$$\text{Produktivität} = \frac{\text{Ausbringungsmenge}}{\text{Faktoreinsatzmenge}}$$

Im Blick auf die einzelnen Produktionsfaktoren lassen sich Teilproduktivitäten definieren:

z.B.:

$$\text{Arbeitsproduktivität} = \frac{\text{gefertigte Produkteinheiten}}{\text{eingesetzte Arbeitsleistungen}}$$

oder

$$\text{Maschinenproduktivität} = \frac{\text{gefertigte Produkteinheiten}}{\text{Maschinenleistung}}$$

Das Problem bei der Bestimmung der Produktivität der einzelnen Produktionsfaktoren und dem anschließenden Vergleich dieser Kennziffern mit der Vergangenheit oder mit Werten der Konkurrenz ist die fehlende Gleichnamigkeit. So kann beispielweise die eingesetzte Arbeitsleistung von unterschiedlicher Qualität sein.

**d) Betriebsfunktionen**

Mit dem Begriff "Betriebsfunktionen" werden die einzelnen Tätigkeitsbereiche in Betrieben bezeichnet. Dabei handelt es sich um:

- Management (Führung)

-----------------------------------

- Beschaffung der notwendigen Einbringungsmengen
- Fertigung (innerbetriebliche Leistungserstellung)
- Absatz der hergestellten Leistungen (d.h. Leistungsverwertung)

-----------------------------------

- Finanzierung (Beschaffung u. Bereitstellung von Kapital für Investitionen)

-----------------------------------

- Logistik (Transport und Lagerung)
- Forschung und Entwicklung (F&E)
- Personalwirtschaft
- Informationswirtschaft (Rechnungswesen, Controlling, etc.)

## e) Betriebserfolgsindikatoren

Unter Erfolg (oder Ergebnis) versteht man die Erträge vermindert um die Aufwendungen jeweils für eine Periode.
Also:

| **Erfolg = Erträge - Aufwendungen** |
|---|

Wobei

- der Ertrag der in Geldeinheiten ausgedrückte Wertezugang einer Periode und
- der Aufwand der in Geldeinheiten ausgedrückte Werteverbrauch einer Periode

ist.

Hierbei ist zu beachten, daß Ertrag und Aufwand nicht identisch mit Einnahmen und Ausgaben sind!

Dies soll ein Beispiel verdeutlichen:

(1) Einnahmen : Verkaufserlöse der verkauften Produkte einer Periode

(2) Ertrag : Mit Marktpreisen bewertete Menge der produzierten Produkte einer Periode

(3) Ausgaben : Bezahlung des Kaufpreises einer Maschine für z.B. DM 200.000,-

(4) Aufwand : Abschreibungsanteil dieser neuen Maschine in der Periode der Anschaffung (z.B. DM 50.000,-)

Bei einem positiven Ergebnis (Erträge - Aufwendungen > 0) ist in der betreffenden Periode ein Gewinn, bei einem negativen Ergebnis (Erträge - Aufwendungen < 0) ein Verlust eingetreten.

Dabei setzt sich das Ergebnis zusammen aus dem:

- Betriebsergebnis als sachzielbezogenem Ergebnis und dem
- neutralen Ergebnis als nicht sachzielbezogenem Ergebnis (z.B. Spenden, Wertsteigerung bei Aktien, etc.)

Das Betriebsergebnis schließlich ist die Differenz zwischen

- Kosten als sachzielbezogenem, bewertetem Güterverbrauch und
- Leistung als sachzielbezogener, bewerteter Güterentstehung.

## Kontrollfragen zu Kapitel 1

1. Was versteht man unter "Wirtschaften"?
2. Was versteht man unter "Wirtschaftsgütern"?
3. Was versteht man unter "Betrieb"?
4. Was wird unter einem "Unternehmen" verstanden?
5. Was ist gemeint, wenn die Betriebswirtschaftslehre als eine Aspektlehre bezeichnet wird?
6. Was versteht man unter dem Erfahrungsobjekt und dem Erkenntnisobjekt der BWL?
7. Mit welchen Kriterien wird das Erkenntnisobjekt der BWL in der Literatur abgegrenzt?
8. Was versteht man unter dem "Ökonomischen Prinzip" und welche Arten dieses Prinzips lassen sich unterscheiden?
9. Welche Überlegungen sprechen für einen interdisziplinären Ansatz der BWL?
10. Was versteht man unter dem Begriff "Produktion"?
11. Was ist ein "Produktionsprozeß"?
12. Welche Objekte betrieblicher Prozesse lassen sich unterscheiden?
13. Was sind Produktionsfaktoren?
14. Beschreiben Sie das System produktiver Faktoren nach Gutenberg!
15. Was versteht man unter Repetier- und Potentialfaktoren?
16. Was ist eine Produktionsfunktion?
17. Was versteht man unter Produktivität und welche Teilproduktivitätskennziffern kennen Sie?
18. Welche Betriebsfunktionen kennen Sie?
19. Was versteht man unter Erfolg (Ergebnis)?
20. Was ist Ertrag und was ist Aufwand?
21. Worin unterscheiden sich Betriebsergebnis und neutrales Ergebnis?
22. Was sind Kosten und was sind Leistungen?

# 2. Wissenschaftstheoretische Grundlegung

## 2.1 Wissenschaft und ihre Aufgaben

Die zentrale Frage lautet: Was ist und was soll Wissenschaft?

In Bezug auf den ersten Teil der Frage gibt der Wissenschaftsbegriff Auskunft, der drei Varianten aufweist, nämlich Wissenschaft als:

- Tätigkeit der Erkenntnisgewinnung
- Institution der Erkenntnisgewinnung und
- Ergebnis der Erkenntnisgewinnung.

Das Ergebnis kann subjektiv das systematisch geordnete und reflektierte Wissen eines einzelnen (eines Subjektes) oder objektiv ein systematisch geordnetes Gefüge von Sätzen sein.

Hinsichtlich der zweiten Teilfrage können drei Funktionen unterschieden werden (vgl. Raffée 1974, S.16):

Wissenschaft hat zunächst eine fundierende Funktion. Dies drückt sich aus in

- der Wissenschaftstheorie, die theoretische Aussagen über Wissenschaft selbst formuliert,
- der Wissenschaftsethik bzw. Philosophie,
- der Theoriebildung mit Ursache-Wirkungs-Aussagen
- und der "Technologie"-Bereitstellung in Form von Ziel-Mittel-Aussagen.

Wichtig ist auch die kritische Funktion der Wissenschaft. Dies bedeutet sowohl Kritik

- an den Aussagensystemen der Wissenschaft durch Falsifikationsversuche

als auch

- an der realen Praxis.

Die utopische Funktion der Wissenschaft hat die

- Entwicklung neuer Ziele, Werte und Modelle möglicher Welten

zum Gegenstand.

## 2.2 Die Betriebswirtschaftslehre in der Wissenschaftseinteilung

Grundsätzlich wird unterschieden zwischen Formal- und Realwissenschaften. Formalwissenschaften zeichnen sich dadurch aus, daß

- sie keinen Bezug zu realen Objekten haben,
- sie ein System von Zeichen mit Regeln zur Verwendung dieser Zeichen besitzen und
- ihre Aussagen nur logisch überprüfbar sind.

Realwissenschaften hingegen

- haben einen Bezug zu realen Sachverhalten und
- ihre Aussagen sind sowohl logisch als auch faktisch überprüfbar.

Die Betriebswirtschaftslehre läßt sich nun in dieses Schema einordnen als eine Realwissenschaft, die sich formalwissenschaftlicher Methoden bedient. (Siehe dazu Abb. 2.2/I)

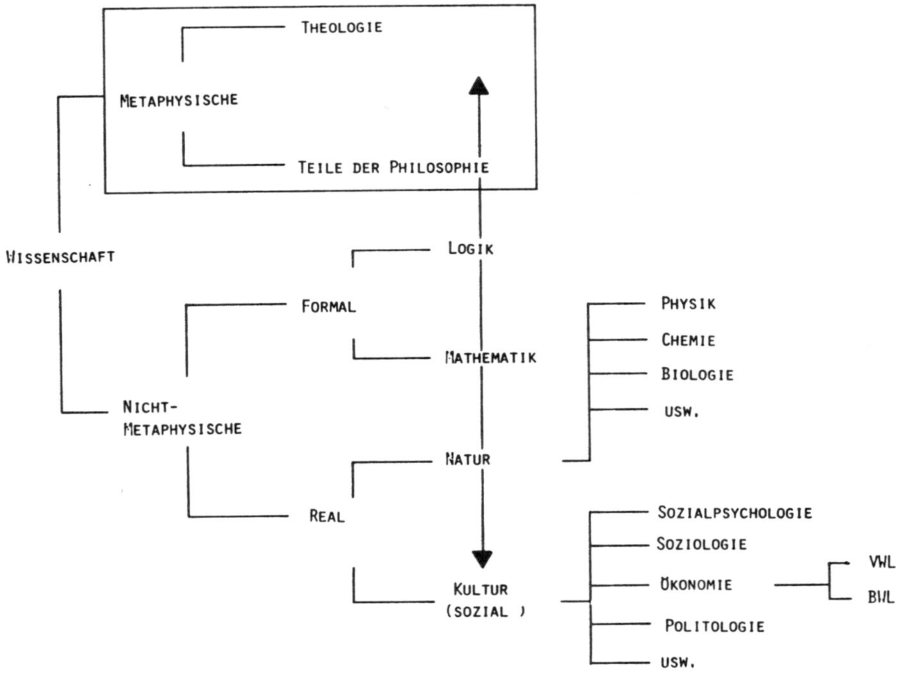


Abb. 2.2/I Die Betriebswirtschaftslehre im System der Wissenschaften; Quelle: Raffée 1974, S. 23

## 2.3 Aussagekategorien in der Betriebswirtschaftslehre

### 2.3.1 Definitionen

Terminus ist ein Wort, das einem bestimmten Gegenstand zugeordnet ist (z.B. Kosten, Gewinn etc.).

Definition nennt man die Gleichsetzung eines bisher noch unbekannten Terminus mit einer Kombination bereits bekannter Termini. Es handelt sich um eine Verknüpfungsformel zwischen zwei bedeutungsgleichen Gliedern, nämlich dem Definiendum und dem Definiens.

Zur Erläuterung soll ein Beispiel dienen:
Die Definition des Terminus "Kosten".

Definition:
Kosten entsprechen sachzielbezogenem, bewertetem Güterverbrauch.

Die beiden Glieder der Definition sind:

- das Definiendum (hier: Kosten) und
- das Definiens (hier: sachzielbezogener, bewerteter Güterverbrauch)

Begriff ist die "Bedeutung eines Terminus", "...ist das, was gleich bleibt, wenn die verwendeten Wörter sich ändern." (Seiffert 1969, S. 37, 41)
Der Begriff des Terminus "Kosten" bliebe also auch dann der Gleiche, wenn man Kosten als sachzielbezogenen, bewerteten Güterverzehr definieren würde.

Ein Begriff dient der Herstellung einer Beziehung zwischen

- der Sprache und der Realität bzw.
- einem Terminus und einem Tatbestand der Realität (Designat).

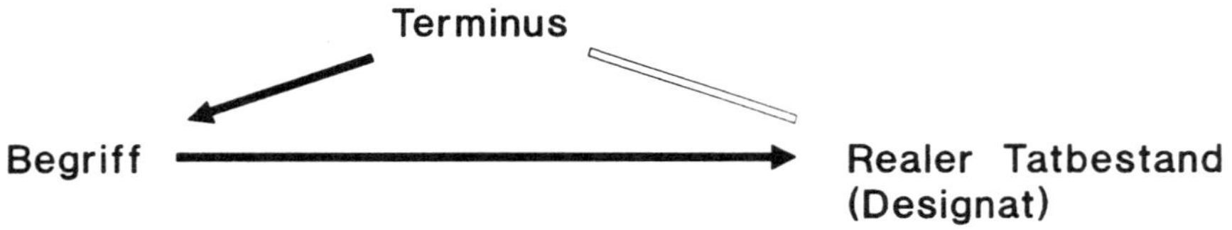


Abb. 2.3.1/I Zusammenhang Terminus-Begriff-Designat

Wichtige Dimensionen eines Begriffes sind sein Inhalt, sein Umfang und die an ihn gestellten Anforderungen.

- Der Begriffsinhalt ist dabei die Gesamtheit der Merkmale eines Begriffs.
- Der Begriffsumfang bezieht sich auf die Klasse (Menge) aller auffindbaren Elemente des Objektbereiches, auf die der Ausdruck zutrifft.
- Die Begriffsanforderungen sind vor allem die Zweckmäßigkeit, d.h. die Fruchtbarkeit und Differenzierbarkeit von anderen Begriffen, und die Operationalität, worunter eine möglichst eindeutige Zuordnung realer Sachverhalte zu dem Begriff zu verstehen ist.

## 2.3.2 Wertfreie Aussagen

Aussagen entsprechen dem Kern eines Satzes (vgl. Chmielewicz 1970, S. 80).
Wertfreie Aussagen enthalten keine bewertenden Stellungnahmen und keine Verhaltensempfehlungen.
Sie können nur:

- logisch wahr oder falsch

bzw.

- faktisch wahr oder falsch

sein.

Die Prüfinstanzen für wertfreie Aussagen sind die Realität für faktische Aussagen und die logische Konsistenz für logische Aussagen.
Um zu Aussagen über die Realität zu kommen, müssen wir uns überwiegend auf unsere Wahrnehmung verlassen.
Dabei kommen wir zu empirischen Aussagen, die in zwei Arten auftreten, und zwar

- als deskriptive Aussagen (beschreibende Aussagen), die die sprachliche Formulierung der Wahrnehmung gegenwärtiger oder vergangener singulärer Sachverhalte sind (z.B. die Beschreibung eines Gegenstandes)

und

- als explikative Aussagen (erklärende Aussagen), die allgemeingültig Sachverhalte erklären ("Immer-und-überall-wenn..., dann...").

Gut bewährte explikative Aussagen (d.h. Hypothesen, die immer und überall unter bestimmten Bedingungen gelten) werden Gesetzesaussagen oder Gesetzeshypothesen genannt.
Wird eine Menge von Gesetzen in konsistenter Weise miteinander verbunden, so kann von einer Theorie gesprochen werden.

Zur Erklärung realer Sachverhalte werden sowohl Gesetzesaussagen benötigt als auch singuläre deskriptive Aussagen zur Beschreibung der Antecendenzbedingungen (Anfangs- oder Randbedingungen).

Dies wird im logisch-deduktiven Erklärungsmodell (Hempel-Popper-Schema) deutlich:

| | | |
|---|---|---|
| Gesetze | $G_1, G_2, G_3, \ldots, G_n$ | Explanans |
| Anfangs-bedingungen | $A_1, A_2, A_3, \ldots, A_n$ | |
| logische Ableitung | ______________________ | |
| realer Sachverhalt | E | Explanandum |

oder:

```
Gesetz:          wenn p, dann q

Anfangs-
bedingungen:     p gilt
(Ursache)
                 ________________

Wirkung:         daher q
```

Ein Gesetz könnte beispielsweise lauten:

"Wenn der Preis steigt, geht der Absatz zurück."

Wenn also die Anfangsbedingung beobachtbar ist (der Preis steigt) und das Preis-Absatz-Gesetz gilt, dann kommt es zur Wirkung (realer Sachverhalt) Absatzrückgang.

Die Erklärungskraft von Gesetzesaussagen hängt ab von:

- der empirischen Gültigkeit und
- dem Informationsgehalt, der durch die Präzision der Wenn- und Dann-Komponente eines Gesetzes bestimmt ist.

Der Informationsgehalt einer Gesetzesaussage nimmt dabei mit größerer Präzision der Dann-Komponente zu (z.B.: "Wenn der Preis steigt, dann geht der Absatz um 50% zurück."),
wohingegen der Informationsgehalt bei speziellerer Wenn-Komponente abnimmt
(z.B.: "Wenn der Preis steigt und die Kaufkraft sinkt und hohe Arbeitslosigkeit herrscht, dann sinkt der Absatz.").

Eine der jeweiligen Situation angepaßte, speziellere Wenn-Komponente findet beispielsweise beim situativen Ansatz der Betriebswirtschaftslehre, der in Kapitel 3.1 behandelt wird, ihre Anwendung.

Gesetzesaussagen dienen nicht nur zur Erklärung vergangener Sachverhalte, sondern können ausgehend von bekannten Anfangsbedingungen auch zur Erstellung von Prognosen benutzt werden, wobei Erklärung und Prognose eine strukturelle Identität aufweisen.
Darüber hinaus lassen sich Gesetzesaussagen in Ziel-Mittel-Aussagen transformieren z.B.:

"Wenn Absatzsteigerung das Ziel ist, dann ist eine Preissenkung ein geeignetes Mittel."

Diese Ziel-Mittel-Aussagen ("technologische Aussagen") sind für die Betriebswirtschaftslehre von großer Bedeutung; auch sie sind wertfreie Aussagen (praktisch-normative Aussagen im Sinne von Heinen).

### 2.3.3 Werturteile

Werturteile enthalten

- positive oder negative Auszeichnungen realer Sachverhalte,
- implizite Bezugnahmen auf Wertstandards und
- präskriptive Erwartungen.

Eine wertfreie Wissenschaft gibt es nicht!
Es gibt nur wertfreie Aussagen!

Hinsichtlich ihres Geltungsbereiches werden verschiedene Werturteilsarten unterschieden:

(1) Werturteile im Basisbereich, d.h.

- Auswahl des Objektbereiches, z.B.: Haushalte sollen Gegenstand der Betriebswirtschaftslehre sein oder nicht,
- Auswahl wissenschaftlicher Forschungsmethoden und
- wissenschaftliche Spielregeln,

(2) Werturteile im Objektbereich,

- z.B. Ziele im Unternehmen,

(3) Werturteile im Aussagenbereich.

Das "Werturteilsproblem", also die Frage, ob und nach welchen Kriterien eine Wissenschaft Werturteile abgeben soll, betrifft nur Werturteile im Aussagenzusammenhang.

In der Betriebswirtschaftslehre gibt es im Hinblick auf das Werturteilsproblem normative und nicht-normative Ansätze:

normativ:

- <u>ethisch-normative</u> Betriebswirtschaftslehre
  Ausgangspunkt sind ethische Normen, die den Menschen in den Mittelpunkt stellen.
  Vertreter: Nicklisch u.a..

- <u>neo-normative</u> Betriebswirtschaftslehre
  "Wohl begründete offene Empfehlungen" werden als zulässig angesehen.
  Vertreter: Raffée.

nicht normativ:

- <u>praktisch-normative</u> Betriebswirtschaftslehre
  Vertreter: Heinen.

## 2.4 Betriebswirtschaftslehre als angewandte Wissenschaft

Soll die Betriebswirtschaftslehre eine reine oder angewandte Wissenschaft sein? Diese Frage wird unterschiedlich beantwortet.

Eine reine Wissenschaft verfolgt

- die Erkenntnis des Seienden und
- keine praktischen Ziele.
  Vertreter: Rieger 1964, S. 44-56.

Allerdings gibt die Möglichkeit, wertfreie, technologische Aussagen zu formulieren, auch der reinen Wissenschaft praktische Relevanz oder, wie Myrdal sagt: "Der Praxis dient nichts mehr als eine gute Theorie." (Myrdal 1965, S.233)

Die angewandte Wissenschaft will praktische Probleme lösen helfen und zwar primär mittels wertfreier Aussagen.

Die Betriebswirtschaftslehre ist daher eher den angewandten Wissenschaften zuzuordnen, da sie versucht, praktische Probleme in Betrieben lösen zu helfen.

An der gegenwärtig vorherrschenden praktisch-normativen Betriebswirtschaftslehre lassen sich aber verschiedene Charakteristika kritisieren (vgl. Raffée 1974, S. 70):

(1) Es besteht die Gefahr des naturalistischen Fehlschlusses, wenn aus Seins-Aussagen unzulässigerweise Soll-Aussagen werden.

(2) Es besteht die Gefahr versteckter Werturteile.

(3) Der Ansatz wird der kritischen Funktion von Wissenschaft oft nicht gerecht.

(4) Der Ansatz führt zu vorschnellem Verzicht auf offene Empfehlungen, die nicht beanspruchen, wissenschaftliche Aussagen zu sein.

## Kontrollfragen zu Kapitel 2

1. Nennen Sie bitte drei wichtige Aufgaben von Wissenschaft und erläutern Sie, was darunter zu verstehen ist!

2. Es lassen sich verschiedene Arten von Wissenschaft unterscheiden. Zu welchen Wissenschaftsarten gehört die BWL?

3. Was versteht man unter Terminus, Definition und Begriff? Bilden Sie ein Beispiel aus der BWL?

4. Worin unterscheiden sich wert(urteils)freie Aussagen und Werturteile?

5. Welches sind die Unterschiede deskriptiver und explikativer Aussagen?

6. Aus welchen Komponenten besteht das logisch-deduktive Erklärungsschema?

7. Was versteht man unter technologischen Aussagen?

8. Nennen und erläutern Sie die drei Werturteilsarten nach Bereichen ihres Auftretens!

9. Worin unterscheiden sich eine normative und eine nicht-normative BWL?

10. Warum kann man die praktisch-normative BWL (Heinen) als nicht-normative BWL bezeichnen?

11. Inwiefern kann die BWL als angewandte Wissenschaft bezeichnet werden?

# 3. Grundkonzeptionen der Betriebswirtschaftslehre

## 3.1. Vorbemerkung zum Spektrum der Grundkonzeptionen

Als Grundkonzeptionen der Betriebswirtschaftslehre werden Basisvorstellungen von der dominierenden Sichtweise (Perspektive) der wissenschaftlichen Analyse betriebswirtschaftlicher Sachverhalte bezeichnet.
Unterscheidbar sind Grundkonzepte erster und zweiter Ordnung.

**Grundkonzepte erster Ordnung**

| Sozialwissenschaftliches Basiskonzept | Ökonomistisches Basiskonzept |
|---|---|
| BWL = spezielle, interdisziplinär geöffnete Sozialwissenschaft | BWL = eigenständige, autonome Wirtschaftswissenschaft |
| Gegenstand: Vorgänge des Strebens nach Bedürfnisbefriedigung mittels wirtschaftlicher Güter | Gegenstand: dem ökonomischen Prinzip entsprechende Einkommenserzielung und -verwendung |
| Leitidee: sozialwissenschaftliche Integration | Leitidee: autonome Betriebswirtschaftslehre |
| Vertreter: Heinen, Raffée, Kirsch | Vertreter: Rieger, Gutenberg, Wöhe, Schneider |

Tab. 3.1/I Grundkonzepte erster Ordnung (vgl. Raffée 1974, S.79-120)

Im folgenden seien einige Argumente für das umfassendere sozialwissenschaftliche Basiskonzept angeführt:

- Wirtschaften ist ein Ausschnitt sozialen Handelns.
- Wirtschaftliches Verhalten ist ohne Einbeziehung von Verhaltenswissenschaften nicht erklärbar.
- Interdisziplinäre Sachverhalte (Schnittstellen zwischen zwei oder mehreren Wissenschaften) werden nicht ausgeklammert, so z.B. die Einbeziehung verhaltenswissenschaftlicher Überlegungen bei der Analyse der Bedürfnisformung oder bei der Produktdifferenzierung durch Werbung. Analog werden z.B. arbeitswissenschaftliche Erkenntnisse bei der Bestimmung der Arbeitszufriedenheit in Abhängigkeit vom Fertigungsprozeß herangezogen.
- Interdisziplinäre Kooperation wird gefördert.
- Die verhaltenswissenschaftliche Öffnung der Betriebswirtschaftslehre hat Erfolg, was sich in der Organisationslehre, in der Personalwirtschaft und im Marketing zeigt.

**Grundkonzepte zweiter Ordnung**

Grundkonzepte zweiter Ordnung sind konkrete Ausformungen der Grundkonzepte erster Ordnung.
Das Spektrum umfaßt (nach Raffée 1984, S. 29):

- den faktoranalytischen Ansatz (Gutenberg),
- den Entscheidungsansatz,
- den Systemansatz,
- den Evolutionsansatz,
- den situativen Ansatz,
- die arbeitsorientierte Einzelwirtschaftslehre und
- den Marketingansatz.

Hierzu sollen im folgenden einige Kurzerläuterungen gegeben werden.

Der faktoranalytische Ansatz nach Gutenberg hat als Ausgangsbasis ein System produktiver Faktoren (vgl. Gutenberg 1965, S. 3)und definiert den Betriebsprozeß als Kombination dieser Faktoren.
Er dient als Leitidee für:

- die Produktions- und Kostentheorie,
- die betriebliche Finanzwirtschaft und
- die betriebliche Absatzlehre.

Der Ansatz nimmt i.d.R. Bezug auf idealtypische Situationen, d.h. es werden z.B. nicht alle Dimensionen der Produktionsfaktoren berücksichtigt, und es wird versucht, axiomatisch-deduktiv, eine Entscheidungslogik bereitzustellen.
Typischerweise wird von einem ökonomistischen Basiskonzept ausgegangen!

Der Entscheidungsansatz stellt den Menschen und seine Entscheidungen ins Zentrum (im einzelnen vgl. Abschn. 3.3).

Der Systemansatz versucht eine Analyse betriebswirtschaftlicher Sachverhalte mit Hilfe von Begriffen und Erkenntnissen der Systemtheorie und Kybernetik (vgl. Abschn. 3.3).

Der Evolutionsansatz stellt eine Fortentwicklung des Systemansatzes in Anlehnung an die Evolutionstheoretiker dar. Das Unternehmen wird als "evolvierendes, selbstorganisierendes System" verstanden, "... das nur begrenzt durch bewußte, geplante Eingriffe gestaltet und gesteuert werden kann" (Malik/Probst 1981, S. 126). Dies führt zu einer Betonung der Einbindung in die Umwelt, aber auch zu sozialdarwinistischen Zügen!

Der situative Ansatz wird von der Leitidee des "Prinzips der situativen Bedingtheit" betriebswirtschaftlicher Sachverhalte und dem "Postulat situativer Relativierung" von Aussagen über die Realität (speziellere Wenn-Komponente) getragen (vgl. z.B. Kieser/Kubicek 1978 II, S. 106).
Anwendung fand der Ansatz vor allem in der Organisations- und Managementlehre, und zwar aufgrund der mangelhaften Bewährung genereller Aussagen.

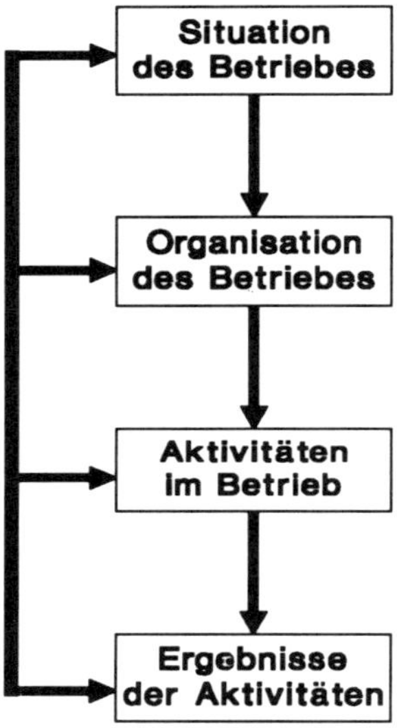


Abb. 3.1/1 Programm des situativen Ansatzes

Der situative Ansatz bietet allerdings keine neue Perspektive; die Festlegung von Randbedingungen war in einer empirischen Betriebswirtschaftslehre stets wichtig. Der Ansatz muß deshalb als lediglich formaler, methodischer Ansatz verstanden werden.

Bei der arbeitsorientierten Einzelwirtschaftslehre handelt es sich um ein von den Gewerkschaften (WSI-Projektgruppe (DGB) 1974) entwickeltes Gegenkonzept zur herrschenden Betriebswirtschaftslehre. Grundgedanke ist Arbeitnehmerorientierung statt wie üblich Kapitalorientierung. Im Mittelpunkt stehen dementsprechend auch Begriffe wie Selbstverwirklichung und größere Unabhängigkeit des Arbeiters.

Dieser sozialkritisch-normative Ansatz betreibt Kapitalismuskritik und ist seinerseits aufgrund der Einseitigkeit der Sichtweise und der enthaltenen planwirtschaftlichen Elemente zu kritisieren. Denn auch in der "herrschenden Betriebswirtschaftslehre" finden ökologische, arbeitnehmerorientierte und gesellschaftliche Probleme Beachtung (vgl. Specht 1974).

Der Marketing-Ansatz ist eine spezielle Variante des entscheidungsorientierten Ansatzes. Es handelt sich dabei um einen praktisch-normativen Ansatz für Unternehmen in Märkten mit Wettbewerb. Die Leitidee dieses Ansatzes ist es, über ein Marketing-Management-Konzept Marketing als Führungskonzeption für die gesamte Unternehmung zu etablieren.(vgl. z.B. Nieschlag/Dichtl/Hörschgen 1981, S. 9)
Dieser Dominanzanspruch des Marketing hätte dann z.B.

- eine verstärkte Kundenorientierung in allen Funktionsbereichen
und speziell z.B.
- eine an Marktforderungen ausgerichtete Forschung und Entwicklung

zur Folge.

Aber auch der Marketing-Ansatz birgt die Gefahr der Einseitigkeit in sich, insbesondere durch Vernachlässigung des Technologie-Managements. Des weiteren wird in Zukunft ein Wandel von der kundenorientierten Unternehmensführung zur gesellschaftsorientierten Unternehmensführung stattfinden, wozu eine umfassendere Sicht des Marketing erforderlich ist.

## 3.2 Der systemtheoretische Ansatz

### 3.2.1 Systemtheoretische Grundbegriffe

Betriebe und viele andere Sachverhalte in Betriebswirtschaften werden oft als "Systeme" bezeichnet. (Hauptvertreter: Ulrich, 1970, S. 42)
Der Begriff des Systems wird definiert als Menge von Elementen und Menge von Relationen, die zwischen diesen Elementen bestehen.
Systeme, die in Relation zum betrachteten System (hier z.B.: Betrieb) stehen, werden bezeichnet als:

- Subsystem (z.B. Produktion, Vertrieb)
- Supersystem (z.B. Markt)
- Insystem (alle Elemente innerhalb des Systems)
- Umsystem (alle Elemente außerhalb des Systems)

Eine derartig umfassende Festlegung des Systembegriffes führt dazu, daß jeder reale Sachverhalt als System aufgefaßt werden kann.

Systeme unterscheiden sich voneinander durch unterschiedliche Systemmerkmale. Ein Unternehmen ist beispielweise ein

- offenes (d.h. Beziehungen nach außen),
- äußerst komplexes (d.h. nicht vollständig überschaubares),
- dynamisches (d.h. sich veränderndes),
- nicht deterministisches (d.h. das Verhalten ist nicht eindeutig prognostizierbar)
- zielorientiertes,
- sozio-technisches

System.

Kybernetische Systeme sind dynamische Systeme, die mit Hilfe von Rückkopplungen einem Gleichgewichtszustand (Homöostase) zustreben. Ihrer Struktur nach sind diese Systeme Regelkreise:

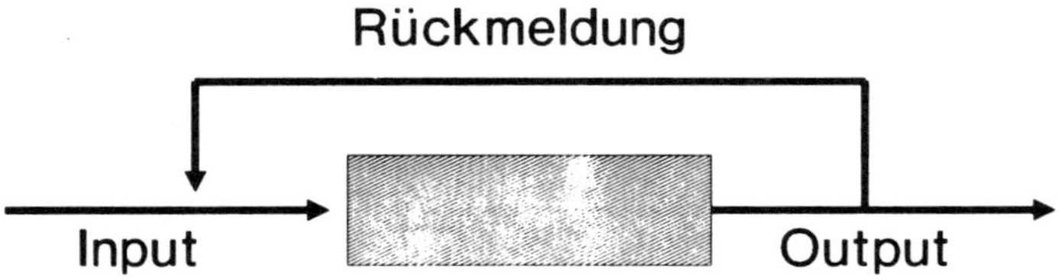


Abb. 3.2.1/I Regelkreis

Im Unterschied zur Regelung, die auf dem Rückkopplungsprinzip beruht, fehlt bei der Steuerung die Rückkopplung:

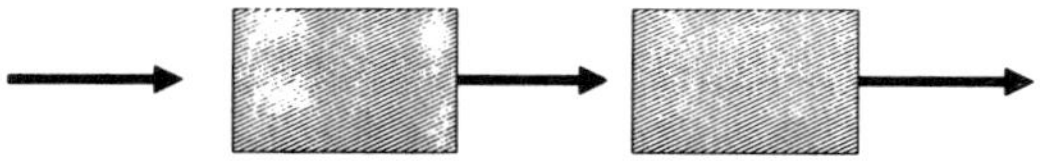

Abb. 3.2.1/II Steuerkette

Als ein komplexes Regelkreismodell kann z.B. der betriebliche Führungsprozeß beschrieben werden:

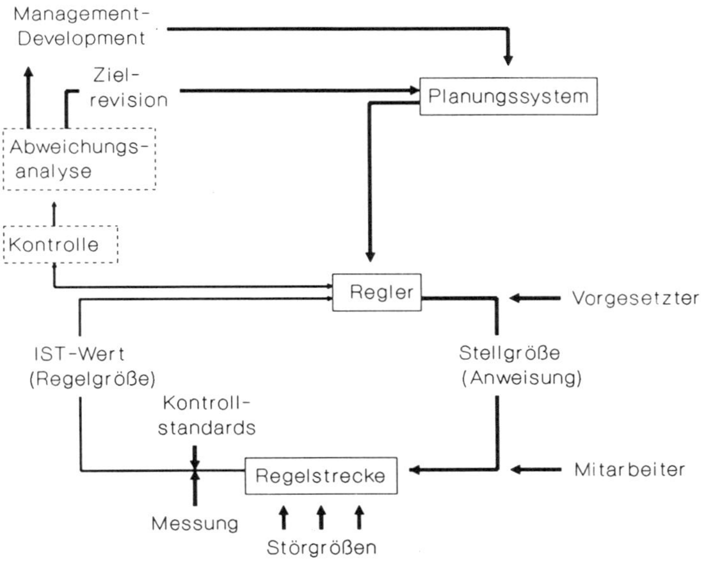


Abb. 3.2.1/III Regelkreismodell des betrieblichen Führungsprozesses (vgl.Raffée 1974, S.85)

### 3.2.2 Das Leistungspotential des Systemansatzes

Die sogenannte "Allgemeine Systemtheorie" ("General System Theory", Bertalanffy 1968) ist keine Realtheorie. Die Systemtheorie ist ein formalwissenschaftliches Instrument; sie ist wie die Kybernetik Teil der Mathematik.
Beide bestehen aus Zeichen sowie Kombinations- und Transformationsregeln, die zusammen die Formalstruktur von Kalkülen bilden.
Die Schemata enthalten aber keine empirisch überprüfbaren Aussagen.
Systemkalküle haben daher eine heuristische Funktion, d.h. sie helfen, Lösungen zu finden, und zwar

- im Vorfeld der Theorienfindung

oder

- im Rahmen gestaltungsorientierter Analysen.

Der Systemansatz ist zur Beschreibung komplexer, dynamischer, rückgekoppelter Ganzheiten gut geeignet.
Er ist dabei insbesondere beim Auffinden neuer Fragestellungen und bei der Suche nach neuen Gesetzen (z.B. bei umfassenden Wirkanalysen) hilfreich.
Ein Vorteil des Systemansatzes ist seine Anschaulichkeit.
Dies führt:

- zu einer Reduzierung von Realitätskomplexität und
- zu einer Steigerung der Theoriekomplexität.

Ein weiterer Vorteil ist die Förderung des Denkens in Analogien, was den Wissenstransfer erleichtert.

Die Konstruktion eines Systemmodells läßt sich in vier Schritten vollziehen:

(1) Bestimmung der Hauptvariablen des Systems,

(2) Festlegung der wichtigsten kausalen Beziehungen zwischen den Hauptvariablen,

(3) Computersimulation des erstellten Systems:

- Überprüfung mit Vergangenheitsdaten,
- Suche nach besonders kritischen Determinanten im Sytemverhalten,

(4) Prognoserechnungen unter Berücksichtigung gegenwärtiger und erwarteter Maßnahmen und Ereignisse.

### 3.2.3 Die Betriebswirtschaft als System

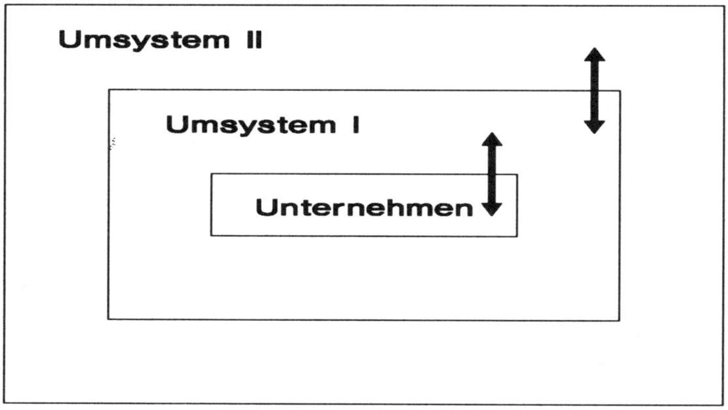


Abb. 3.2.3/I Die Betriebswirtschaft als System

Das Umsystem I erfaßt jene Systeme, mit denen das Unternehmen in unmittelbarer Beziehung steht (z.B. Märkte).

Das Umsystem II stellt die Systeme dar, mit denen das Unternehmen in mittelbarer Beziehung steht (z.B. Politik, Rechtsprechung etc.).

Beim Unternehmen selbst lassen sich verschiedene Insysteme unterscheiden:

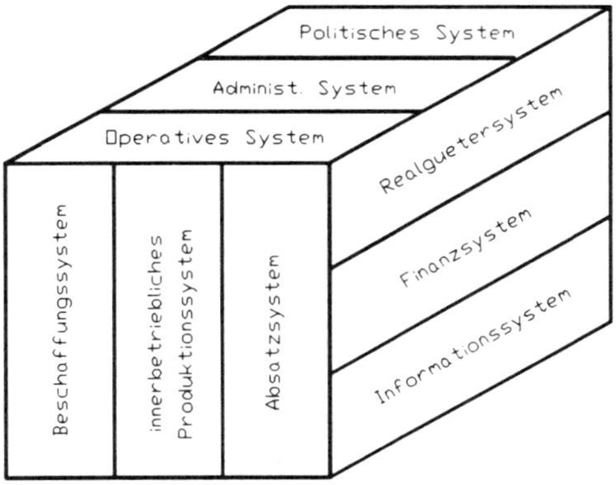


Abb. 3.2.3/II Insysteme; Quelle: Raffée 1974, S. 92

## 3.3 Der Entscheidungsorientierte Ansatz

### 3.3.1 Die Merkmale eines Entscheidungsansatzes

Der Entscheidungsansatz ist eine Grundkonzeption der modernen Betriebswirtschaftslehre. Im Zentrum stehen Probleme und ihre Lösungen, Ziele und Zielerreichungsmittel. Alle Überlegungen zur Lösung von Problemen beziehen sich auf eine Ausgangssituation und auf eine zukünftige Situation.

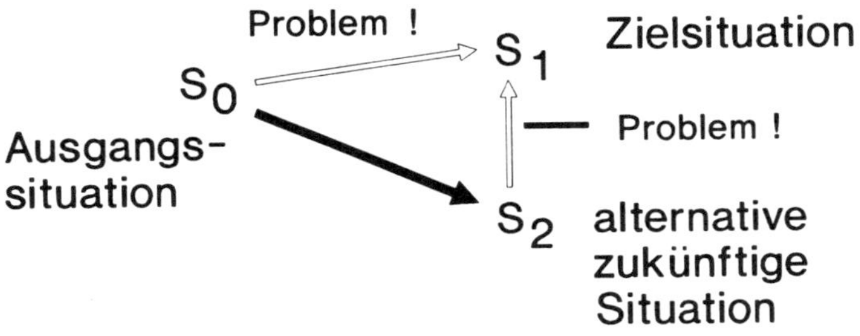


Abb. 3.3.1/I Entscheidungssituation

Der Entscheidungsansatz vernachlässigt nicht den Einfluß, den Entscheidungspersonen auf Problemlösungsprozesse haben, was eine Öffnung der Betriebswirtschaftslehre zu verhaltenswissenschaftlichen Ansätzen bedingt.
Eine zentrale Rolle kommt dem Informationsproblem zu, der Frage, wie bei verschiedenen Graden der Informiertheit am besten zu entscheiden ist.
Der Entscheidungsprozeß selbst wird in sachlich verschiedenartige Phasen bzw. Aufgaben zerlegt.

In den Aussagen einer entscheidungsorientierten Betriebswirtschaftslehre muß die Entscheidungslogik von der sozialwissenschaftlichen Entscheidungslehre getrennt werden!

Die Entscheidungslogik beschränkt sich auf axiomatisch-deduktive Aussagen und spielt im Rahmen des ökonomistischen Basiskonzepts der Betriebswirtschaftslehre eine große Rolle. Objekt der Entscheidungslogik ist die Formalstruktur beliebiger Entscheidungen (z.B. Entscheidung bei Unsicherheit; vgl. Abschn. 3.3.3).

Die sozialwissenschaftliche Entscheidungslehre beschreibt und erklärt das Entscheidungsverhalten und formuliert technologische Aussagen (Ziel-Mittel-Aussagen). Der "praktisch-normative Entscheidungsansatz" von Heinen (Heinen 1977) entspricht weitgehend einer sozialwissenschaftlichen Entscheidungslehre.

### 3.3.2 Die Strukturelemente von Entscheidungen

Im Entscheidungskontext sind beeinflußbare Entscheidungsvariablen und unbeeinflußbare Entscheidungsdaten zu unterscheiden.
Die Elemente einer Entscheidung sind:

- Ziele, also angestrebte Zustände und/oder Prozesse,
- Mittel, Alternativen, also Handlungen oder Maßnahmen, die der Zielerreichung dienen können,
- Umweltbedingungen oder Situationen, also Faktoren, die die Konsequenzen von Alternativen beeinflussen, ohne selbst vom Entscheidenden beeinflußbar zu sein,
- Entscheidungsergebnisse, also die Resultate der Alternativenwahl.

Die Strukturelemente lassen sich in der Entscheidungs-Matrix zusammenfassen:

| Situation / Ziele / Alternativen | $S_1$ | | | | ... | $S_m$ | | | |
|---|---|---|---|---|---|---|---|---|---|
| | $Z_1$ | $Z_2$ | ... | $Z_p$ | ... | $Z_1$ | $Z_2$ | ... | $Z_p$ |
| $a_1$ | $(e_{11})_1$ | $(e_{11})_2$ | ... | $(e_{11})_p$ | ... | $(e_{1m})_1$ | $(e_{1m})_2$ | ... | $(e_{1m})_p$ |
| $a_2$ | $(e_{21})_1$ | $(e_{21})_2$ | ... | $(e_{21})_p$ | ... | $(e_{2m})_1$ | $(e_{2m})_2$ | ... | $(e_{2m})_p$ |
| ⋮ | ⋮ | ⋮ | | ⋮ | | ⋮ | ⋮ | | ⋮ |
| $a_n$ | $(e_{n1})_1$ | $(e_{n1})_2$ | ... | $(e_{n1})_p$ | ... | $(e_{nm})_1$ | $(e_{nm})_2$ | ... | $(e_{nm})_p$ |

$a_i$ ( $i=1,2,\ldots,n$ ) = Alternativen
$s_j$ ( $j=1,2,\ldots,m$ ) = Situationen
$z_k$ ( $k=1,2,\ldots,p$ ) = Ziele
$(e_{ij})_k = f(a_i, s_j, z_k)$ = Ergebnisse

Abb. 3.3.2/I Entscheidungs-Matrix

### 3.3.3 Entscheidungstypen

Entscheidungen können unter verschiedenen Gesichtspunkten in mehrfacher Hinsicht klassifiziert werden:

(1) Klassen nach Entscheidungsträgern;

- Individual- und Kollektiventscheidungen,
- zentrale und dezentrale Entscheidungen,
- Führungs- und Ressortentscheidungen,
- Eigen- und Fremdentscheidungen.

(2) Klassen nach der Planungsintensität;

- extensives, begrenzt extensives und impulsives bzw. spontanes Entscheidungsverhalten.

(3) Klassen nach dem Neuheitsgrad;

- innovatives, partiell innovatives (bzw. routiniertes) und routinisiertes Entscheidungsverhalten.

(4) Klassen nach der Problemsituation;

- Entscheidungen bei zentralen, medialen und peripheren Problemen,
- Entscheidungen mit und ohne Zeitdruck,
- Entscheidungen bei wohl und schlecht strukturierten (definierten) Problemen.
  Bei wohl strukturierten Problemen ist eine vollständige, klare, eindeutige Problembeschreibung vorhanden, und es läßt sich mit Hilfe exakter statistisch-mathematischer Lösungsmethoden (Algorithmen) eine optimale Lösung bestimmen.
  Bei schlecht strukturierten Problemen fehlen diese Merkmale, und man bedient sich inexakter, heuristischer Lösungsverfahren, die mehr oder weniger gute Lösungen liefern.
- Entscheidungen bei Sicherheit, Risiko und Unsicherheit.
  Entscheidungen bei Sicherheit, also vollkommener Information über Situation, Ziele, Alternativen und Entscheidungskonsequenzen, sind deterministische Entscheidungen mit einwertigen Erwartungen.
  Entscheidungen bei Risiko bedeuten i.e.S. das Vorhandensein einer Wahrscheinlichkeitsverteilung für das Eintreten verschiedener Umweltsituationen bei sicheren Erwartungen für Ziele, Alternativen und Entscheidungskonsequenzen.
  I.w.S. sind von allen Strukturelementen einer Entscheidung nur die Wahrscheinlichkeitsverteilungen bekannt.
  Für Entscheidungen unter Unsicherheit lassen sich i.e.S. keine Wahrscheinlichkeiten für das Eintreten bestimmter Umweltsituationen angeben, wohingegen für die restlichen Strukturelemente sichere Erwartungen bestehen.
  I.w.S. gibt es für alle Strukturelemente einer Entscheidung keine Verteilungen.

### 3.3.4 Der Entscheidungs- bzw. Problemlösungsprozeß

Der Entscheidungs- bzw. Problemlösungsprozeß läßt sich in vier Phasen unterteilen:

(1) Problemstellung

- Problemerkenntnis, -analyse, -formulierung und
- Erkennen und Definieren des Entscheidungsproblemes.

(2) Lösungsfindung

- Alternativenfindung, -analyse, -formulierung sowie
- Suchen, Erkennen und Definieren von Lösungsmöglichkeiten.

(3) Optimierung

- Ermitteln von Bewertungskriterien,
- Bewerten von Alternativen und
- Erstellung einer Präferenzordnung der Alternativen.

(4) Implementierung

- Willensbildung (i.e.S.), Willensdurchsetzung, Willenssicherung (Kontrolle) oder
- Auswahlentscheidung bzw. Realisierungsentschluß, Anordnung, Realisierung, Kontrolle.

Jede dieser Phasen kann wiederum als Entscheidungsprozeß aufgefaßt werden (vgl. Staehle 1980, S. 322f.), was den Übergang von der Makro- auf die Mikrostruktur von Entscheidungen bedingt. Normalerweise laufen derartige Entscheidungsprozesse mit Rückkopplung ab, so daß u.U. Korrekturen in vorangegangenen Entscheidungsphasen möglich sind.

### 3.3.5 Entscheidungskalküle

Bei den Entscheidungskalkülen lassen sich prinzipiell zwei Typen unterscheiden:

(1) Entscheidungslogische Kalküle sind gekennzeichnet durch:

- axiomatisch-deduktives Vorgehen (d.h. die Entscheidung ist logische Folge der Annahme) und
- idealtypische Entscheidungsmodelle.

(2) Realwissenschaftliche Entscheidungskalküle bedienen sich:

- Realtypischer Entscheidungsmodelle und
- mathematischer Entscheidungsmethoden (Operations Research).

#### 3.3.5.1 Entscheidungslogische Kalküle

Die bekanntesten entscheidungslogischen Kalküle sind die Entscheidungsregeln bei Sicherheit, Risiko und Unsicherheit.
Die wichtigsten von ihnen sollen im folgenden vorgestellt werden:

**Entscheidungsregel bei Sicherheit:**

Wähle die Alternative, deren Summe gewichteter Zielerreichungsgrade am höchsten ist!

Beispiel-Matrix:

| Situation / Alternativen | $S_1$ (p=1) | $S_2$ (p=O) | $S_3$ (p=O) |
|---|---|---|---|
| $a_1$ | 4 | 12 | 10 |
| $a_2$ | 8 | 3 | 5 |
| $a_3$ | 6 | 7 | 15 |

Abb. 3.3.5.1/I Beispiel-Matrix

Zu wählen ist Alternative $a_2$!

**Entscheidungsregel bei Risiko:**

Maximiere den mathematischen Erwartungswert der Zielerreichung jeder Alternative!

- Der mathematische Erwartungswert $\mu_i$ ist die über alle Umweltsituationen gebildete Summe der mit den Eintrittswahrscheinlichkeiten gewichteten Zielerreichungsgrade.

$$\mu_i = \Sigma\, e_{ij} * p_j$$

eij ist hier der Zielerreichungsgrad der Alternative i bei Eintreten der Umweltsituation $S_j$ und $p_j$ die Eintrittswahrscheinlichkeit für die Umweltsituation $S_j$.

Beispiel-Matrix:

| Situation / Alternativen | $S_1$ (p=1) | $S_2$ (p=O) | $S_3$ (p=O) |
|---|---|---|---|
| $a_1$ | 4 | 12 | 10 |
| $a_2$ | 8 | 3 | 5 |
| $a_3$ | 6 | 7 | 15 |

$\mu_1$ = 4 · 0,1 + 12 · 0,6 + 10 · 0,3 = 10,6
$\mu_2$ = 8 · 0,1 + 3 · 0,6 + 5 · 0,3 = 4,1
$\mu_3$ = 6 · 0,1 + 7 · 0,6 + 15 · 0,3 = 9,3

Abb. 3.3.5.1/II Beispiel-Matrix

Zu wählen ist Alternative $a_1$!

**Entscheidungsregeln bei Unsicherheit:**

Bei Unsicherheit können den Umweltsituationen keine Wahrscheinlichkeiten zugeordnet werden. Dennoch gibt es verschiedene Entscheidungsregeln, von denen drei hier näher vorgestellt werden sollen (vgl. Wöhe 1984, S. 135-140):

(1) Minimax-Regel

Die Minimax-Regel ist eine Pessimismus-Regel, bei der jene Alternative gewählt wird, die bei Eintreten der ungünstigsten Situation zum relativ besten Ergebnis führt. Zu maximieren ist das Zeilenminimum.
Im vorangegangen Beispiel wäre dies die Alternative $a_3$ gewesen.

(2) Maximax-Regel

Die Maximax-Regel ist eine Optimismus-Regel, nach der diejenige Alternative auszuwählen ist, die das bestmögliche Ergebnis verspricht, unabhängig davon, ob das Ergebnis bei einer anderen Umweltsituation schlechter ist! Das Zeilenmaximum wird maximiert.
Im vorangegangenen Beispiel wäre hier Alternative $a_3$ zu wählen (15 > 12 > 8).

(3) Pessimismus-Optimismus-Regel (Hurwicz-Regel)

Bei der Pessimismus-Optimismus-Regel wird ein Optimismusparameter ß für das Risikobewußtsein des Entscheiders eingeführt (0 < ß < 1). Je größer ß ist, umso optimistischer ist der Entscheider.
Nach Multiplikation der Zeilenmaxima mit ß und der Zeilenminima mit (1 - ß) ist jene Alternative zu wählen, deren Summe aus dem mit ß gewichteten bestmöglichen und dem mit (1 - ß) gewichteten schlechtestmöglichen Ergebnis am höchsten ist!

Die vorgestellten Entscheidungsregeln bieten jedoch in vielerlei Hinsicht Anlaß zu Kritik. Zunächst wird immer rationales Verhalten (Maximierer, Minimierer) unterstellt, obwohl in der Realität oft andere Gesichtspunkte den Ausschlag geben. Der Wert der lediglich subjektiv ermittelten Wahrscheinlichkeiten dürfte ebenfalls zweifelhaft sein. Darüber hinaus sind weder alle Handlungsalternativen noch alle Umweltsituationen bekannt, genausowenig können eindeutige Zielerreichungsgrade angegeben werden.
Von daher ist nur ein geringer Beitrag zur Bewältigung realer Situationen zu erwarten.
Auf der anderen Seite sind in der Praxis oft auch zufriedenstellende Lösungen ausreichend und das Risiko kann u.U. durch flexible Planung abgefangen werden, was die Modelle nicht berücksichtigen.

### 3.3.5.2 Realwissenschaftliche Entscheidungskalküle

Das Vorgehen bei realsystemorientierter, modellunterstützter Entscheidungsfindung kann wie folgt dargestellt werden:

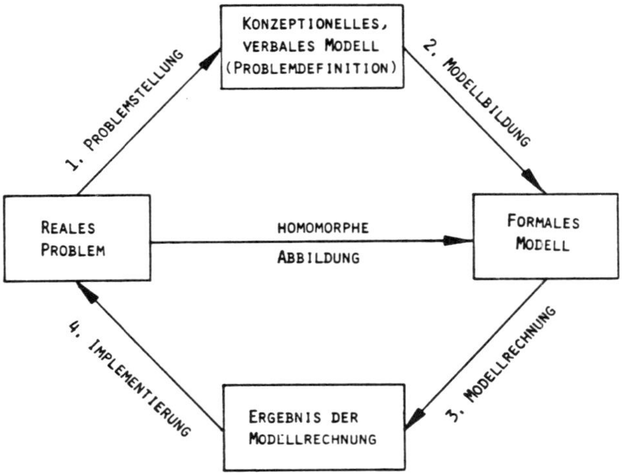


Abb. 3.3.5.2/I Modellbildung; vgl. Pfohl 1981, S. 33

Beispiele für dieses Vorgehen bei der Entwicklung von Operations-Research (OR) - Verfahren und ihrer Anwendung werden im Rahmen der Behandlung der einzelnen Betriebsfunktionen aufgezeigt.
Nach der Lösungsqualität lassen sich verschiedene Arten von Verfahren der Entscheidungsfindung differenzieren (nach Pfohl 1981, S. 56):

(1) Algorithmen (exakte Lösungsmethoden)

Algorithmen garantieren, daß die optimale Lösung tatsächlich gefunden wird (Verfahren mit Lösungsgarantie).

(2) Inexakte Lösungsmethoden

Inexakte Lösungsverfahren lassen sich gliedern in:

- heuristische Verfahren, bei denen heuristische Prinzipien angewendet werden; eine Garantie für eine optimale Lösung gibt es nicht (z.B.kombinatorische Methoden).
  Die verwendeten Verfahren können entweder mathematisch-heuristisch (z.B. Simulationsverfahren) oder nicht-mathematisch-heuristisch (z.B. Faustregeln) sein;

und

- willkürliche Lösungsmethoden.

Operations-Research-Verfahren sind umso geeigneter, je besser es gelingt, reale Probleme in formale Modelle zu überführen. Speziell die Anwendung im innerbetrieblichen Bereich hat sich bewährt (z.B. Kapazitätsauslastungsplanung, Lagerplanung, Transportplanung).

## Kontollfragen zu Kapitel 3

1. Worin unterscheiden sich ein sozialwissenschaftliches und ein ökonomistisches Basiskonzept der BWL?
2. Welche Argumente sprechen für ein sozialwissenschaftliches Basiskonzept der BWL?
3. Charakterisieren Sie kurz den faktoranalytischen Ansatz von Gutenberg!
4. Welches sind die Merkmale eines situativen Ansatzes der BWL?
5. Was versteht man unter arbeitsorientierter Einzelwirtschaftslehre?
6. Kennzeichnen Sie ein Unternehmen unter Verwendung systemtheoretischer Begriffe!
7. Kennzeichnen Sie ein kybernetisches System mit Hilfe eines Beispiels aus der BWL!
8. Welches sind die Vorteile der Verwendung eines Systemansatzes in der BWL?
9. Welches sind die einzelnen Arbeitsschritte bei der Entwicklung eines Systemmodells, das für die Prognose der Wirkungen von Datenänderungen oder Entscheidungen dienen soll?
10. Bilden Sie eine Unternehmung als System ab!
11. Welches sind wichtige Merkmale eines entscheidungsorientierten Ansatzes in der BWL?
12. Worin unterscheiden sich Entscheidungslogik und sozialwissenschaftliche Entscheidungslehre?
13. Wie sieht eine Entscheidungsmatrix aus?
14. Was versteht man unter wohl strukturierten und schlecht strukturierten Problemen?
15. Was unterscheidet Entscheidungen bei Sicherheit, Risiko und Unsicherheit?
16. Kennzeichnen Sie die Phasen eines Entscheidungs- bzw. eines Problemlösungsprozesses!
17. Worin unterscheiden sich entscheidungslogische Kalküle und realwissenschaftliche Entscheidungskalküle?
18. Nennen Sie eine Entscheidungsregel bei Sicherheit!
19. Nennen Sie eine Entscheidungsregel bei Risiko!
20. Nennen und erläutern Sie drei Entscheidungsregeln bei Unsicherheit!
21. Nehmen Sie kritisch zu den Entscheidungsregeln Stellung!
22. Beschreiben Sie das Vorgehen bei realsystemorientierter modellunterstützter Entscheidungsfindung!
23. Worin unterscheiden sich Algorithmen von inexakten Lösungsmethoden?
24. Versuchen Sie eine kritische Würdigung der Operations-Research-Verfahren!

# 4. Ebenen der Betriebswirtschaftslehre

## 4.1 Der Mensch als Wirtschaftssubjekt

### 4.1.1 Die ethische Grundposition

Der Mensch wird vielfach als Faktor "Arbeit" behandelt. Gutenberg unterscheidet dabei zwischen dispositiver (führungsbezogener) und ausführender Arbeit (vgl. Kapitel 1.2.2). Der Faktor Arbeit ist insofern von anderer Qualität als andere Produktionsfaktoren, als es nicht nur darum gehen kann, die Differenz zwischen Aufwand und Ertrag zu maximieren, wie es im Ansatz des "Taylorismus" versucht wird.

Beim Taylorismus handelt es sich um einen ingenieurmäßig-ökonomischen Ansatz ("Scientific Management"), bei dem nicht die Beziehung Mensch und Arbeit, sondern die Beziehung Arbeit und Leistung interessiert.
Eine Leistungssteigerung wird durch verschiedene Maßnahmen zu erreichen versucht, nämlich durch:

- Zeitstudien,
- differenzierte Akkordsätze,
- Trennung von Planung und Ausführung,
- wissenschaftliche Arbeitsmethoden,
- Kontrolle durch das Management,
- und funktionale Organisation, also z.B. Arbeitsteilung durch Fließfertigung.

Mit dem Taylorismus sind in Deutschland vor allem die Gründung zweier Institutionen verbunden:

RKW (Reichskuratorium für Wirtschaftlichkeit, gegr.1921)

und

REFA (Reichsausschuß für Arbeitszeitermittlung, gegr.1924).

Sinnvoller ist es jedoch neben dem Streben nach Leistungsmaximierung durch Gestaltung der Arbeitsplätze, den individuellen Bedürfnissen des Menschen Rechnung zu tragen, und zwar im Rahmen des Möglichen sogar über rechtlich zwingende Vorschriften hinaus. Rechtlich zwingend sind die Vorschriften des Arbeitsrechts (z.B. Mitbestimmungsgesetz von 1976) und des Sozialrechts (z.B. Bestimmungen über die Arbeitslosenversicherung). Als freiwillige Leistungen sind z.B. weitergehende Maßnahmen zur Humanisierung der Arbeit oder zusätzliche soziale Leistungen denkbar (wie Pensionszahlungen).
Grundsätzlich sollte bei gleicher Arbeitsproduktivität das arbeitnehmerfreundlichere Produktionsverfahren gewählt werden, da es nicht nur um die Beziehung zwischen Arbeit und Leistung, sondern auch um die Beziehungen zwischen Mensch und Arbeit geht, also hohe Arbeitszufriedenheit angestrebt und Entfremdung von der Arbeit verhindert werden sollte.

### 4.1.2 Der homo oeconomicus

Der homo oeconomicus ist das Modell des rational handelnden Menschen. Dieser Mensch handelt ausschließlich nach dem ökonomischen Prinzip (Rationalprinzip), und zwar bei klassischer Sicht nach den Regeln der Entscheidungslogik für den Fall von Sicherheit (vgl. Abschnitt 3.3.5).

Sein Ziel ist die Maximierung des Nutzens einer Handlungsalternative:

Nutzen ≙ Wert einer Handlungsalternative

$$\text{Ergebnisse} \xrightarrow{\text{Bewertung}} \text{Nutzenfunktion}$$

$$e_{ij} \xrightarrow{f} n_{ij} = f(e_{ij})$$

(f = Funktion, die den Nutzen ergibt)

**Abb. 4.1.2/I Nutzenfunktion**

In der Realität ist dieses Handeln vor allem wegen der unvollkommenen Information meist nicht anzutreffen. Der Versuch, den homo oeconomicus-Ansatz wirklichkeitsnäher zu machen, hat zur Bildung folgender Begriffspaare geführt:

(1) substantielle (bzw. materiale) und formale Rationalität
z.B.: Ein Alkoholiker handelt substantiell unvernünftig, aber evtl. formal rational.

(2) individuelle und soziale Rationalität, wobei die soziale Rationalität

- die Akzeptanz sozialer Normen und
- die Rationalität bei kollektivem Verhalten (der Mensch als soziales Wesen: homo sociologicus)

betrifft,
z.B.: Was für den einzelnen rational erscheint, muß im Blick auf die Interessen der Gemeinschaft nicht unbedingt rational sein (wie bestimmte Formen der Umweltverschmutzung).

### 4.1.3 Der beschränkt-rational handelnde Mensch

Der beschränkt-rational handelnde Mensch ist als Entscheidungssubjekt

- nur unvollständig über die relevante Entscheidungssituation informiert,
- kennt nicht alle Handlungsmöglichkeiten,
- besitzt nur unvollkommene Information über seine Ziele,
- kann kaum den Handlungsmöglichkeiten eindeutige Folgen (Ergebnisse) zuordnen und
- hat auch nur eine begrenzte Informationsverarbeitungsfähigkeit.

Daraus resultiert ein beschränktes Rationalverhalten, das gekennzeichnet ist durch:

- die Suche nach relativ guten Lösungen,
- die Nutzung von Methoden der Vereinfachung von Entscheidungen,
- die Bildung eines zufriedenstellenden Modells der Entscheidungssituation,
- Routinehandlungen bzw. habituelles Verhalten,
- die Orientierung des Handelns an einem individuellen "Anspruchsniveau" und
- "muddling through" (Durchwursteln).

### 4.1.4 Determinanten menschlichen Verhaltens in Betrieben

Jedes menschliche Verhalten ist das Ergebnis zusammenwirkender Ursachen.
Die Gesamtheit der verhaltensbestimmenden Kräfte wird von Lewin (Lewin 1963, S. 272) als "Lebensraum" oder als "psychologisches Feld" einer Person bezeichnet.
Dies führt zum feldtheoretischen Ansatz, der Verhalten als Funktion des psychologischen Felds begreift:

$$V = f(P, U)$$

P steht für die Person selbst; U für die Kräfte in ihrem Umfeld. Dabei ist zu beachten, daß die Kräfte des Umfeldes nur über die Person und ihre Wahrnehmung wirken können.
Personen zeichnen sich durch verschiedene Merkmale aus. Einige seien hier schlagwortartig vorgestellt:

**Personen-Merkmale:**

(1) Personen-Zustände

Personen-Zustände sind z.B. Wissen, Einstellungen, Werte, Normen, Meinungen, Handlungsabsichten, Motive, Triebe und Bedürfnisse.

(2) Personen-Prozesse

Personen-Prozesse sind z.B. Aktivierung, Wahrnehmung, Denken und Lernen.

Analog lassen sich verschiedene Umwelt-Merkmale aufführen:

**Umfeld-Merkmale:**

(1) Soziales Umfeld

Zum sozialen Umfeld zählen die Gruppe bzw. die Bezugsgruppe, die soziale Schicht und die jeweilige Kultur und Subkultur.

(2) Technisch-materielles Umfeld

Zum technisch-materiellen Umfeld gehören z.B. Informationssysteme, Transportsysteme, Technik am Arbeitsplatz .

Nach Silberer (Silberer 1979, S. 50ff.) gibt es zwei Basisaxiome der Verhaltenserklärung:

(1) Gratifikationsprinzip

Das Gratifikationsprinzip ist ein psychologisiertes Rationalprinzip, das davon ausgeht, daß der Mensch nach Belohnung strebt und Bestrafung zu vermeiden sucht.

(2) Kapazitätsprinzip

Das Kapazitätsprinzip bezieht sich auf die begrenzte Informationsverarbeitungskapazität des Menschen, d.h. die mangelnde Fähigkeit abzuschätzen, was im einzelenen zu einer Belohnung oder Bestrafung führen wird.

## 4.2 Der Betrieb

### 4.2.1 Dimensionen der Betriebswirtschaft

Es lassen sich grundsätzlich vier Dimensionen der Betriebswirtschaft angeben:

(1) Die soziale Dimension

Die soziale Dimension umfaßt Menschen und die zwischen ihnen bestehenden Beziehungen. Als Subdimensionen sind die rechtliche und politische Dimension zu erwähnen.

(2) Die Produktionsdimension

Die Produktionsdimension bezieht sich auf produktive Faktoren und die zwischen ihnen vorhandenen Beziehungen sowie auf die entstehenden Produkte. Subdimensionen sind hier die Technik und die natürlichen Faktoren.

(3) Die ökonomische Dimension

Die ökonomische Dimension bezieht sich auf Werte von Gütern und die Beziehungen zwischen diesen Werten. Administration und Ergebnis-Management stellen Subdimensionen dar.

(4) Die Informationsdimension

Die Informationsdimension ist geprägt durch Informationen und ihre Beziehungen zueinander. Subdimensionen sind Informationswirtschaft und Kommunikationsprozesse.

### 4.2.2 Die Betriebswirtschaft als soziales System

#### 4.2.2.1 Arbeitsteilung

Arbeitsteilung ist wesentliches Merkmal der meisten Betriebe. Sie erfordert eine Analyse der betrieblichen Aufgaben im Hinblick auf ihre Zerlegbarkeit in Teilaufgaben. Zerlegungskriterien können sein:

- Art der Tätigkeit bzw. Verrichtung, z.B. Fertigen,
- Objekt der Tätigkeit, z.B. Produktgruppe A,
- Rang der Tätigkeit, z.B. Entscheidung oder Ausführung,
- Phase der Tätigkeit, z.B. Planung, Realisation oder Kontrolle und
- Sachzielbezug, z.B. direkt bei einer primären Aufgabe (wie Fertigen) oder indirekt bei einer sekundären Aufgabe (wie Verwalten).

Die Teilaufgaben lassen sich nach unterschiedlichen Gesichtspunkten zusammenfassen, die von einzelnen Organisationseinheiten zu erfüllen sind. Man spricht dann von Aufgabensynthese.
Aufgabenanalyse und -synthese sind Kernaufgaben des Organisierens, d.h. der Organisation im funktionalen Sinne.
Gemäß der Arbeitsteilung sind Stellen bzw. Positionen in Unternehmen mit formalen Rollen verbunden. Unter einer Rolle versteht man die Verhaltenserwartungen an den Inhaber einer bestimmten Position in einem sozialen System.
Neben formalen Rollen prägen auch informale Rollen und informale Beziehungen zwischen Menschen ein Unternehmen durch sich bildende Freundeskreise und Cliquen. Diese informalen Rollen und Beziehungen können definitionsgemäß nicht geplant werden.
Im Unternehmen findet eine ständige wechselseitige Beeinflussung zwischen den Menschen statt. Diese Interaktion kann notwendig oder unnötig, förderlich oder nicht förderlich sein.

#### 4.2.2.2 Gruppenstruktur

In Unternehmen gibt es zahlreiche kleinere Gruppen bzw. Primärgruppen. Diese Primärgruppen

- werden von Außenstehenden als Einheit betrachtet,
- haben eine vom einzelnen überschaubare Mitgliederzahl,
- sind geprägt durch unmittelbare persönliche Beziehungen und
- vermitteln ein Gefühl der Zusammengehörigkeit.

Als Beispiele kann man sich kleine Abteilungen, Projektgruppen, Teams, Freundeskreise, Cliquen etc. vorstellen. Auch hier muß zwischen formalen und informalen Gruppen unterschieden werden.

Interessant sind in diesem Zusammenhang die Erkenntnisse der Kleingruppenforschung und ihre Erklärungen z.B. für Phänomene wie Gruppenbildung und Gruppen-Kohäsion.

Für die Gruppenbildung spielt die Anreiz-Beitrags-Theorie, also eine Kosten-Nutzen-Überlegung im Blick auf Eintreten oder Verbleiben in der Gruppe, eine zentrale Rolle.

Die Gruppen-Kohäsion wird bestimmt durch die Attraktivität einer Gruppe für das Mitglied, wobei Absentismus und Fluktuation als Indikatoren für nachlassende Kohäsion angesehen werden.

Weitere wichtige Phänomene sind der Gruppen- bzw. Konformitätsdruck und Formen der Führung und Kommunikation in Gruppen.

### 4.2.2.3 Kommunikationsstruktur

Kommunikation ist der Prozeß der Informations- bzw. Nachrichtenübermittlung. Dies geschieht durch Nachrichten bzw. Informationen, die sich aus Signalen mit semantischem Gehalt (Zeichen) zusammensetzen (siehe Abb. 4.2.2.3/II).

Das Verhältnis der Kommunikationspartner zueinander wird durch die Kommunikationsstruktur bestimmt.

Abbildung 4.2.2.3/I stellt grundlegende Kommunikationsstrukturen vor:

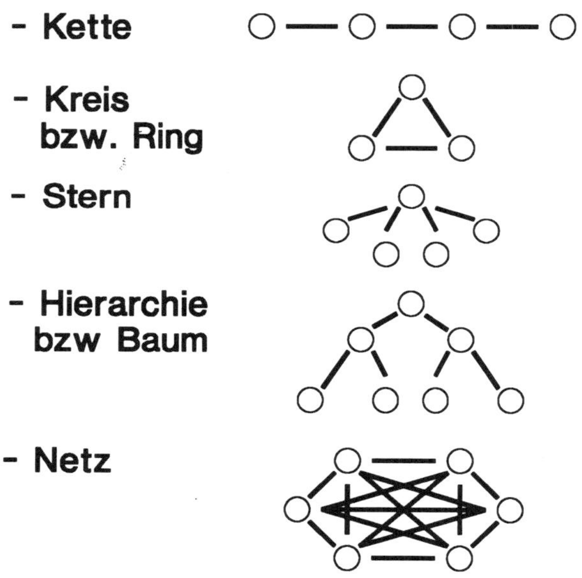


Abb. 4.2.2.3/I Kommunikationsstrukturen

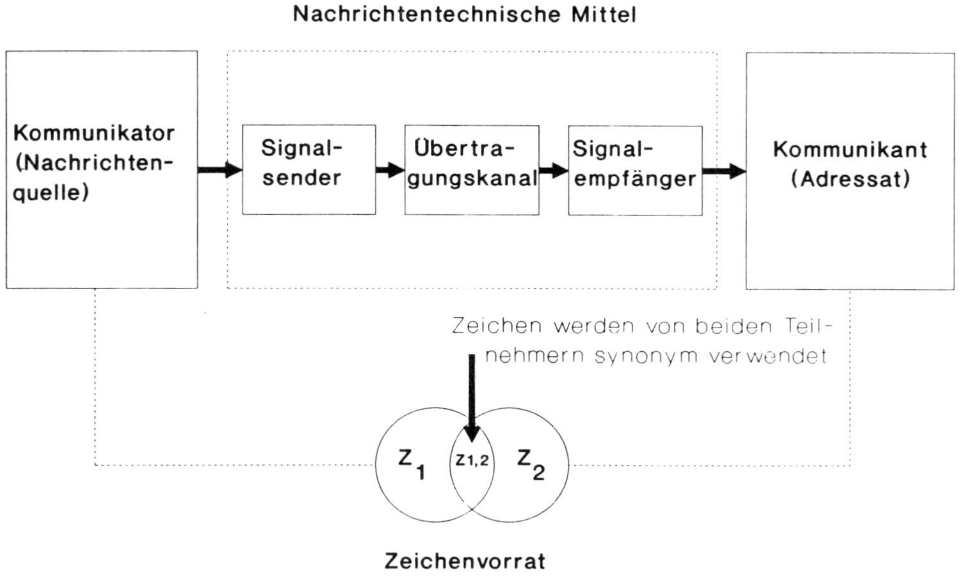


Abb. 4.2.2.3/II Grundmodell der Kommunikation

Kommunikationsprozesse unterliegen verschiedenen Störungen, die sich untergliedern lassen in:

(1) nachrichtentechnische Störungen, bei denen der Übertragungskanal technisch gestört ist,

(2) semantische Störungen, die durch Verwendung von Zeichen mit unterschiedlicher Bedeutung bedingt sind,

(3) prädispositionsbedingte Störungen, die z.B. bewußt durch Zurückhaltung oder Fälschen von Nachrichten oder unbewußt durch selektive Wahrnehmung auf Grund von Einstellungen verursacht werden (z.B. Verdrängung unerwünschter Nachrichten).

Die Anfälligkeit für Störungen steigt, wenn anstelle der direkten, einstufigen Kommunikation z.B. durch Einschaltung von Meinungsführern mehrstufige Kommunikation stattfindet.

Kommunikationsinhalte können verschiedenster Art sein:

- Anordnungen, Befehle,
- Erläuterungen,
- Drohungen, Versprechungen,
- Beschwerden,
- Berichte,
- Vorschläge,
- Meinungen

usw..

Kommunikation kann geplant z.B. im Rahmen hierarchischer Beziehungen oder ungeplant aufgrund persönlicher, informeller Kontakte zustandekommen.

#### 4.2.2.4 Machtstruktur

In jedem Betrieb spielt Macht eine wichtige Rolle. Es wird z.B. gesprochen von der

- Macht der Manager,
- Macht der Eigentümer,
- Macht der Gewerkschaften,
- Macht der Konsumenten

usw..

Macht läßt sich wie folgt definieren: Macht liegt vor, wenn und soweit ein Verhaltenssystem die Möglichkeit hat, das Verhalten eines anderen Verhaltenssystems zu verursachen bzw. zu beeinflussen (Specht 1971, S.71-73).

Zu unterscheiden sind verschiedene Dimensionen der Macht:

- die personelle bzw. institutionelle Dimension,
- die sachliche Dimension,
- die räumliche Dimension,
- die zeitliche Dimension und
- die intensitätsmäßige Dimension.

Die Frage, was die Intensität der Macht bestimmt, führt zu den Determinanten der Macht. Sie lassen sich gliedern in:

- Ressourcen der Macht
  bzw. Machtbasen oder -quellen

  und

- Instrumente bzw. Mittel der Macht.

Ressourcen der Macht können sein:

(1) die Verfügungsmöglichkeiten über:

- Informationen,
- Sachen,
- Geld,
- Zeit und
- Personen,

(2) die Fähigkeiten des sozialen Agenten, die Verfügungsmöglichkeiten einflußwirksam einzusetzen,

(3) die Vorstellungen der potentiell Beeinflußten über Verfügungsmöglichkeiten und Fähigkeiten des potentiell Einflußnehmenden.

Instrumente bzw. Mittel der Macht sind:

(1) Instrumente zur Einflußnahme auf die Verfügbarkeit verhaltensrelevanter Informationen (Macht durch Informationsbeeinflussung),

(2) Instrumente zur Einflußnahme auf die Menge der Verhaltensmöglichkeiten (Macht durch Alternativenbeschränkung),

(3) Instrumente der Einflußnahme auf die Bewertung von Verhaltensmöglichkeiten (Macht durch Bewertungsbeeinflussung), z.B.:

- Drohungen, Versprechungen und
- Belohnungen, Bestrafungen.

Nach Schlüsselpersonen, die im Innovationsprozeß eine Rolle spielen, unterscheidet Witte (Witte 1973, S. 15f.) zwischen:

(1) Machtpromotoren, die mit Legitimationsmacht aus der Stellung in der Unternehmenshierarchie ausgestattet sind, und

(2) Fachpromotoren, die sich durch Expertenmacht auszeichnen.

Andere Autoren nennen weitere Schlüsselpersonen wie z.B. den "Produkt-Champion".

### 4.2.3 Die Betriebswirtschaft als produktives System

Zur Darstellung der Betriebswirtschaft als produktives System (oder nach Ulrich [Ulrich 1970, S. 227f.]: "Materielles Transformationssystem") wird in den folgenden Abschnitten näher auf die schon in Kapitel 1.2.2 erwähnten Begriffe "Produktionsfaktoren" und "Produktionsfunktionen" eingegangen.

#### 4.2.3.1 Die Produktionsfaktoren

Voraussetzung für die Leistungserstellung im Produktionsprozeß ist die Bereitstellung von Produktionsfaktoren, also von Elementen, die zur betrieblichen Leistungserstellung beitragen.
Zu den Produktionsfaktoren zählen:

- Grundstücke,
- Fabrikationsgebäude, Verwaltungsgebäude,
- Maschinen und maschinelle Anlagen,
- Rohstoffe, Vorprodukte,
- Umweltgüter (Luft, Wasser),
- Energie,
- regionale Infrastruktur,
- Arbeitskräfte und
- Informationen.

Im System produktiver Faktoren nach Gutenberg (vgl. Abschn. 1.2.2) werden die Produktionsfaktoren in drei Gruppen unterteilt, nämlich in:

(1) Arbeitsleistungen,
d.h. "alle von Menschen im Betrieb erbrachten Tätigkeiten", (Schierenbeck 1980, S. 143),

(2) Betriebsmittel,
d.h. "alle Sachgüter, die im Leistungsprozeß genutzt werden, ohne mit ihrer Substanz Eingang in die Erzeugnisse zu finden", (ebenda),

(3) Werkstoffe,
d.h. "alle Roh-, Hilfs- und Betriebsstoffe, Halb- und Fertigerzeugnisse, die als Bestandteil in die Erzeugnisse eingehen oder wie Energie und Schmiermittel zum Betrieb von Betriebsmitteln erforderlich sind" (ebenda).

Im weiteren Sinne enthält dieses Faktorsystem alle zuvor genannten Input-Güter.
Informationen sind z.B. bei den Arbeitsleistungen oder den Betriebsmitteln enthalten.

Zur Bereitstellung der Produktionsfaktoren ist eine Bereitstellungsplanung notwendig.
Die Bereitstellungsplanung ist zum einen eine technische Aufgabe, da der Produktionsprozeß weitgehend Art, Menge, Qualität, Zeit und Ort der Güterbereitstellung bestimmt.
Zum anderen aber handelt es sich um eine ökonomische Aufgabe, denn es gilt, die Differenz zwischen "Bereitstellungskosten" und "Bereitstellungserlösen" zu maximieren. Da sich die Erlöse nicht exakt den Bereitstellungsaktivitäten zurechnen lassen, beschäftigt man sich primär mit den Bereitstellungskosten, die wie folgt gegliedert werden können:

- direkte und indirekte Beschaffungskosten,
- Reservierungskosten (speziell Lagerkosten) und
- Fehlmengenkosten (z.B. Kosten der Produktionsumstellung, wenn bestimmte Faktoren fehlen).

### 4.2.3.2 Die Produktionsfunktionen

Grundlage der Produktionsplanung ist die Kenntnis des "...quantitativen Zusammenhangs zwischen den zur Leistungserstellung einzusetzenden Produktionsfaktormengen und der Ausbringungsmenge M in der Planungsperiode..." (Schierenbeck 1980, S. 176), d.h. die Kenntnis der "Produktionsfunktion":

$$M = f(r_1, r_2, r_3, ...., r_n)$$

mit $r_i > 0$.

Entsprechend den unterschiedlichen Beziehungen zwischen Input und Output werden verschiedene Arten von Produktionsfunktionen gebildet.

Im Blick auf das Vorhandensein oder Fehlen eines technisch zwingenden Einsatzverhältnisses der Produktionsfaktoren werden drei Arten von Produktionsfunktionen unterschieden:

(1) Substitutionale Produktionsfunktionen,
auch Produktfunktionen oder (nach Gutenberg) Produktionsfunktionen vom Typ A genannt (vgl. Gutenberg 1965, S. 291ff.), zeichnen sich durch ein variables Mengenverhältnis der Faktoren aus. Dabei werden zwei Fälle auseinandergehalten:

- alternative Substitution,
  wobei die Einsatzmenge eines Faktors Null werden kann, und
- periphere Substitution,
  bei der Mindestmengen der Faktoren notwendig sind.

In der Industrie sind substitutionale Produktionsfunktionen selten. Sie lassen sich leichter in der Landwirtschaft finden, woher auch das folgende Beispiel stammt (Müller-Merbach 1976, S. 47):

Der Ertrag x einer bestimmten Getreideart (in kg/ha Ackerfläche) sei abhängig von der Saatgutmenge $r_s$ und der Düngermenge $r_d$ (beides in kg/ha Ackerfläche) gemäß folgender Funktion:

$$x = 30.000 - 50 * \sqrt{(r_s - 500)^2 + 44(r_d - 50)^2}$$

Den maximalen Ertrag von x = 30.000 kg/ha erhält man bei den Einsatzmengen $r_s$ = 500 kg/ha Saat und $r_d$ = 50 kg/ha Dünger.
Soll nur ein Ertrag von 25.000 kg/ha erzielt werden, so kann man dies mit unterschiedlichen Mengenkombinationen von $r_s$ und $r_d$ erreichen (vgl. Abb. 4.2.3.2/V).
"Produktfunktion" heißt diese Produktionsfunktion, weil die Erträge bzw. die erzeugten Produktmengen durch die in den Produktionsprozeß eingehenden Produktionsfaktormengen definiert werden.

(2) Limitationale Produktionsfunktionen,
auch Produktionsfaktorfunktionen, Produktorfunktionen, Verbrauchsfunktionen oder (nach Gutenberg) Produktionsfunktionen vom Typ B genannt (vgl. Gutenberg 1965, S. 314ff.) bedingen ein konstantes Mengenverhältnis der Faktoren, d.h. die Ausbringungsmenge wird durch den relativ knappsten Produktionsfaktor limitiert.

Ein Beispiel soll dies illustrieren:
Die Leistungsabgabe und der Brennstoffverbrauch sind von der Drehzahl des Motors abhängig. Wird eine bestimmte Leistung verlangt, so muß die Drehzahl dementsprechend eingestellt werden, und dies führt gemäß der Konstruktion des Motors zu einem bestimmten Benzinverbrauch. Neben Benzin werden weitere Einsatzfaktoren verbraucht, nämlich Schmiermittel, Maschinennutzungspotential (durch Verschleiß), Inspektions- und Instandsetzungsaufwand.

(3) Im Prinzip limitationale Produktionsfunktionen mit begrenzter Faktorsubstituierbarkeit,
oder auch nach Heinen (vgl. Reichwald/Mrosek 1983, S. 368f.) Produktionsfunktionen vom Typ C stellen eine Kombination der Produktionsfunktionen vom Typ A und B dar und sind eine Weiterentwicklung der Produktionsfunktion vom Typ B.

Wenn der Einsatz aller Produktionsfaktoren prozentual in gleichem Umfang erhöht oder gesenkt wird, lassen sich nach der Veränderung der Ausbringungsmenge (E), vier Produktionsfunktionen unterscheiden.

(1) linear-homogene Produktionsfunktion (proportional)

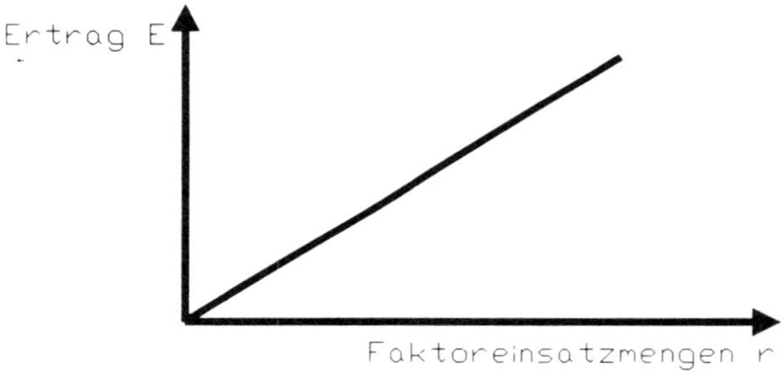


Abb. 4.2.3.2/I linear-homogene Produktionsfunktion

(2) über-linear-homogene Produktionsfunktion (progressiv)

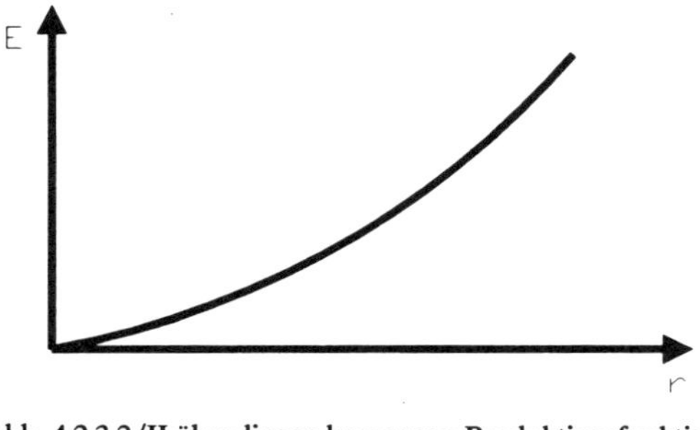


Abb. 4.2.3.2/II über-linear-homogene Produktionsfunktion

(3) Unter-linear-homogene Produktionsfunktion (degressiv)

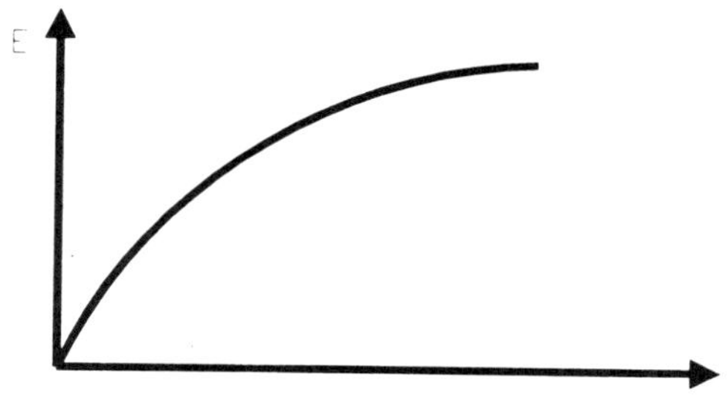


Abb. 4.2.3.2/III Unter-linear-homogene Produktionsfunktion

(4) inhomogene Produktionsfunktion,
z.B.: ertragsgesetzlicher Kurvenverlauf

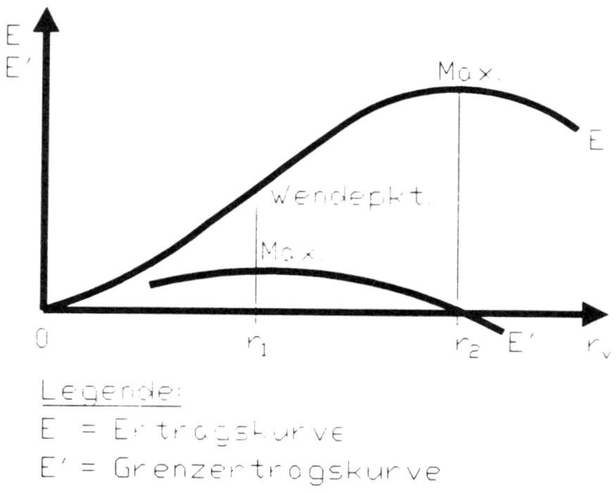


Abb. 4.2.3.2/IV Ertragsgesetzlicher Kurvenverlauf

Das in Abbildung 4.2.3.2/IV durch eine Kurve dargestellte Ertragsgesetz läßt sich wie folgt formulieren: Werden steigende Mengen eines variablen Faktors $r_v$ mit einem konstanten Faktor kombiniert, so ergibt sich zunächst ein zunehmender Ertragszuwachs, dann abnehmender Ertragszuwachs und schließlich nach Erreichen des Maximums eine Ertragsabnahme.
Der Grenzertrag ist zwischen 0 und $r_2$ positiv; im Maximum ist er gleich Null und nach $r_2$ negativ. Den größten Grenzertrag erhält man im Wendepunkt der Ertragskurve. Voraussetzungen für einen ertragsgesetzlichen Kurvenverlauf sind die beliebige Teilbarkeit des variablen Faktors, die konstante Qualität der Faktoren und die Erzeugung einer Produktart.

Unter Berücksichtigung von zwei Faktoren ergibt sich das sogenannte Ertragsgebirge, das nur in einer dreidimensionalen Darstellung abgebildet werden kann:

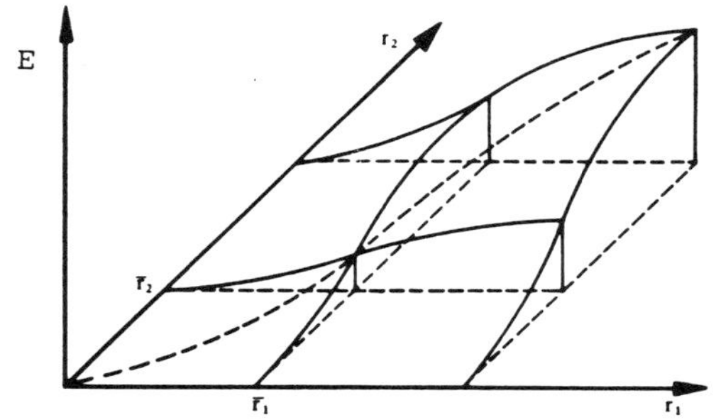


$r_1$ = Saatgut
$r_2$ = Dünger

Abb. 4.2.3.2/V Ertragsgebirge

<u>Nach der Zahl der Produktionsstufen</u> werden zwei Arten von Produktionsfunktionen unterschieden:

(1) Einstufige Produktionsfunktionen
findet man bei Fertigung in einem einstufigen Prozeß, was aber in der Industrie selten vorkommt.

(2) Mehrstufige Produktionsfunktionen
beschreiben die Fertigung in mehreren aufeinander folgenden Prozessen bzw. Arbeitsgängen. In der Industrie ist dies der Normalfall, da industrielle Produktion üblicherweise aus mehreren "Elementarkombinationen" (vgl. Reichwald/Mrosek 1983, S. 370) besteht.

Auch <u>nach der Zahl der Endprodukte</u> werden zwei Arten von Produktionsfunktionen gebildet:

(1) <u>Produktionsfunktionen für den Einproduktbetrieb,</u>
die in der Industrie allerdings selten vorkommen.

(2) <u>Produktionsfunktionen für den Mehrproduktbetrieb</u>
stellen hingegen den Regelfall dar.

Als Beispiel sei hier das Strukturmodell für eine mehrstufige, lineare Produktionsfunktion für den Mehrproduktbetrieb (LKW-Anhänger-Produktion) vorgestellt (Müller-Merbach 1976, S. 45f.):

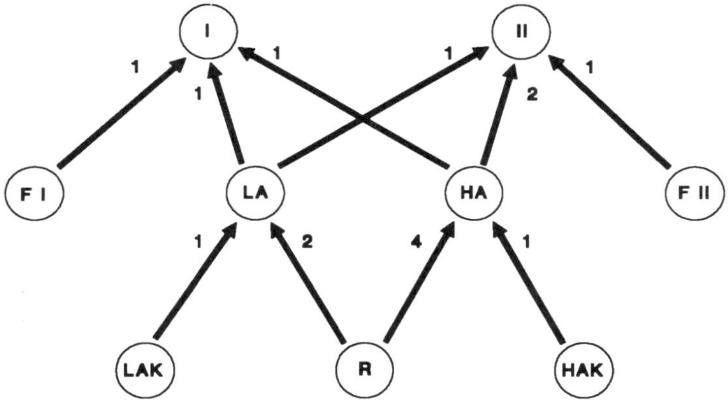


| | | | | | |
|---|---|---|---|---|---|
| **I** | = | **Zweiachsenanhänger** | **II** | = | **Dreiachsenanhänger** |
| **F I** | = | **Fahrgestell I** | **F II** | = | **Fahrgestell II** |
| **LA** | = | **Lenkachse** | **HA** | = | **Hinterachse** |
| **LAK** | = | **Lenkachsenkörper** | **HAK** | = | **Hinterachskörper** |
| **R** | = | **Rad** | | | |

Abb. 4.2.3.2/VI LKW-Anhänger-Produktion

Die entsprechenden Produktionsfaktorfunktionen (Typ B) für das LKW-Anhänger-Beispiel lassen sich wie folgt darstellen, wobei die Mengen der einzelnen Teile, Baugruppen und Produkte mit $X_R$, ..., $X_{LA}$, ...,$X_I$ etc. bezeichnet sind:

$$X_{FI} = X_I$$

$$X_{FII} = X_{II}$$

$$X_{LA} = X_I + X_{II}$$

$$X_{HA} = X_I + 2X_{II}$$

$$X_{LAK} = X_{LA}$$

$$X_{HAK} = X_{HA}$$

$$X_R = 2X_{LA} + 4X_{HA}$$

In der Praxis sind dies nichts anderes als Stücklisten.

In Matrixform geschrieben sieht obige Funktion wie folgt aus:

$$\begin{bmatrix} X_{FI} \\ X_{FII} \\ X_{LA} \\ X_{HA} \\ X_{LAK} \\ X_{HAK} \\ X_R \end{bmatrix} = \begin{bmatrix} 1\,0\,0\,0 \\ 0\,1\,0\,0 \\ 1\,1\,0\,0 \\ 1\,2\,0\,0 \\ 0\,0\,1\,0 \\ 0\,0\,0\,1 \\ 0\,0\,2\,4 \end{bmatrix} * \begin{bmatrix} X_I \\ X_{II} \\ X_{LA} \\ X_{HA} \end{bmatrix}$$

Eine <u>allgemeine Formulierung</u> von Produktionsfaktorfunktionen bzw. Verbrauchsfunktionen oder Typ B wird im folgenden in Anknüpfung an Müller-Merbach (Müller-Merbach 1976, S. 46f.) angegeben.

Bei einer Menge von j verschiedenen Produkten, von denen jeweils $x_j$ Mengeneinheiten produziert werden, läßt sich der Gesamtverbrauch eines Repetierfaktors k, $r_k$, so darstellen:

$$(1) \qquad r_k = \sum_j g_{kj}(x_j)$$

wobei $g_{kj}(x_j)$ der spezifische Verbrauch des Repetierfaktors k für die Menge $x_j$ des Produkts j ist.

Für die entsprechende Gesamtnutzung $n_i$ des Potentialfaktors Maschine i gilt die Formel:

$$(2) \qquad n_i = \sum_j f_{ij}(x_j)$$

wobei $f_{ij}(x_j)$ die spezifische Nutzungsfunktion der Maschine i für die Menge $x_j$ des Produktes j ist.
Der Gesamtverbrauch eines zum Betrieb der Maschine i nötigen Betriebsstoffes l, $r_l$, kann mit der folgenden Formel ermittelt werden:

$$(3) \qquad r_l = \sum_i h_{li}(n_i)$$

wobei $h_{li}(n_i)$ der spezifische Verbrauch des Betriebsstoffes l in Abhängigkeit von der Nutzung der Maschine i ist.
Setzt man (2) in (3) ein, so ergibt sich für den Gesamtverbrauch des Betriebsstoffes l:

$$(4) \qquad r_l = \sum_i h_{li} \left( \sum_j f_{ij}(x_j) \right)$$

In der Praxis müssen die (in den Summen stehenden) Funktionen für jeden einzelnen Produktionsvorgang bestimmt werden.
Auf eine allgemeine Formulierung der Produktionsfunktionen vom Typ A und Typ C wird hier verzichtet.
(Zum Typ C vgl. Heinen 1982, S. 167-176 oder Reichwald/Mrosek 1983, S. 368f.)

## 4.2.4 Die Betriebswirtschaft als ökonomisches System

### 4.2.4.1 Die Wertkategorien

In den Produktionsfunktionen des vorangegangenen Abschnittes ging es um mengenmäßige Beziehungen zwischen Input und Output der Produktion.
Zentrale Recheneinheiten sind jedoch nicht Mengen, sondern Geldeinheiten, d.h. Werte. Jede Mengeneinheit muß also bewertet werden, d.h. mit einer Wertgröße belegt werden. Ausgangspunkt sind dabei normalerweise Preise.
Es lassen sich Preisarten nach verschiedenen Gesichtspunkten angeben:

Preisarten gegliedert nach Bezugsobjekten in:

- Sachgüterpreise,
- Dienstleistungspreise,
- Arbeitslöhne,
- Zinsen und Dividenden,
- Gebühren und Steuern und
- Wertpapier- und Devisenkurse.

Preisarten gegliedert nach dem Bezugszeitpunkt von Beschaffungsobjekten in:

- Anschaffungspreis,
- Tagespreis und
- Wiederbeschaffungspreis.

Preisarten gegliedert nach dem Realisierungsgrad in:

- Angebots- und Nachfragepreis und
- faktischen Marktpreis.

Marktpreise sind Knappheitsindikatoren und somit ein wichtiges Steuerungsinstrument, um Güter oder Dienstleistungen zu verteilen. Abbildung 4.2.4.1/I zeigt das klassische Marktmodell:

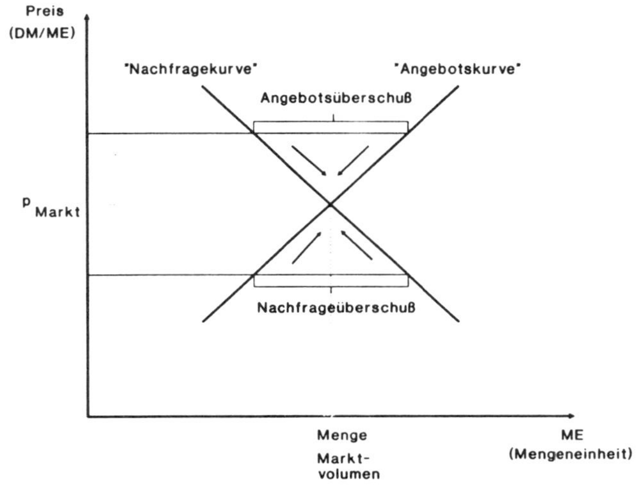


Abb. 4.2.4.1/I Marktmechanismus

Die Pfeile deuten Reaktionen von Anbietern und Nachfragern bei Angebots- oder Nachfrageüberhang an.

Die primäre Wertkategorie "Preis" spielt im Rahmen der Ermittlung sämtlicher sekundärer Wertkategorien eine Rolle.

Sekundäre Wertkategorien sind z.B.:

- Erfolg (Ergebnis),
- Ertrag, Aufwand,
- Gewinn, Verlust,
- Betriebsergebnis, neutrales Ergebnis,
- Kosten, Leistungen und
- Einnahmen, Ausgaben.

(Zu diesen grundlegenden Wertkategorien siehe auch Abschnitt 1.2.2!)

Im Blick auf den Produktionsprozeß gibt es z.B. folgende Bewertungsanlässe:

- Bewertung der Preiswürdigkeit von Angeboten,
- Entscheidung über den Beschaffungspreis,
- Bewertung von Wareneingangslagern,
- Bewertung des Faktoreinsatzes in der Produktion,
- Bewertung von Zwischenprodukten,
- Bewertung von Warenausgangslagern,
- Festsetzung von Angebotspreisen und
- Entscheidung über die Akzeptanz des Marktpreises.

Wesentliche Aufgabe des Managements ist es, alle diese Wertekategorien

- permanent zu beobachten,
- zu analysieren und
- bei Entscheidungen zu berücksichtigen.

Im folgenden Abschnitt soll auf einige ausgewählte Bestimmungsfaktoren zentraler Wertkategorien eingegangen werden.

### 4.2.4.2 Wertmäßige Funktionsverläufe

Für alle Wertkategorien gibt es Hypothesen über ihre bestimmenden Größen (Determinanten).
Gutenberg beispielsweise führt als Determinanten der Kosten auf:

- Faktorqualitäten,
- Beschäftigung, d.h. Änderung von Faktorproportionen, dem Verhältnis von fixen zu variablen Faktoren,
- Faktorpreise,
- Betriebsgröße und
- Fertigungsprogramm.

Exemplarisch für wertmäßige Funktionsverläufe soll auf den Zusammenhang zwischen Beschäftigung und Kosten eingegangen werden.

Dabei ist es wichtig,

(a) die Dispositionsbezogenheit

und

(b) die Meßdimension

von Kosten als Unterscheidungsmerkmal zu beachten.

Nach der Dispositionsbezogenheit sind zu unterscheiden:

(1) Kosten, deren Höhe durch die zu treffende Entscheidung beeinflußt wird, also relevante, dispositionsabhängige, (entscheidungs)variable Kosten,

und

(2) Kosten, deren Höhe durch die zu treffende Entscheidung nicht beeinflußt wird, also nicht relevante, dispositionsunabhängige, (entscheidungs)fixe Kosten.

Allgemein läßt sich nicht sagen, welche Kosten relevant (variabel) und welche Kosten nicht relevant (fix) sind!
Es kommt stets auf das Entscheidungsproblem und die Bedingungen der Entscheidungssituation an.
Generell gilt aber, daß zur optimalen Lösung eines Entscheidungsproblems nur die relevanten (variablen) Kosten einzubeziehen sind!

Im Blick auf die Veränderung der Beschäftigung (d.h. Ausbringungsmenge bzw. Leistung pro Zeiteinheit) lassen sich also

- beschäftigungsfixe und - beschäftigungsvariable

Kosten unterscheiden.

Die beschäftigungsvariablen Kosten können

(1) proportionale,
(2) progressive,
(3) degressive und
(4) regressive

Kostenverläufe aufweisen.

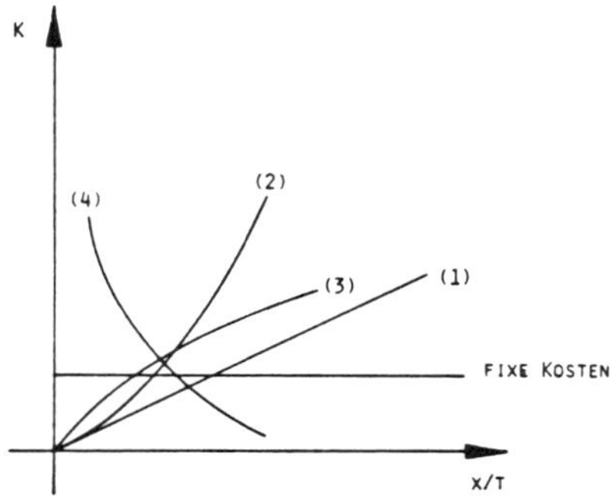


Abb. 4.2.4.2/I Beschäftigungsabhängige Kostenverläufe

Nach der Meßdimension sind folgende Kosten zu unterscheiden:

(1) Gesamtkosten $K_T$ in der Planungsperiode,
Dimension: GE (Geldeinheit).

(2) Kosten K pro Beschäftigungszeiteinheit (Teil einer Planungsperiode),
Dimension: GE/ZE (Geldeinheit/Zeiteinheit).

(3) Stückkosten k,
Dimension: GE/ME (Geldeinheit/Mengeneinheit).
Es werden getrennt:

- variable Stückkosten ($k_v$),

- totale (fixe und variable) Stückkosten ($k_t$).

Die Berechnung der Stückkosten (Kosten pro Mengeneinheit) aus den Kosten pro Zeiteinheit ist problematisch, wenn in den Kosten pro Zeiteinheit fixe Kosten enthalten sind. Eine verursachungsgemäße Zurechnung bzw. Verteilung der fixen Kosten ist nämlich nicht möglich.
Dies birgt die die Gefahr von Fehlentscheidungen!
Ein Absatzrückgang beispielsweise erhöht den Fixkostenanteil pro Stück. Wird versucht, diese "Kostensteigerung" durch Preiserhöhungen zu kompensieren, so kann ein zusätzlicher Absatzrückgang die Folge sein, der den Fixkostenanteil weiter in die Höhe treibt.

(4) Grenzkosten K',
Dimension: GE/ME (Geldeinheit/Mengeneinheit).
Grenzkosten sind die 1. Ableitung der Gesamtkosten $K_T$ nach der Ausbringungsmenge M bzw.
der Kostenzuwachs, der durch die Produktion der jeweils letzten Einheit eines Gutes entsteht (praxisnahe Definition nach Wöhe).

Grenzkosten sind die relevante Einheit bei Entscheidungen!

Im Blick auf Beschäftigungsänderungen sind auch die Begriffe

- Nutzkosten

und

- Leerkosten

wichtig.

Nutzkosten sind die Kosten der genutzten Kapazität und
Leerkosten die Kosten der nicht genutzten Kapazität.
Die Kapazitätskosten (Kosten der Betriebsbereitschaft) sind dabei als beschäftigungsfix anzusehen, d.h. es gilt:

| **Fixe Kosten Q = $K_l + K_n$** |
|---|

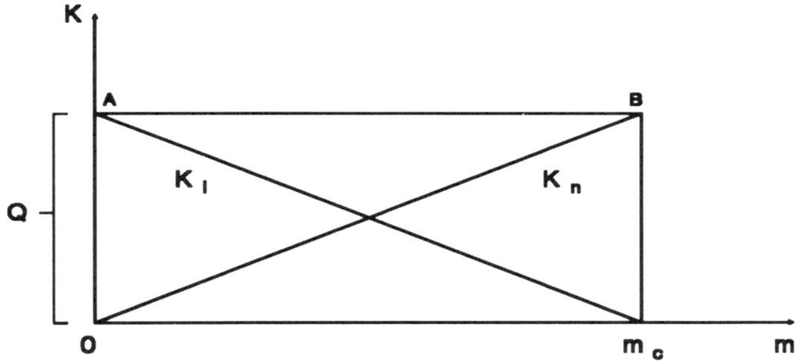


Q = Kapazitätskosten für eine Kapazität von m Ausbringungseinheiten

$K_l$ = Leerkostenverlauf in Abhängigkeit von der Beschäftigung (bzw. der Kapazitätsauslastung)

$K_n$ = Nutzkostenverlauf ...

m = Ausbringung

K = Kosten

$m_o$ = Kapazitätsgrenze

Abb. 4.2.4.2/II Nutz- und Leerkosten

Intensiv hat man sich mit Kostenverläufen in Abhängigkeit von der Art der Anpassung der betrieblichen Produktion an Beschäftigungsveränderungen auseinandergesetzt. Dabei werden verschiedene Anpassungsformen unterschieden (Gutenberg 1965, S. 343f.):

- Anpassung nach dem Ertragsgesetz, d.h. Anpassung nur mit dem variablen Faktor,
- intensitätsmäßige Anpassung, d.h. bei günstiger Auftragslage wird mehr und schneller gearbeitet, die Maschinen laufen schneller, etc.,
- quantitative Anpassung, d.h. Entlassung von Arbeitern und Stillegung von Maschinen bei geringer Beschäftigung sowie Überstunden, Einstellungen etc. bei zunehmender Beschäftigung.

Als spezielle Arten quantitativer Anpassung sind folgende Fälle zu erwähnen:

- zeitliche Anpassung z.B. durch Einführung des Mehrschichtbetriebes

und die

- selektive Anpassung, d.h. die beschäftigungsbedingte Stillegung und Inbetriebnahme von Maschinen erfolgt in der Reihenfolge ihrer Qualität und Präzision.

Als Beispiele sollen (a) die Anpassung nach dem Ertragsgesetz (bei Minimalkostenkombination) und (b) die Anpassung an Beschäftigungsveränderungen bei einer Produktionsfunktion vom Typ B graphisch dargestellt werden.
Zuvor wird jedoch der Begriff der Minimalkostenkombination in einem kleinen Exkurs geklärt.

Bei Minimalkostenkombination entspricht das Verhältnis der Faktorpreise dem Verhältnis der Grenzproduktivitäten der Faktoren, d.h. die Grenzkosten beider Faktoren sind gleich hoch.

$$\frac{p_1}{p_2} = \frac{\partial M}{\partial r_1} : \frac{\partial M}{\partial r_2}$$

Graphisch:

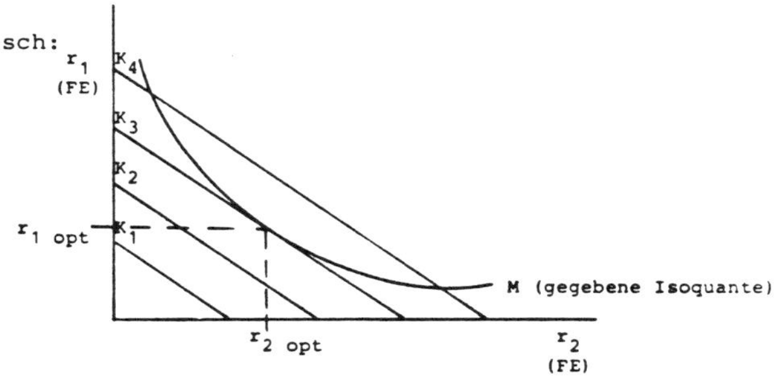


$K_1$ bis $K_4$ verschiedene Kostenniveaus

$$K_T\ (r_1;\ r_2) = p_1 \cdot r_1 + p_2 \cdot r_2$$

Abb. 4.2.4.2/III Minimalkostenkombination; Quelle: Schierenbeck 1980, S. 186

Die Steigungen der Kostengeraden sind allein durch die Relation der Faktorpreise definiert.
Das Faktoreinsatzverhältnis ist kostenminimal dort, wo erstmals eine vom Nullpunkt aus verschobene Kostengerade die Isoquante berührt.

Zu (a) Anpassung nach dem <u>Ertragsgesetz</u>

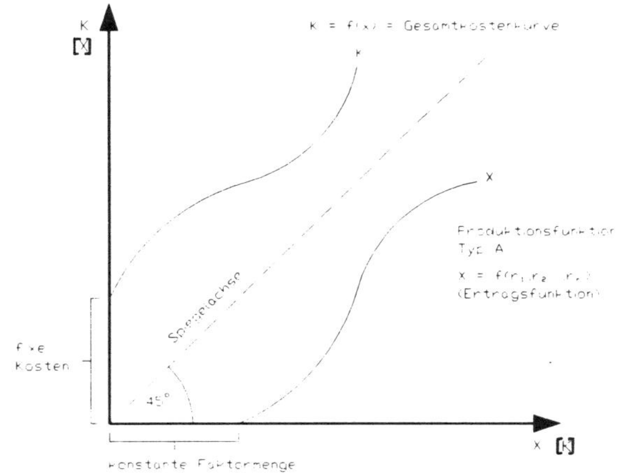


Abb. 4.2.4.2/IV Anpassung nach dem Ertragsgesetz

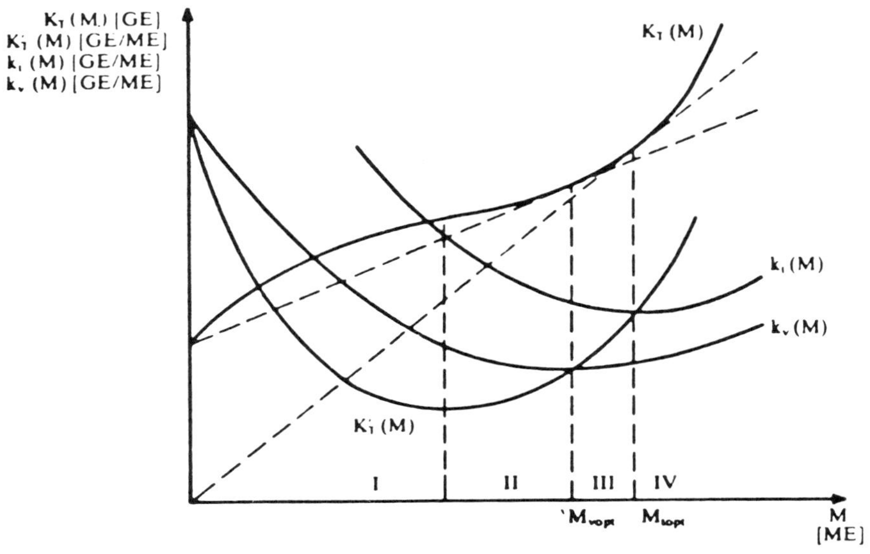


Abb. 4.2.4.2/V Kostenverläufe bei ertragsgesetzlicher Anpassung

Zu (b) Anpassung an Beschäftigungsveränderungen bei einer <u>Produktionsfunktion vom Typ B</u>

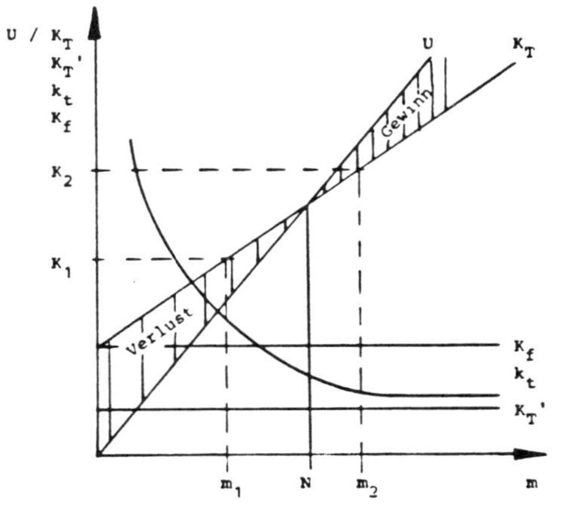


U = Umsatz
N = Nutzschwelle bzw. "break-even-point" (Gewinnschwelle)
$k_t$ = Stückkosten
$K_f$ = Fixkosten
$K'_T$ = Grenzkosten (hier konstant, da Kosten linear mit Ausbringungsmenge ansteigen)

Abb. 4.2.4.2/VI Prod.fkt. vom Typ B: Kostenverläufe

## 4.3 Betrieb und Umwelt

### 4.3.1 Die Umfelder der Betriebswirtschaft im Überblick

Die Betriebswirtschaft kann nicht losgelöst von ihren Umfeldern betrachtet werden, da diese über Erfolg und Mißerfolg des Betriebes entscheiden.
Abbildung 4.3.1/I stellt die Hauptkomponenten der betrieblichen Umwelt dar:

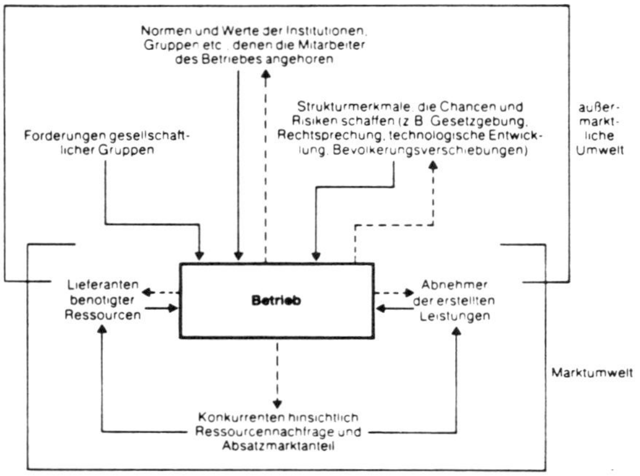


Abb. 4.3.1/I Betrieb und Umwelt I; Quelle: Marr 1984, S.68

Die wichtigste Aufgabe muß in der Früherkennung schwacher Signale in den verschiedenen Umweltsegmenten sein, die in Abbildung 4.3.1/II dargestellt sind:

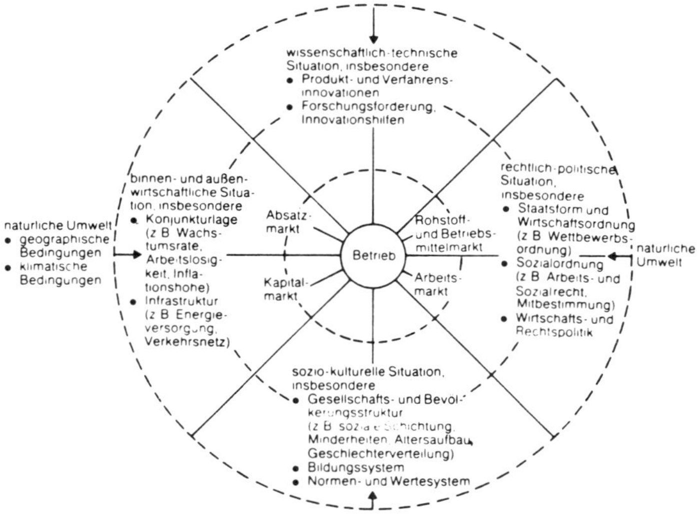


Abb. 4.3.1/II Betrieb und Umwelt II; Quelle: ebenda S. 76

### 4.3.2 Das ökonomische Umfeld

#### 4.3.2.1 Die Lieferanten, Kunden und Wettbewerber

Die Lieferanten

Die Leistung eines Unternehmens ist in hohem Maße von den Leistungen der Lieferanten abhängig.
Ein Unternehmen muß eine lieferantenbezogene Politik betreiben, denn Lieferanten sind:

- eine Quelle von Ideen für neue Produkte und Produktionsverfahren,
- Anbieter neuer Werkstoffe, Komponenten, Betriebsmittel und produkt- oder produktionsprozeßrelevanter Dienstleistungen,
- eine verlängerte Werkbank und
- eine wichtige strategische Ressource.

Lieferantenwechsel und Lieferantenloyalität sind deswegen gezielt einzusetzen.
Lieferantenauswahlentscheidungen müssen kosten- und leistungsorientiert getroffen werden.

Die Kunden

In einer Marktwirtschaft mit Wettbewerb sind die Kunden das wichtigste Orientierungssystem der Unternehmung. Ausgangspunkt sind dabei aktuelle und potentielle Probleme aktueller und potentieller Kunden.
Zweckmäßig sind deshalb systematische Problemanalysen bei Kunden.
Der Ablauf einer solchen Analyse sieht wie folgt aus:

| Problemanalyse bei Kunden |
|---|
| 1. Welche Funktionen verrichten die aktuellen oder potentiellen Kunden? |
| 2. Mit welchen Mitteln, Problemlösungen und mit welchen Kosten werden die Funktionen erfüllt? |
| 3. Welche Probleme treten bei der Funktionserfüllung auf? |
| 4. Welche Problemlösungen zeichnen sich ab? |
| 5. Wie attraktiv ist es, einen Beitrag zur Problemlösung zu leisten? |
| 6. Wie stark/schwach ist das eigene Unternehmen, einen Beitrag zur Problemlösung zu leisten? |

Eine Technik zur Auswahl interessanter Probleme von Kunden ist die Portfolio-Technik.

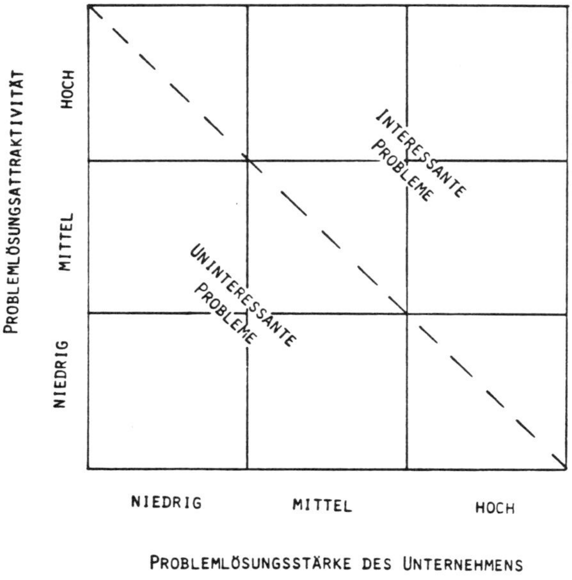


Abb. 4.3.2.1/I Problem-Portfolio

Die Konkurrenten

Die Konkurrenten streben zu Lasten anderer Mitanbieter nach Vorteilen. Konkurrenten sind vor allem jene Unternehmen einer Branche, die der gleichen wettbewerbsstrategischen Gruppe angehören.
Eine wettbewerbsstrategische Gruppe ist eine Gruppe von Unternehmen, die im Blick auf die Merkmale einer Wettbewerbsstrategie im Prinzip gleich oder ähnlich agieren, was sich in vergleichbaren Qualitäts- und Preislagen, ähnlichen Kundensegmenten und gleichen Absatzkanälen widerspiegelt.
Dementsprechend sind z.B. Fiat und Daimler-Benz im Personenwagenbereich keine Konkurrenten.

Die Intensität des Wettbewerbes hängt (nach Porter 1980, S.4) vor allem ab von:

- der Verhandlungsmacht der Käufer,
- der Verhandlungsmacht der Anbieter,
- der Furcht vor substitutiven Sachgütern und Dienstleistungen,
- und der Furcht vor dem Zutritt neuer Wettbewerber auf den Markt.

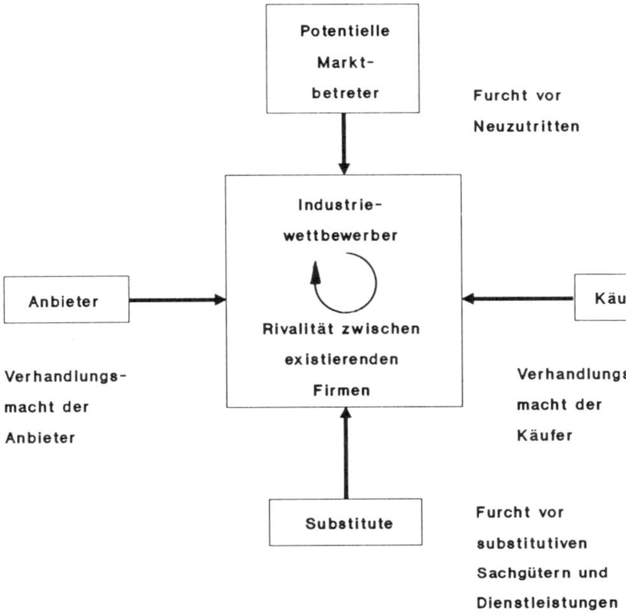


Abb. 4.3.2.1/II Treibende Kräfte des Wettbewerbs; vgl. Porter 1980, S. 4

### 4.3.2.2 Die Kapitalgeber und Arbeitnehmer

Die Kapitalgeber

Die Kapitalgeber stellen der Unternehmung externes Eigenkapital oder Fremdkapital zur Verfügung. Danach gliedern sie sich in:

- Eigentümer
und
- Kreditgeber (Gläubiger).

Die Kapitalgeber erhalten Gewinnanteile (z.B. Dividende), Fremdkapitalzinsen und/oder sonstige geldwerte Rechte (z.B. Bezugsrechte zum Erwerb junger Aktien).
Kapitalsuchende Unternehmen müssen dafür sorgen, daß die Kapitalgeber ein positives Kosten-Nutzen-Verhältnis erwarten, so daß für die Kapitalgeber ein Anreiz besteht, ihr Kapital anzulegen. (Unter sozialwissenschaftlichen Gesichtspunkten wird dies mit der Anreiz-Beitrags-Theorie erklärt.)

Die Arbeitnehmer

Die Arbeitnehmer sind die wichtigste Ressource (human capital) für die Erstellung von Leistungen.
Das Know-How der Arbeitnehmer, deren Fähigkeiten zum Einsatz dieses Wissens sowie die Arbeitsmotivation beeinflussen die Effizienz des Betriebes in hohem Maße.
Personalauswahl und Personalentwicklung sind infolgedessen zentrale Aufgaben des Unternehmens.
Rechte und Pflichten der Arbeitnehmer sind heute weitgehend vom Gesetzgeber oder tarifvertraglich geregelt.
Als Beispiel sei hier die Mitbestimmung erwähnt, die eine institutionalisierte, juristisch abgesicherte Mitwirkung von Arbeitnehmern an Entscheidungen im Betrieb gewährleistet.
Im Bereich der Mitbestimmung gibt es folgende relevante Regelungen:

- das Montan-Mitbestimmungsgesetz (1951), das eine paritätische Besetzung des Aufsichtsrates vorsieht,
- das Betriebsverfassungsgesetz von 1952 (novelliert 1972),
- das Bundespersonalvertretungsgesetz von 1955 (novelliert 1974),
- das Mitbestimmungsergänzungsgesetz von 1956 und
- das Mitbestimmungsgesetz von 1976.

Tabelle 4.3.2.2/I gibt einen kurzen Überblick über das Mitbestimmungsgesetz von 1976:

| | |
|---|---|
| Geltungsbereich | Kapitalgesellschaften mit mehr als 2000 Arbeitnehmern (soweit nicht Montanbereich) |
| Institution der Mitbestimmung | 1. Aufsichtsrat<br>2. Arbeitsdirektor im Vorstand |
| Zusammensetzung des Aufsichtsrat | - sechs Anteilseigner<br>- drei interne Arbeitnehmervertreter<br>- zwei externe Arbeitnehmervertreter<br>- ein Vertreter der leitenden Angestellten |
| Bestellung des Arbeitsdirektors | - durch Aufsichtsrat |
| Kompetenzen des Arbeitsdirektors | personelle und soziale Angelegenheiten |
| Schlichtungsmodus bei Stimmengleichheit | Der von den Anteilseignern gestellte AR-Vorsitzende hat eine zweite Stimme |

Tabelle 4.3.2.2/I Mitbestimmungsgesetz

#### 4.3.2.3 Der Fiskus

Der Fiskus ist der steuereinnehmende Staat. Der Fiskus erhebt zahlreiche Steuerarten, die die Unternehmen unmittelbar oder mittelbar betreffen.
Die wichtigsten Steuerarten waren 1987:

| | Mrd. DM | % |
|---|---|---|
| 1. Lohnsteuer und veranlagte Einkommensteuer | 194,9 | 41,6 |
| 2. Umsatzsteuer | 118,8 | 25,3 |
| 3. Gewerbesteuer | 31,4 | 6,7 |
| 4. Körperschaftsteuer | 27,3 | 5,8 |
| 5. übrige Steuern | 96,3 | 20,6 |
| insgesamt | 468,7 | 100 |

Tabelle 4.3.2.3/I Steuerarten

Die Steuer-Quote, das sind die Steuereinnahmen in Prozent des Bruttosozialprodukts, betrug 1987 23,2%.
Die verschiedenen Steuerarten lassen sich in eine Steuersystematik einordnen, die zunächst direkte und indirekte Steuern unterscheidet:

Direkte Steuern

(1) Personensteuern

- Einkommensteuer (inkl. Lohnsteuer),
- Körperschaftsteuer,
- Vermögensteuer und
- Erbschaft- und Schenkungsteuer,

(2) Realsteuern

- Gewerbesteuer und
- Grundsteuer

Indirekte Steuern

(1) Verkehrssteuern

- Umsatzsteuer,
- Grunderwerbsteuer und
- Gesellschaftsteuer,

(2) Verbrauchsteuern

- Mineralölsteuer,
- Tabaksteuer, etc.

Tabelle 4.3.2.3/II gibt eine nähere Beschreibung ausgewählter Steuerarten:

| Steuerart | Steuerobjekt | Bemessungsgrundlage |
|---|---|---|
| Einkommensteuer (ESt) | Einkommen natürlicher Personen | Zu versteuerndes Einkommen im Kalenderjahr, gegliedert nach sieben Einkunftsarten<br>- aus Land- und Forstwirtschaft<br>- aus Gewerbebetrieb<br>- aus selbständiger Arbeit<br>- aus nichtselbständiger Arbeit<br>- aus Kapitalvermögen<br>- aus Vermietung und Verpachtung<br>- Sonstige Einkünfte |
| Körperschaftsteuer (KSt) | Gewinn als das Einkommen juristischer Personen<br><br>(i.d.R. Kapitalgesellschaften: AG, GmbH) | Zu versteuernder Bilanzgewinn im Kalenderjahr<br><br>Im Unterschied zu den Personengesellschaften sind bei den Kapitalgesellschaften<br>- Geschäftsführergehälter und<br>- Zinsen für Gesellschafterdarlehn<br>als Aufwand abzugsfähig.<br><br>Steuersatz:<br>50% bei einbehaltenem,<br>36% bei ausgeschüttetem Gewinn.<br>Anrechnung der für ausgeschüttete Gewinne gezahlten KSt auf die ESt des Anteilseigners |
| Vermögensteuer (VSt) | Vermögen natürlicher und juristischer Personen | Vermögen:<br>- land-/ forstwirtschaftliches Vermögen<br>- Grundvermögen<br>- Betriebsvermögen<br>- sonst. Vermögen<br><br>Bewertung zu Einheitswerten (d.h. vom Finanzamt zu einem bestimmten Stichtag festgelegter Wert; insbes. bei Grundstücken sehr viel geringer als momentaner Verkehrswert) und zum Gemeinen Wert [1)]<br><br>Steuersatz:<br>natürliche Person 0,5%<br>juristische Person 0,6% |

| | | |
|---|---|---|
| Gewerbe-steuer (GewSt) | Gewerbebetrieb | (1) Gewerbeertrag:<br>= ESt (KSt) -pflichtiger Gewinn aus Gewerbebetrieb<br>+ Hinzurechnungen<br>- Kürzungen<br>- 36000 DM Freibetrag (nicht für Kapitalgesellschaften)<br><br>(2) Gewerbekapital<br>= Einheitswert des gewerblichen Betriebs<br>+ Hinzurechnungen<br>- Kürzungen<br>- 120000 DM Freibetrag<br><br>Berechnung der Steuerschuld:<br><br>Gewerbeertrag * Steuermeßzahl (5%)<br>= Steuermeßbetrag I<br><br>Gewerbekapital * Steuermeßzahl (2‰)<br>= Steuermeßbetrag II<br><br>(I + II) * Hebesatz der Gemeinden<br>= Steuerbetrag |
| Umsatz-steuer (USt) | Steuerbare Umsätze<br><br>(1) Lieferungen/ Leistungen eines Unternehmens geg. Entgelt<br><br>(2) Eigenverbrauch eines Unternehmens<br><br>(3) Einfuhr | Kauf/Verkauf:<br>- vereinbartes Entgelt<br><br>Tausch:<br>- gemeiner Wert<br><br>Eigenverbrauch:<br>- Teilwert [2)] / Gemeiner Wert / Kosten/ Aufwand<br><br>Typ:<br>Allphasennettoumsatzsteuer<br><br>Berechnung:<br><br>Berechnete Mehrwertsteuer (14%, in bestimmten Fällen 7%)<br><br>- gezahlte Vorsteuer<br><br>= zu zahlende Umsatzsteuer (jeweils bezogen auf das Kalenderjahr) |

| | | |
|---|---|---|
| Gesellschaftsteuer | Zuführung von Eigenkapital an Kapitalgesellschaften | Wert der Gegenleistung z.B. Bareinlage, Sacheinlage<br>Steuersatz: 1% |

Tab. 4.3.2.3/II Steuerartenbeschreibung

[1] Def.: Gemeiner Wert (§9 Bewertungsgesetz) ist durch den Preis bestimmt, der im gewöhnlichen Geschäftsverkehr nach der Beschaffenheit des Wirtschaftsgutes bei seiner Veräußerung zu erzielen wäre.

[2] Def.: Teilwert = Betrag, den ein Erwerber des ganzen Betriebs im Rahmen des Gesamtkaufpreises für das einzelne Wirtschaftsgut ansetzen würde; dabei ist davon auszugehen, daß der Erwerber den Betrieb fortführt.
→ Teilwertvermutung

### 4.3.2.4 Der gesamtwirtschaftliche Rahmen

Der gesamtwirtschaftliche Rahmen beeinflußt das Geschehen im Betrieb in starkem Maße. Konjunkturschwankungen entscheiden mit über die Absatzchancen und Strukturwandlungen erzwingen Anpassungen.
Als wichtige Tendenzen sind festzuhalten:

- Konzentration,
- Internationalisierung und
- qualitatives Wachstum.

Teilprobleme im gesamtwirtschaftlichen Rahmen sind:

- Inflation in vielen Ländern,
- Arbeitslosigkeit,
- Zahlungsbilanzprobleme und
- wachsender Staatseinfluß in der Wirtschaft.

### 4.3.3 Das technische Umfeld

Das technische Umfeld ist geprägt von hoher technischer Dynamik. Dies findet seinen Niederschlag nicht zuletzt in kürzer werdenden Lebenszyklen von Produkten und Produktionstechniken. Schrittmacher sind dabei, z.B. in der "Mechatronik":

- CAD/CAM/CIM,
- Roboter und
- Mikroprozessoren als neue Basistechnologie.

Die Anpassung der Betriebe an technische Entwicklungen ist zur Erhaltung der Wettbewerbsfähigkeit unausweichlich.
Notwendig ist das rechtzeitige Erkennen technischer Entwicklungen, wobei schwache Signale zu beachten sind und eine Technologiebewertung erfolgen muß.

### 4.3.4 Die Natur als Umfeld

Die in den letzten Jahren immer offener zutage tretenden ökologischen Probleme machen eindrucksvoll deutlich, daß die Maxime des Handelns nicht "Ökonomie oder Ökologie" lauten darf, sondern "Ökonomie u n d Ökologie" heißen muß.
Im Wettbewerb stehende Unternehmen können jedoch nur begrenzt Belange der Ökologie beachten.
Deshalb muß der Staat intervenieren und sowohl durch Gesetze entsprechende Rahmenbedingungen schaffen als auch das öffentliche Bewußtsein für Umweltprobleme schärfen, so daß z.B. umweltfreundliche Produktion als Verkaufsargument eingesetzt werden kann.

### 4.3.5 Das rechtliche Umfeld

Rechtliche Regelungen sind oft Folge von Problembewußtsein großer gesellschaftlicher Gruppen und dementsprechend ein Spätindikator von Umfeldentwicklungen.
Die Unternehmen agieren durch (z.T. antizipative) Anpassung an den Gesetzgeber und Beeinflussung des Gesetzgebers durch ihre Lobby.
Die wichtigsten rechtlichen Bereiche für Betriebe sind:

- Arbeitsrecht,
- Steuerrecht,
- Umweltrecht und
- Datenschutzrecht.

### 4.3.6. Das politisch-soziale Umfeld

Veränderungen im politisch-sozialen Umfeld laufen zwar langsam ab, sie können aber zu relativ kurzfristigen Veränderungen im Datenrahmen der Unternehmen führen. Man denke z.B. an die Beteiligung neuer politischer Parteien an der politischen Mitverantwortung nach einer Wahl.

Unternehmen müssen auch sich evtl. ändernden Wertvorstellungen (Stichwort: Wertewandel), z.B. einer veränderten Einstellung zur Arbeit (Freizeitpriorität) Rechnung tragen.

Zunehmender Wertepluralismus bzw. zunehmende Wertedifferenzierung könnten u.U. zu zunehmender Konfliktwahrscheinlichkeit führen.

Die Veränderung der Alterspyramide in der BRD wird erhebliche wirtschaftliche Konsequenzen für die Unternehmen haben.

Die Beispiele stehen für viele andere unternehmensrelevante Veränderungen im politisch-sozialen Raum.

## Kontrollfragen zu Kapitel 4

1. Was versteht man unter "Taylorismus"?
2. Was ist gemeint, wenn gesagt wird, daß es nicht nur um die Beziehung zwischen Arbeit und Leistung, sondern auch um die Beziehung zwischen Mensch und Arbeit gehe?
3. Nennen Sie die Merkmale des "homo oeconomicus"!
4. Nennen und erläutern Sie verschiedene Arten von Rationalität!
5. Was kennzeichnet den beschränkt-rational handelnden Menschen?
6. Wie lautet die grundlegende Verhaltenserklärung des feldtheoretischen Ansatzes von Lewin?
7. Welches sind verhaltensbestimmende Person- und Umfeldmerkmale?
8. Welches sind die beiden Basisaxiome der Verhaltenserklärung (nach Silberer)?
9. Nennen und erläutern Sie die verschiedenen Dimensionen der BWL?
10. Nach welchen Kriterien können betriebliche Aufgaben zerlegt werden?
11. Was versteht man unter Aufgabenanalyse und Aufgabensynthese?
12. Was versteht man unter formalen und informalen Rollen einer Person?
13. Nennen Sie Merkmale einer kleinen Gruppe bzw. Primärgruppe!
14. Formulieren Sie die Kernaussage der Anreiz-Beitrags-Theorie!
15. Was versteht man unter Gruppen-Kohäsion?
16. Nennen Sie Beispiele für negative Konsequenzen von Gruppendruck im Betrieb!
17. Was versteht man unter Kommunikation?
18. Welche Kommunikationsstrukturen lassen sich unterscheiden?
19. Zeichnen Sie das Grundmodell der Kommunikation!
20. Nennen und erläutern Sie drei Arten kommunikativer Störungen!
21. Definieren Sie "Macht"!
22. Welche Dimensionen der Macht werden unterschieden?
23. Nennen und erläutern Sie die Determinanten der Macht!
24. Welches sind die Ressourcen der Macht?
25. Welches sind die Instrumente bzw. Mittel der Macht?
26. Erläutern Sie das System produktiver Faktoren (nach Gutenberg)!
27. Worum geht es bei der Bereitstellungsplanung?

28. Was versteht man unter einer Produktionsfunktion?

29. Welche Arten von Produktionsfunktionen kann man unterscheiden?

30. Bilden Sie je ein Beispiel einer substitutionalen Produktionsfunktion mit alternativer und peripherer Substitution!

31. Was versteht man unter einer limitationalen Produktionsfunktion?

32. Was versteht man unter einer Produktionsfunktion vom Typ C (Heinen)?

33. Welche Arten von Produktionsfunktionen kann man unterscheiden in Abhängigkeit von der Veränderung der Ausbringungsmenge, wenn der Einsatz aller Produktionsfaktoren prozentual im gleichen Umfang erhöht oder gesenkt wird?

34. Wie lautet das Ertragsgesetz?

35. Bilden Sie Arten von Produktionsfunktionen nach der Zahl der Produktionsstufen!

36. Zeichnen und erläutern Sie ein Strukturmodell für einen Mehrproduktbetrieb!

37. Wie sieht die allgemeine mathematische Formel für eine Verbrauchsfunktion aus?

38. Welche Preisarten sind zu unterscheiden?

39. Zeichnen Sie eine Nachfragekurve und eine Angebotskurve für den Normalfall!

40. Inwiefern kann man vom "Preis" als primärer Wertkategorie sprechen?

41. Nennen Sie Bewertungsanlässe!

42. Nennen Sie Beispiele für sekundäre Wertkategorien!

43. Welches sind die fünf Hauptdeterminanten der Kosten nach Gutenberg?

44. Welche Kostenarten lassen sich nach der Dispositionsbezogenheit unterscheiden?

45. Was versteht man unter relevanten Kosten?

46. Welche Kostenverläufe werden in Abhängigkeit von der Beschäftigung unterschieden?

47. Welche Kostenarten lassen sich nach der Meßdimension unterscheiden?

48. Was versteht man unter dem Problem verursachungsgemäßer Zurechnung von Kosten?

49. Was versteht man unter Nutz- und Leerkosten?

50. Nach der Art der Anpassung der betrieblichen Produktion an Beschäftigungsveränderungen lassen sich verschiedene Anpassungsformen unterscheiden. Welche sind dies?

51. Zeichnen Sie die Kostenverläufe bei partieller Anpassung und S-förmiger Ertragsfunktion!

52. Wo liegt bei Anpassung nach dem Ertragsgesetz das Minimum der variablen Stückkosten und der totalen Stückkosten?

53. Zeichnen Sie Kostenverläufe für den Fall einer Produktionsfunktion vom Typ B (Verbrauchsfunktion)!

54. Was versteht man unter dem Break-Even-Point?

55. Geben Sie einen Überblick über dic Hauptkomponenten der betrieblichen Umwelt!

56. Inwiefern sind Lieferanten im Rahmen einer Umfeldanalyse für ein Unternehmen interessant?

57. Wie kann eine kundenbezogene Problemanalyse ablaufen?

58. Was versteht man in Anlehnung an Porter unter einer wettbewerbsstrategischen Gruppe?

59. Wovon hängt die Intensität des Wettbewerbs (nach Porter) ab?

60. Welche Arten von Kapitalgebern kann man unterscheiden?

61. Welches sind die relevanten gesetzlichen Regelungen der Mitbestimmung?

62. Welches sind wichtige Merkmale des Mitbestimmungsgesetzes?

63. Nennen Sie direkte und indirekte Steuern!

64. Nennen Sie Steuerobjekte und Bemessungsgrundlagen folgender Steuern:

- Einkommensteuer,
- Körperschaftsteuer,
- Vermögensteuer,
- Gewerbesteuer,
- Umsatzsteuer und
- Gesellschaftsteuer.

65. Inwiefern ist der gesamtwirtschaftliche Rahmen für ein Unternehmen interessant?

66.Inwiefern ist das technische Umfeld für Unternehmen bedeutsam?

67. Nehmen Sie Stellung zu der These, Ökonomie und Ökologie seien Gegensätze!

68. Nennen Sie Beispiele für Sachverhalte im rechtlichen und politisch-sozialen Umfeld, die für Unternehmen relevant sind!

# 5. Ziele in Betriebswirtschaften

## 5.1 Zieldimensionen

Ziele lassen sich definieren als angestrebte zukünftige Situationen bzw. Zustände oder Entwicklungen.

Es lassen sich drei Zieldimensionen angeben:

(1) Zielinhalt,
d.h. Tatbestände, die erstrebt werden, wie z.B. Umsatz oder Gewinn,

(2) Zielausmaß,
d.h. angestrebtes Ausmaß der Zielerreichung, das sich in begrenzt oder unbegrenzt formulierten Zielen ausdrückt, z.B.: Erhöhung um 10%,

(3) zeitlicher Bezug,
d.h. Zeitpunkt oder Zeitraum der Zielerreichung, nach dem man kurz-, mittel-, und langfristige Ziele unterscheidet, z.B.: Ziele für 1993.

Ziele müssen verschiedenen Anforderungen genügen:

- Operationalität (d.h. in Handlungen umsetzbar),
- Meßbarkeit,
- Realisierbarkeit,
- Motivationswirkung und
- Integrierbarkeit in ein Zielsystem.

## 5.2 Zielbeziehungen

Es werden verschiedene Arten von Zielbeziehungen gebildet:

(1) Zielbeziehungen nach der Auswirkung des Zielerreichungsgrads eines Ziels auf den Zielerreichungsgrad eines anderen Ziels:

- komplementäre Ziele,
- konkurrierende Ziele und
- indifferente Ziele.

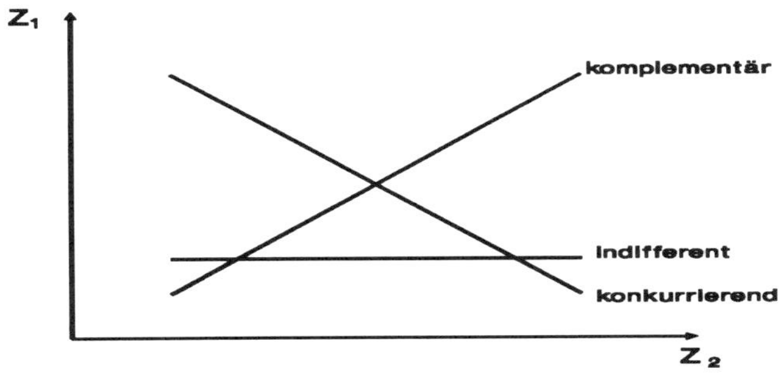


Abb. 5.2/I Zielbeziehungen

Konkurrierende Ziele sind beispielsweise eine schnelle Markterschließung und ein positiver Deckungsbeitrag bei einem neuen Produkt.

(2) Zielbeziehungen nach Zielpräferenzen:

- Hauptziele und
- Nebenziele.

Die Bildung von Zielpräferenzen durch Zielgewichtungen wird bei Konkurrenz zwischen Zielen erforderlich.

(3) Zielbeziehungen nach der Stellung von Zielen in einer Zielhierarchie:

- Oberziele,
- Zwischenziele und
- Unterziele.

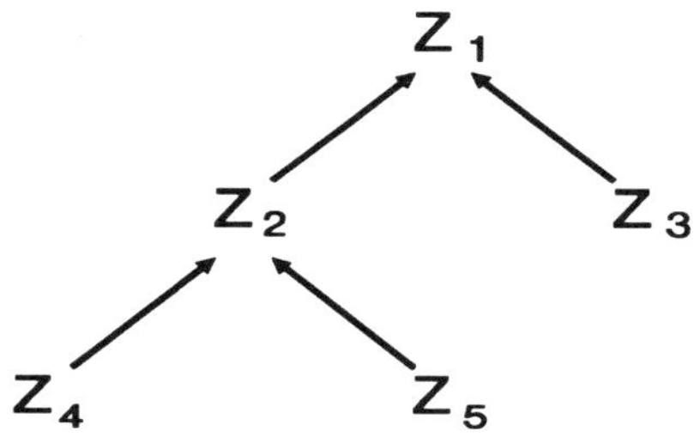


Abb. 5.2/II Zielhierarchie

## 5.3 Zielbildung

### 5.3.1 Bildung von Individualzielen

Die Willensbildung im Unternehmen wird von Individuen getragen, die neben betriebsbezogenen auch nicht-betriebsbezogene Ziele verfolgen.
Die Bildung individueller Ziele wird durch verschiedene "'Theorien" erklärt:

- Motiv- und Bedürfnistheorien und
- Lerntheorien.

Als erstes Beispiel für solche "Theorien" soll die Bedürfnistheorie von Maslow (Maslow 1970) vorgestellt werden:

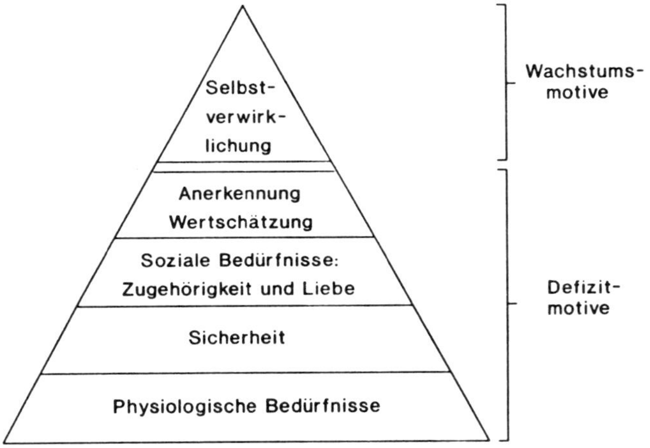


Abb. 5.3.1/I Bedürfnispyramide von Maslow

Höher angeordnete Bedürfnisse entfalten schon dann eine motivierende Kraft, wenn niedriger angeordnete Bedürfnisse noch nicht völlig befriedigt sind.

Das zweite Beispiel ist dem Bereich der Lerntheorien zuzurechnen und beleuchtet kurz die Theorie der Anspruchsanpassung.

Ausgangspunkt ist das Anspruchsniveau des einzelnen, worunter ein angestrebtes Zielausmaß, verbunden mit einem Anspruch an das eigene Handeln, zu verstehen ist.
Die Erreichung des selbstgesetzten Zieles führt zur Belohnung und infolgedessen zu einer Erhöhung des Anspruchsniveaus.
Wiederholte andauernde Nichterreichung des selbstgesetzten Anspruchsniveaus hingegen führt zur Senkung desselben.

Im folgenden sollen noch einige Beispiele für individuelle, unternehmensbezogene Ziele (grob geordnet im Sinne der Maslow'schen Bedürfnispyramide) erwähnt werden (Maslow 1970, S. 97ff.):
physiologische und Sicherheitsbedürfnisse:

- Arbeitslohn,
- Sozialleistungen,
- Pensionszusagen,
- Gewinnbeteiligung und
- Versicherungen,

höherrangige Bedürfnisse:

- zufriedenstellende Arbeit,
- Mitbestimmung,
- Selbstkontrolle,
- Anerkennung der Leistung und
- Entfaltungsmöglichkeiten bei der Arbeit.

### 5.3.2 Bildung von Organisationszielen

Organisationsziele werden unterschieden in

- Ziele der Organisation (autorisierte Ziele),
- Ziele in der Organisation und
- Ziele für die Organisation.

Im Prozeß der Bildung von Zielen der Organisation haben "Kerngruppen" einen größeren Einfluß als "Satellitengruppen".

In einem Unternehmen gibt es verschiedene Interessengruppen, die z.T. unterschiedliche Ziele verfolgen:

- die Eigentümer,
- die Führungsorgane (Vorstand, Geschäftsführer, mittleres Management),
- die Aufsichts- und Kontrollorgane (Aufsichts- oder Verwaltungsrat) und
- die Mitarbeiter, die aber nur in Ausnahmefällen zur Kerngruppe gehören.

Zur Erreichung von Zielen werden häufig Koalitionen gebildet, die ihre Ziele in Verhandlungsprozessen aufeinander abstimmen.
Machtrelationen sind hierbei ein zentraler Einflußfaktor.

## 5.4 Zielinhalte in Betriebswirtschaften

### 5.4.1 Gewinn und Rentabilität

Gewinn oder Verlust ist die Differenz zwischen positiven und negativen Erfolgsgrößen wie:

- Einnahmen, Ertrag und Leistungen

auf der einen und

- Ausgaben, Aufwand und Kosten

auf der anderen Seite.

Mit ihrer Hilfe werden verschiedene Gewinngrößen gebildet:

- Totalgewinn, d.h. der Gewinn während der gesamten Lebensdauer des Betriebes,
- Periodengewinn, d.h. Gewinn einer Zeiteinheit,
- Pagatorischer Periodengewinn, d.h. die Differenz zwischen Ertrag und Aufwand und
- Kalkulatorischer Gewinn, d.h. die Differenz zwischen Leistungen und Kosten.

Die Umfänge der Begriffe Pagatorischer und Kalkulatorischer Gewinn stellt Abbildung 5.4.1/I dar.

| Pagatorischer Gewinn | |
|---|---|
| Kalkulatorischer Gewinn | Eigenkapitalzinsen |

Abb. 5.4.1/I Umfänge der Gewinnbegriffe

Rentabilitätsgrößen werden gebildet, indem der (pagatorische) Gewinn ins Verhältnis zu Kapitalgrößen gesetzt wird.
Es lassen sich so definieren:

$$\text{Eigenkapitalrentabilität} = \frac{\text{Gewinn}}{\text{Eigenkapital}}$$

$$\text{Gesamtkapitalrentabilität} = \frac{\text{Gewinn}}{\text{Gesamtkapital}}$$

wobei gilt:

$$\text{Gesamtkapital} = \text{Eigen-} + \text{Fremdkapital}$$

In der Realität dominiert häufig das Streben nach einem "befriedigenden Gewinn". Gewinnstreben ist eng verbunden mit dem erwerbswirtschaftlichen Prinzip, das die Erwirtschaftung von Einkommen für Haushalte, die Eigenkapital zur Verfügung stellen, zum Gegenstand hat.

### 5.4.2 Wirtschaftlichkeit und Produktivität

Wirtschaftlichkeit kann mengenmäßig oder wertmäßig gemessen werden.

Bei mengenmäßiger Messung wird sie als Produktivität (siehe Kapitel 1.2.2) bezeichnet.

$$\text{Produktivität} = \frac{\text{Faktorertragsmengen}}{\text{Faktoreinsatzmengen}}$$

Schwierigkeiten entstehen hier aber durch die Ungleichartigkeit der Faktoren.

Dieses Problem tritt bei wertmäßiger Messung nicht auf, da ausschließlich in Geldgrößen gerechnet wird.
Es lassen sich bilden:

$$\textbf{Kostenwirtschaftlichkeit} = \frac{\textbf{Leistungen}}{\textbf{Kosten}}$$

$$\textbf{Aufwandswirtschaftlichkeit} = \frac{\textbf{Ertrag}}{\textbf{Aufwand}}$$

Ziel kann nun sein, entweder

- verlangte Leistung (Ertrag) mit minimalen Kosten (Aufwand)

oder

- mit gegebenen Kosten (Aufwand) eine maximale Leistung (Ertrag)

zu erzielen.

Dieser Zielsetzung liegt ein Rationalprinzip, nämlich das Ökonomische Prinzip (siehe Kapitel 1.2.1), zugrunde.

Der Wirtschaftlichkeitsgrad wird definiert als

$$\frac{\textbf{Istaufwand}}{\textbf{Sollaufwand}} \quad \textbf{(bei gegebenem Ertrag)}$$

oder

$$\frac{\textbf{Sollertrag}}{\textbf{Istertrag}} \quad \textbf{(bei gegebenem Aufwand).}$$

### 5.4.3 Liquidität

Liquidität bedeutet ein finanzielles Gleichgewicht zwischen den Zahlungsverplichtungen und der vorhandenen Menge an Zahlungsmitteln, so daß die Zahlungsfähigkeit gewährleistet ist.
Das Liquiditätsziel läßt sich formulieren als die Fähigkeit des Unternehmens, zu jedem Zeitpunkt den fälligen Zahlungsverpflichtungen uneingeschränkt nachkommen zu können.
Zur Erhaltung der Liquidität sind Liquiditätsreserven erforderlich (z.B. Zahlungsmittelbestände).
Darüber hinaus wurden Finanzierungsregeln entwickelt, deren Beachtung Liquiditätsengpässe vermeiden soll.

### 5.4.4 Sicherung des Leistungspotentials

Ziel ist die Erhaltung der Gewinnquelle und die Erhaltung der Substanz des Unternehmens. Bei der Substanzerhaltung werden vier Arten unterschieden:

(1) reproduktive Substanzerhaltung (SE),
d.h. Erhaltung der mengenmäßig und technisch gleichen Produktionskapazität.

(2) relative Substanzerhaltung,
d.h. SE im Vergleich zu anderen Unternehmen.

(3) qualifizierte Substanzerhaltung,
d.h. Wachstum gemäß der gesamtwirtschaftlichen Entwicklung.

(4) leistungsäquivalente Substanzerhaltung,
d.h. Angleichung an Bedarfs- und Technologiewandel.

Substanzerhaltung bedeutet reale Kapitalerhaltung, da nominelle Kapitalerhaltung bei Inflation nicht zur Substanzerhaltung ausreicht.
Substanzerhaltung erfordert Investitionen.

### 5.4.5 Sonstige Ziele

Aus der Vielzahl von in einem Unternehmen denkbaren Zielen und ihren Ober- und Unterzielen seien noch einige weitere aufgeführt, z.B. Ziele betreffend:

- Umsatz,
- Marktanteile,
- Prestige,
- Unabhängigkeit,
- Macht,
- Gemeinwirtschaftlichkeit,
- Versorgung (zur Bedarfsdeckung oder Vorsorge),
- Bedarfslenkung

etc..

## Kontrollfragen zu Kapitel 5

1. Was sind Ziele und welche Zieldimensionen sind zu unterscheiden?
2. Nennen und erläutern Sie Anforderungen an Ziele!
3. Nennen und erläutern Sie drei Gruppen von Zielbeziehungen!
4. Erläutern Sie die Bedürfnistheorie von Maslow, nennen Sie Beispiele!
5. Was wird unter der Theorie der Anspruchsanpassung verstanden?
6. Was versteht man unter Zielen der Organisation, Zielen für die Organisation?
7. Welches sind die verschiedenen Interessengruppen im Unternehmen?
8. Inwiefern spielen bei der Zielbildung im Unternehmen Koalitionen und Verhandlungsprozesse eine Rolle?
9. Was versteht man unter Gewinn, Total- und Periodengewinn sowie pagatorischem und kalkulatorischem Gewinn?
10. Nennen und definieren Sie verschiedenen Rentabilitätsarten!
11. Was versteht man unter dem erwerbswirtschaftlichen Prinzip?
12. Es gibt verschiedene Interpretationen des Begriffs Wirtschaftlichkeit. Welche sind dies?
13. Was versteht man unter Wirtschaftlichkeitsgrad?
14. Was versteht man unter Liquidität?
15. Welche Arten von Substanzerhaltung können unterschieden werden?
16. Was heißt reale und nominelle Kapitalerhaltung?
17. Was versteht man unter Gemeinwirtschaftlichkeit?

# 6. Management des Betriebes

## 6.1 Managementorgane

Management ist gleichzusetzen mit Führung.
Rühli (Rühli 1975, S. 10) definiert Führung folgendermaßen:
'Unter Führung kann man [...] die Gesamtheit der Institutionen, Tätigkeiten und Instrumente verstehen, welche der Willensbildung und der Willensdurchsetzung dienen."

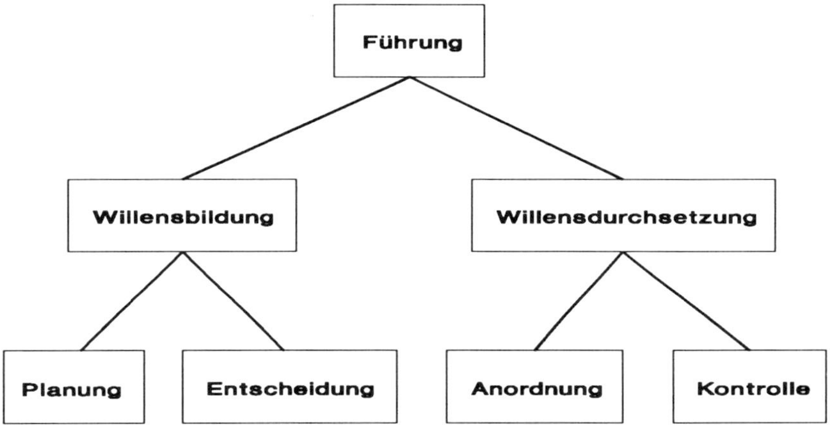


Abb. 6.1/I Führung im Überblick; Quelle: Rühli 1975, S. 10

Managementorgane sind infolgedessen:

Personen und Institutionen, die sich im Betrieb mit den Aufgaben:

- Planung,
- Entscheidung,
- Anordnung und Durchsetzung und
- Kontrolle

befassen.

Personen, die sich mit diesen Aufgaben befassen, sind Manager aufgrund ihrer formalen Position in der Unternehmung.
Die Tendenz geht dabei zu einer Professionalisierung der Unternehmensleitung.
Die Unternehmensleitung hat folgende Führungsaufgaben, die in sich (sozusagen auf der Meta-Ebene) wieder die Phasen der Planung, Entscheidung, Anordnung und Durchsetzung und Kontrolle durchlaufen:

- Konzeption einer Unternehmensphilosophie,
- Ableitung von Zielen und Grundsätzen der Unternehmenspolitik aus der Unternehmensphilosophie,
- Organisation,
- Mitarbeiterführung,
- Auswahl von Führungskräften und
- Förderung des Führungsnachwuchses.

## 6.2 Managementaufgaben

### 6.2.1 Aufgaben im Managementprozeß

#### 6.2.1.1 Planung

Der Begriff Planung läßt sich definieren als "ein systematischer, methodischer Prozeß der Erkenntnis und Lösung von Zukunftsproblemen" (Wild 1974, S.13) oder auch als systematisches zukunftsbezogenes Durchdenken von Zielen und Mitteln der Gestaltung von Systemen.

Die Komponenten der Planungsdefinition sind:

(1) Zukunftsbezogenheit,
d.h. arbeiten mit

- Prognosen,
- unvollkommenen Informationen und
- Irrtumsrisiko.

(2) Rationalität,
d.h. zielgerichtetes Vorgehen.

(3) Gestaltungsorientierung,
d.h. Betrachten von Zielen und Mitteln.

(4) Prozeßstruktur,
d.h. Vorhandensein von

- Teilprozessen und
- Regelkreisen.

(5) Informationsphänomen,
d.h. Vorhandensein von

- Informationsprozessen.

Bestandteile eines Plans sind:

- Ziele,
- Prämissen,
- Problemstellung,
- Maßnahmen,
- Ressourcen,
- Termine,
- Planerfüllungsträger und
- Ergebnisse.

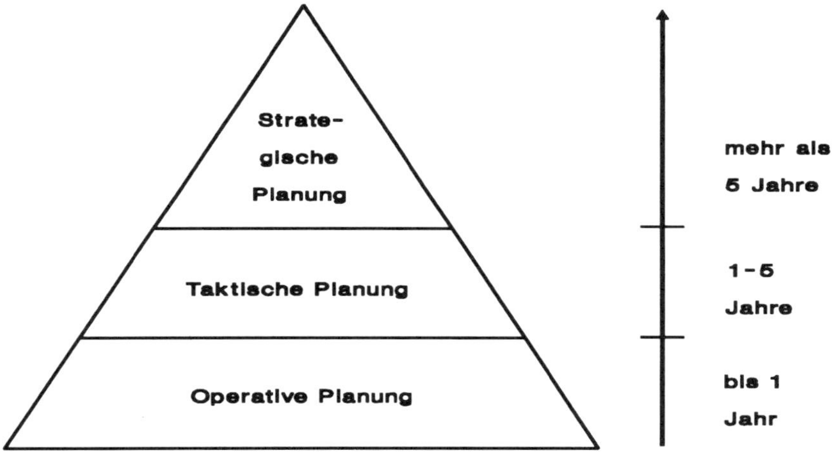


Abb. 6.2.1.1/I Hierarchie der Planung

### 6.2.1.2 Entscheidung

Wenn im Rahmen von Aufgaben im Managementprozeß von Entscheidung gesprochen wird, dann sind folgende Sachverhalte gemeint:

(1) Bewertung von Alternativen und

(2) Fassung eines Beschlusses.

Objekte von Entscheidungen können sein:

- Ziele und - Mittel.

(siehe Kapitel 3.3)

Bewertung ist zunächst als die Ermittlung und Zuordnung von Wertgrößen (als Maßstäbe für die Zielwirksamkeit) zu verstehen. Darüber hinaus umfaßt sie bei mehreren zu bewertenden Objekten auch die Herstellung einer Rangordnung (Präferenzordnung) der Objekte in Bezug auf ein Ziel oder mehrere Ziele.
Auf Bewertungstechniken wird in Kapitel 6.4.2 näher eingegangen.

Eine Bewertungssituation setzt sich aus folgenden Elementen zusammen:

- den Bewertern,
- den Bewertungsobjekten,
- den Zielsystemen,
- den Bewertungskriterien,
- den Kriteriengewichten,
- den Maßstäben bzw. Skalen für Bewertungskriterien,
- den Kriterienwerten und
- dem Datenrahmen.

Von allen diesen Faktoren ist letztlich eine Bewertung abhängig!

Die wichtigste Phase im Problemlösungsprozeß ist der Entschluß, die beste Alternative zu realisieren oder die Problemlösung abzubrechen.

Häufige Probleme, die der Entschlußfassung entgegenstehen, sind:

- Entschlußschwäche,
- Angst vor dem Risiko,
- Delegation von Entscheidungen oder
- Verschiebung von Entscheidungen auf einen späteren Termin.

#### 6.2.1.3 Anordnung und Durchsetzung

Jeder Realisierungsentschluß muß den Aufgabenträgern durch Anordnungen bzw. Anweisungen übermittelt werden.
Dies erfordert zunächst eine Bestimmung der Aufgabenträger.
Die Anweisung ist so zu formulieren, daß die Widerstände möglichst gering und die motivationale Kraft möglichst groß ist.

#### 6.2.1.4 Kontrolle

Durch die Kontrolle ist festzuhalten, ob die Anordnungen plangemäß erfüllt und die Planziele erreicht worden sind.

Dementsprechend hat die Kontrolle die Aufgabenbereiche:

(1) Feststellung von Soll-Ist-Abweichungen und -Übereinstimmungen

(2) Analyse der Abweichungen und Übereinstimmungen als Voraussetzung zur Problemidentifikation.

Zu unterscheiden sind verschiedene Typen von Kontrolle , je nachdem in welcher Phase eines Problemlösungsprozesses Kontrollen stattfinden.:

- Entscheidungsprozeßkontrolle,
  d.h.: Es wird geprüft, ob der Entscheidungsprozeß rational abgelaufen ist,
- Prämissenkontrolle,
  d.h.: Nach dem Realisierungsentschluß wird gefragt, ob die Prämissen der Entscheidung noch gültig sind,
- Realisierungsfortschrittskontrolle;
  Sie findet während der Realisierung statt.
- Ergebniskontrolle;
  Sie erfolgt nach der Realisierung.

### 6.2.2 Organisation als Managementaufgabe

#### 6.2.2.1 Organisationsbegriffe

Der Begriff der Organisation ist nicht eindeutig.
Vier Organisationsbegriffe werden in der Literatur verwendet:

(1) Universaler Organisationsbegriff, bei dem Organisation als Einheit aus geordnet miteinander verbundenen Teilen verstanden wird,

(2) Institutionaler Organisationsbegriff, bei dem Organisation als zielgerichtetes soziales System aufgefaßt wird,

(3) Strukturaler Organisationsbegriff, bei dem Organisation gleichgesetzt wird mit einem System von formalen Regeln zur zielgerichteten Steuerung von Betrieben,

(4) Funktionaler Organisationsbegriff, bei dem die Strukturierungstätigkeit im Sinne einer Differenzierung eines Betriebes in arbeitsteilige Subsysteme und deren Integration zu einem zielgerichteten Ganzen im Mittelpunkt steht.

Die Strukturierungstätigkeit umfaßt:

(1) Differenzierung, d.h.

- Aufgabenanalyse, also Zerlegung der Aufgaben in Teilaufgaben (Elementaraufgaben) und
- Aufgabensynthese, also Zusammenfassung von Teilaufgaben zu einem Aufgabenbündel, das Aufgabenträgern zugeordnet wird.

(2) Koordination, d.h. Abstimmung der Aufgaben von Aufgabenträgern zur Erfüllung der Gesamtaufgabe des Betriebes.

Die Strukturierungstätigkeit bezieht sich auf zwei Arten von Strukturen:

(1) Gebildestruktur, die die Positionen der Aufgabenträger (bzw. Stellen) und ihre Beziehungen untereinander bestimmt, auch als Aufbauorganisation bezeichnet,

und

(2) Prozeßstruktur, die die logische und zeitliche Gliederung der Aktivitäten und Abläufe, die innerhalb der Gebildestruktur stattfinden, determiniert, auch Ablauforganisation genannt.

#### 6.2.2.2 Hauptaspekte von Organisationsstrukturen

Bei den Hauptaspekten von Organisationsstrukturen handelt es sich um grundlegende Bestimmungsgrößen des betrieblichen Geschehens.

Im folgenden sollen fünf Hauptaspekte näher betrachtet werden:

(1) Zentralisation und Dezentralisation
(Aufgabengliederung)

"Zentralisation heißt Zusammenfassung von Teilaufgaben, die hinsichtlich eines bestimmten Merkmals gleich sind, in einer Stelle/Abteilung". (Staehle 1980, S. 414)

"Dezentralisation heißt umgekehrt Trennung gleichartiger Aufgaben und Zuordnung auf mehrere Stellen/Abteilungen in der Organisation". (Staehle, ebenda)

Dabei spielen verschiedene Aufgabenmerkmale eine Rolle:

- Verrichtung, Tätigkeit
  (z.B. Beschaffen, Produzieren),
- Objekte,
  an denen die Tätigkeit ausgeübt wird (z.B. Produkte, Märkte),
- Arbeits- und Hilfsmittel
  (z.B. manuell, maschinell),
- Rang
  (z.B. Entscheidungsaufgabe, Ausführungsaufgabe),
- Phase der Problemlösung
  (z.B. Planung, [Entscheidung, Anordnung], Realisation, Kontrolle),
- Ort/Raum
  (z.B. Europa, Ostasien) oder
- Häufigkeit
  (z.B. repetitive oder neue Aufgaben).

Ein Unternehmen kann beispielsweise nach Produkten dezentralisiert sein. Dies ist z.B. bei einer Spartenorganisation der Fall.
Das Unternehmen kann hinsichtlich der Entscheidungsfunktionen bei den Betriebsfunktionen zentralisiert sein. Damit entstehen zentralisierte funktionale Entscheidungsinstanzen.
Oder das Unternehmen kann nach Standorten dezentralisiert sein, möglich sind z.B. autonome Profit-Center (gewinnverantwortliche Einheiten) in verschiedenen Regionen der Welt.

(2) Verteilung der Entscheidungsbefugnisse
(Leitungsbeziehungen)

Im Blick auf die Verteilung der Entscheidungsbefugnisse werden verschiedene Grundmodelle hierarchischer Verknüpfung unterschieden:

- Einliniensystem,
d.h. jede Stelle ist nur einer anderen Stelle untergeordnet, so daß nur eine Befehlslinie, ein Dienstweg existiert und das Prinzip der Einheit der Auftragserteilung gewahrt wird. (Fayol 1950, S. 25ff.)

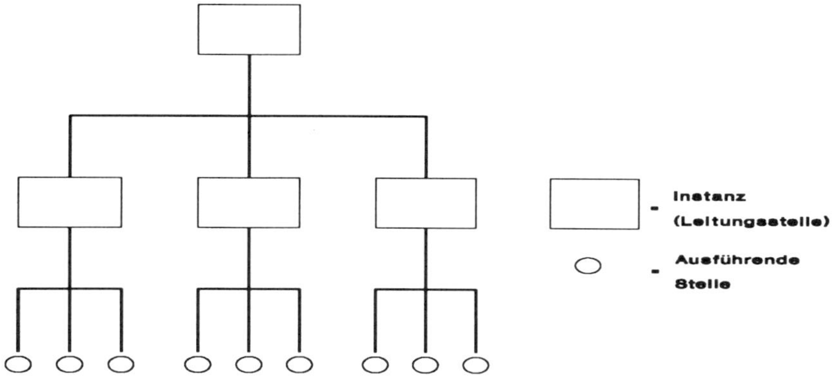


Abb. 6.2.2.2/I Einliniensystem

- Mehrliniensystem,
bei dem eine hierarchisch niedrigere Stelle durch mehrere Linien (Befehlswege, Dienstwege) mit mehreren hierarchisch höheren Stellen verbunden ist und eine Koordination der Mitarbeiter nach dem Funktionsprinzip erfolgt. D.h. auf bestimmte Aufgaben spezialisierte Vorgesetzte (Fachvorgesetzte) erteilen (nur für diesen Bereich) Anweisungen. Dieses System ist nur auf den oberen Führungsebenen anzutreffen. Ein solches System wird von Taylor mit seiner Idee des Funktionsmeisters vertreten.

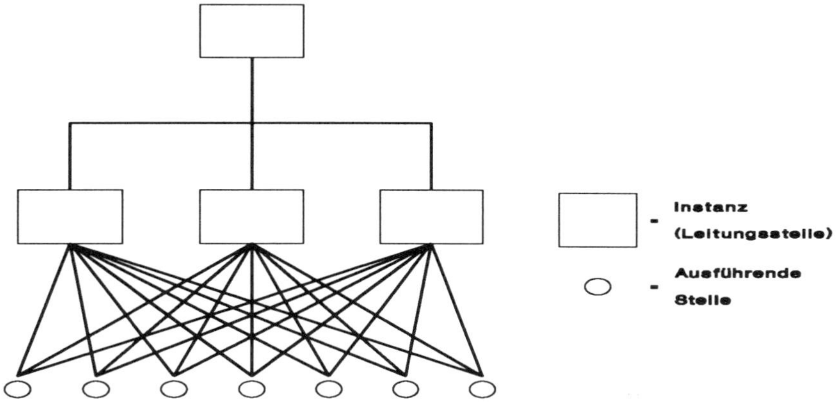


Abb. 6.2.2.2/II Mehrliniensystem

- Stab-Linien-Organisation
ist ein Einliniensystem mit Stabsstellen, die nicht mit Weisungsbefugnis ausgestattet sind. Stabsmitarbeiter sind i.d.R. Experten mit erheblicher funktionaler Autorität, die den Stäben zu informeller Macht verhilft.
Die Stab-Linien-Organisation ist ein Versuch, die Vorteile der Einlinien-Organisation mit den Vorteilen der funktionalen Spezialisierung (nach Taylor) zu verbinden.

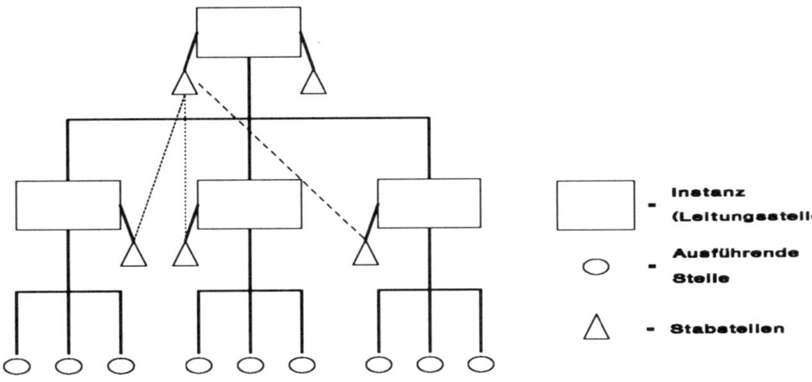


Abb. 6.2.2.2/III Stab-Linien-Organisation

- Matrix-Organisation
ist die Kombination zweier Hierarchiesysteme (z.B. Verrichtungs- und Objektorientierung in der Hierarchie).
Stark verbreitet ist diese Organisationsform z.B. im Produktmanagement. In diesem Falle koordiniert der Produktmanager sämtliche produktbezogenen Aktivitäten. Er wird bei der Durchführung seiner Aufgaben von Funktionsmanagern unterstützt, die ihm z.B. finanzielle Mittel oder Informationen zur Verfügung stellen (Finanzmanager, Leiter des Rechnungswesens).

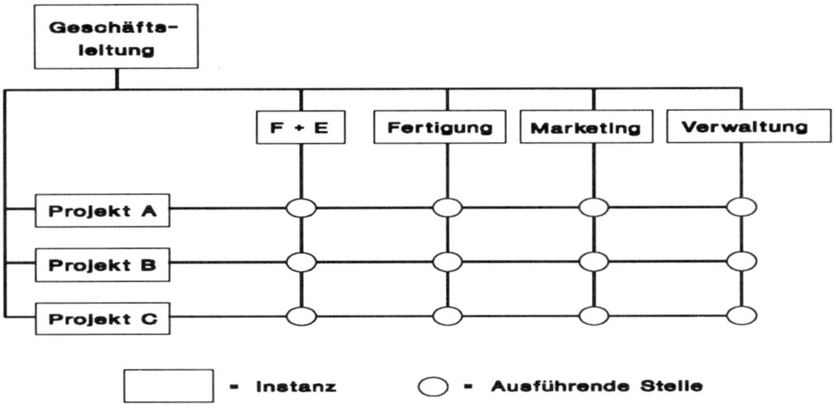


Abb. 6.2.2.2/IV Matrix-Organisation

(3) Kompetenzabstufung

Kompetenzabstufung ergibt sich durch Delegation (Kompetenzübertragung) von Entscheidungsbefugnissen von oben nach unten.
Delegation erfaßt die vertikale Autonomie bzw. den Ermessens- und Entfaltungsspielraum untergeordneter Stellen. (Ulrich/Fluri 1984, S. 164)

Delegation dient:

- der Entlastung übergeordneter Stellen,
- der Handlungsfähigkeit untergeordneter Stellen,
- der Entlastung von Kommunikationskanälen und
- der Motivation von Mitarbeitern.

Kriterien für das optimale Ausmaß der Delegation müssen die

- Kompetenzmöglichkeiten einer Stelle, und die - Delegierbarkeit einer Entscheidung sein.

Dabei gilt als Grundregel:
"Keine Entscheidung soll von einer Stelle gefällt werden, wenn sie von einer ihr untergebenen Stelle ebensogut oder gar besser getroffen werden kann."
Häufig beschäftigen sich Manager mit den falschen Problemen z.B. mit täglicher Routinearbeit statt mit strategischer Planung neuer Produkt-/Markt-Felder.

In der Entstehungsphase neuer Produkte herrscht beispielsweise oft ein Management-Defizit, das Abbildung 6.2.2.2/V darstellt.

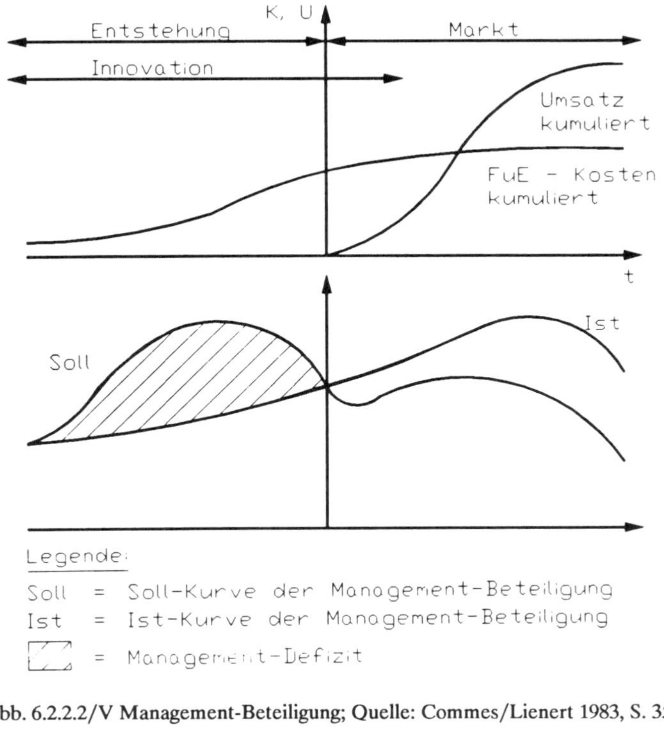


Abb. 6.2.2.2/V Management-Beteiligung; Quelle: Commes/Lienert 1983, S. 350

(4) Standardisierung

In jedem Betrieb gibt es standardisierte bzw. routinisierte Aktivitäten und neuartige Aktivitäten, die nicht Routinecharakter besitzen.
Bei der Standardisierung kann es sich um partielle (modulare) oder totale Standardisierung handeln.
Standardisierung hat Vor- und Nachteile; sie muß situationsabhängig optimiert werden.

(5) Arbeitszerlegung

Mit Arbeitszerlegung ist die Arbeitsteilung auf der ausführenden (operativen) Ebene gemeint.
"Job-Rotation" und "Job-Enrichment" soll den nachteiligen Folgen der Arbeitszerlegung beim Arbeiter entgegenwirken.

Arbeitszerlegung ist situationsabhängig zu bestimmen. Im allgemeinen bringt ein gewisses Maß an Arbeitszerlegung Effizienzvorteile.

## 6.3 Managementkonzeptionen

Managementkonzeptionen sind methodische Grundsätze, nach denen das Management seine Aufgaben erfüllen will.

Beispiele dafür sind:

- Management by objectives, das durch partizipative Zielbildung geprägt ist,
- Management by exception, das von der Idee der Selbstkontrolle, in die übergeordnete Stellen nur in Ausnahmefällen eingreifen sollen, getragen wird,

und viele andere (vgl. Staehle 1980, S. 359 ff.).

## 6.4 Ausgewählte Managementtechniken

Managementtechniken sind methodische Hilfsmittel des Managers.
Aus der Fülle der verfügbaren Techniken sollen exemplarisch einige wenige erwähnt werden.

### 5.4.1 Kreativitätstechniken

Eine Hauptaufgabe des Managers ist kreatives Problemlösen. Dabei stellt sich die Frage, wie die Kreativität gesteigert werden kann.

Aus zahlreichen Techniken zur Ideenfindung sollen zwei Beispiele herausgegriffen werden:

(1) Brainstorming

und

(2) Morphologische Analyse.

Zu (1) Brainstorming

Brainstorming ist ein Gruppenkreativitätsverfahren, bei dem völlig frei und ohne hierarchische Zwänge Gedanken geäußert werden sollen. Die Runde wird von einem Moderator geführt, der lediglich darauf achtet, daß die generelle Zielrichtung nicht verlassen wird.
Bei Brainstorming gelten folgende Grundregeln:

(1) Es wird keine Kritik geübt.
(2) Die Teilnehmer sollen zuhören und Ideen aufgreifen.
(3) Gedanken sollen frei und spontan gesponnen werden.
(4) Ziel ist es, viele Ideen zu sammeln.

Der Moderator muß dafür sorgen, daß kreativitätsbehindernde Phrasen, von denen unten einige aufgeführt sind, unterbleiben.

Typische kreativitätsbehindernde Phrasen sind z.B.:

- Wer macht's?
- Können wir nicht finanzieren!
- Kostet zuviel!
- Davon haben wir keine Ahnung!
- Das betrifft nicht unser Problem!
- Völlig unrealistisch!
- Wird von der Geschäftsleitung nicht aktzeptiert!

usw.

Zu (2) Morphologische Analyse (Zwicky 1971, S. 90).

Die morphologische Analyse ist in fünf Schritte unterteilt:

(1) Definition des Problems

(2) Aufstellen der Parameter bzw. Hauptvariablen zur Lösung eines Problemes, z.B. für ein Fahrzeug:

P1 - Operationsbasis (Straße, Schiene)
P2 - Antriebsquelle
P3 - Behältertyp

(3) Aufstellen des morphologischen Kastens,
d.h. Gewinnung einer Menge von Ausprägungen für jeden Parameter und Erstellung einer Matrix, bei der

- die Zeilenvektoren die Ausprägungen der Parameter

und

- die Spaltenvektoren eine logisch mögliche Problemlösung

enthalten.

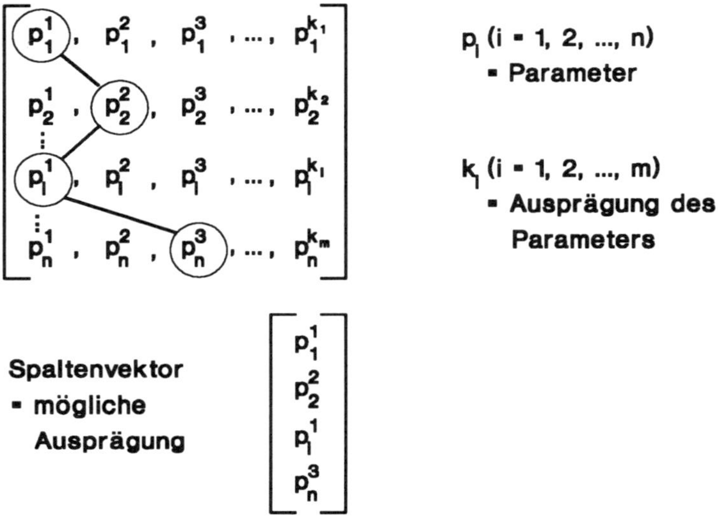


Abb. 6.4.1/I Morphologischer Kasten

(4) Analyse der Lösungsmöglichkeiten
nach

- groben Prüfkriterien

und

- feinen Prüfkriterien.

(5) Lösungswahl

## 6.4.2 Bewertungtechniken

Bewertungstechniken, die bei Entscheidungen eingesetzt werden, sollen dazu dienen, eine zufriedenstellende Rangfolge von Entscheidungsalternativen zu finden.

Bewertungstechniken sind z.B.:

- intuitive Komplexbewertung,
- dialektische Bewertung (z.B. Pro-Kontra-Methode),
- Verfahren der Wirtschaftlichkeitsrechnung (Kapitalwertmethode) und
- analytische Bewertung (z.B. Checklisten, Punktbewertungsverfahren).

Exemplarisch soll ein Punktbewertungsverfahren (Scoring-Modell) für die Auswahl von Neuproduktideen vorgestellt werden.
Betrachtet wird dabei lediglich die Phase der Grobauswahl.

Bei der Grobauswahl von Ideen mit Scoring-Modellen spielen verschiedene Komponenten eine Rolle:

(1) Unterscheidung von Faktoren, von denen der Erfolg abhängt,

(2) Gewichtung von Faktoren oder Faktorengruppen,

(3) Bestimmung möglicher Ausprägungen elementarer Faktoren und Zuordnung von Punktwerten,

(4) Bestimmung des Gesamtpunktwertes ("Score"),

(5) Auswahl durch Rangbildung oder Zurückweisungspunktwerte.

| Kritische Erfolgsfaktoren | Gewicht (1) | Bewertung im Vergleich zum stärksten Konkurrenten (2)<br>sehr negativ ◄──► sehr positiv | | | | | | | | | | | Gewichteter Punktwert (1) x (2) |
|---|---|---|---|---|---|---|---|---|---|---|---|---|---|
| | | 0 | 1 | 2 | 3 | 4 | 5 | 6 | 7 | 8 | 9 | 10 | |
| Nachfrage-potential | 10 | | | | x | | | | | | | | 30 |
| Marktzugriff | 8 | | | | | | | | | x | | | 64 |
| Technische Wettbewerbs-fähigkeit | 10 | | | | | | x | | | | | | 50 |
| Finanzielle Ressourcen | 5 | | x | | | | | | | | | | 5 |
| Summe der gewichteten Punktwerte | | | | | | | | | | | | | 149 |

6.4.2/I Beispiel für ein Punktbewertungsmodell

Bei Punktbewertungsverfahren sind problematisch:

- die Auswahl der Bewertungskriterien (der kritischen Erfolgsfaktoren),
- die Gewichtung der Bewertungskriterien,
- das Finden einer gültigen Bewertungsskala,
- die Festlegung von Punktwerten,
- die Anwendung der Grundrechenarten (Multiplikation, Addition) bei nicht intervallskalierten Daten und
- Ausgleichseffekte (Hohe Bewertungen in einem Bereich können Schwachstellen in anderen Bereichen im Gesamtergebnis verschleiern.).

### 6.4.3 Die Netzplantechnik

#### 6.4.3.1 Grundlagen der Netzplantechnik

Die Netzplantechnik umfaßt Verfahren zur Planung, Steuerung und Ablaufkontrolle komplexer Projekte mit sehr vielen einzelnen Arbeitsgängen.
Anwendungsmöglichkeiten sind z.B.:

- die Errichtung einer schlüsselfertigen Fabrikanlage,
- die Entwicklung einer komplexen Maschine oder
- die Markteinführung eines neuen Produktes.

Der Anwendungsschwerpunkt liegt also bei auftragsorientierter, termingebundener Einzelfertigung.

Mit der Netzplantechnik werden folgende Zwecke verfolgt:

(1) Darstellung der logischen Zusammenhänge eines Projektes vom Anfang bis zum Termin der Fertigstellung,

(2) Entwicklung eines Zeitplans für alle Arbeitsgänge eines Projektes,

(3) Auffinden der kritischen Stellen und Engpässe, die den Endtermin gefährden können,

(4) Laufende Kontrolle und Terminüberwachung zur Korrektur und eventuellen Umstellung bei auftretenden Fehlern.

Die Verfahren der Netzplantechnik sind in zwei Gruppen zu gliedern:

(1) Deterministische Verfahren,
bei denen die Zeitdauer der Arbeitsgänge als bekannte feste Größe vorausgesetzt wird.
Beispiele für diese Verfahren sind:

- CPM (Critical Path Method),
- MPM (Metra Potential Method) und
- RAMPS (Resource Allocation and Multiproject Scheduling)

(2) Stochastische Verfahren,
die die Zeitdauer der Arbeitsgänge als Zufallsvariable annehmen.
Beispiele dafür sind:

- PERT (Program Evaluation and Review Technique) und
- PERT COST (berücksichtigt darüber hinaus Kosten).

Bei der Netzplantechnik empfiehlt sich ein zweiphasiges Vorgehen:

(1) Strukturanalyse,
d.h. die systematische Darstellung logisch zusammenhängender Teilvorgänge mit Hilfe eines Netzwerkdiagramms,

(2) Zeitanalyse,
d.h. die zeitliche Beschreibung des Projektes mit Ermittlung des Fertigstellungstermins sowie der Zeitpunkte für Beginn und Abschluß einzelner Arbeitsgänge.

Das Netzwerkdiagramm der Strukturanalyse besteht aus zwei verschiedenen Elementen:

- Knoten, die i.d.R. Ereignisse (bei MPM Aktivitäten) symbolisieren

und

- gerichteten Kanten (Pfeile), die i.d.R. Aktivitäten (Arbeitsgänge, Tätigkeiten), bei MPM jedoch Ereignisse symbolisieren.

Einen einfachen Netzplan (CPM) zeigt Abbildung 6.4.3.1/I:

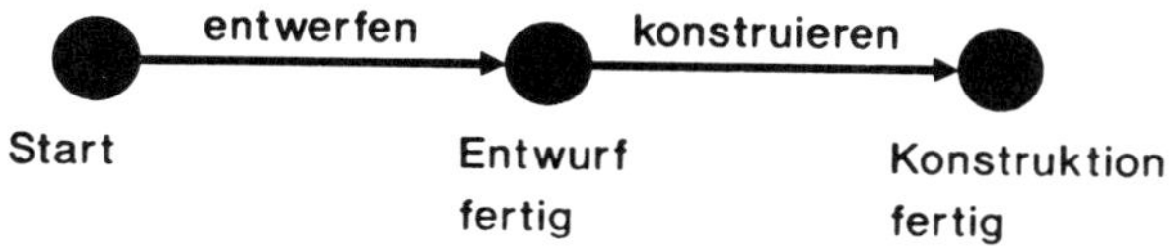


Abb. 6.4.3.1/I CPM-Netzplan

### 6.4.3.2 Die Metra Potential Methode

Die Metra Potential Method (MPM) soll exemplarisch im folgenden etwas ausführlicher dargestellt werden.
Die Strukturanalyse läßt sich bei MPM in vier Phasen zerlegen:

(1) Feststellung und Auflistung der einzelnen Tätigkeiten des Projektes in einer Vorgangsliste (siehe z.B. Tabelle 6.4.3.2/I) unter Verwendung von Kurzzeichen für die Vorgänger.

(2) Ermittlung der strukturellen Anordnungs- bzw. Folgebeziehungen dieser Vorgänge zueinander (z.B.: Vorgang B hat A als Vorgänger sowie C und D als direkte Nachfolger).

(3) Zeichnen des Netzplans anhand der Vorgangsliste.
Bei MPM handelt es sich um einen "Vorgangsknotennetzplan", z.B.:

Abb. 6.4.3.2/I MPM-Netzplan; Quelle: Schierenbeck 1980, S. 134

(4) Prüfen des Netzplans auf logische Fehler.

Die Zeitanalyse bei MPM ist dreiphasig:

(1) Ermittlung des Zeitbedarfs für jeden Vorgang und Eintragung der Zeitangaben in den Netzplan.

(2) Ermittlung der Anfangs- und Endtermine, und zwar im einzelnen:

- frühestmöglichen Starttermin (FA),
- spätest erlaubten Starttermin (SA),
- frühestmöglichen Endtermin (FE),
- spätest zulässiger Endtermin (SE).

(3) Bestimmung der Pufferzeiten und des kritischen Pfades:

- Pufferzeiten ergeben sich, wenn bei einem Vorgang die FA- und SA-Termine bzw. FE- und SE-Termine voneinander abweichen. Sie geben an, um wieviel sich der Vorgang verzögern darf, ohne den Projektendtermin zu gefährden.

- Vorgänge deren Pufferzeit Null beträgt, liegen auf dem kritischen Pfad.
  Dieser stellt die Folge von Vorgängen dar, die keine Zeitreserve haben und damit die Gesamtdauer des Projektes bestimmen.

(Schierenbeck 1980, S. 134f.)

Ein MPM-Vorgangsknoten kann mit Angaben aus der Zeitplanung beispielsweise wie folgt aussehen:

| Dauer des Vorgangs<br>10 Tage | | Bezeichnung des Vorgangs<br>C | |
|---|---|---|---|
| FA | FE | SA | SE |
| 20 | 30 | 25 | 35 |

Abb. 6.4.3.2/II MPM-Vorgangsknoten; Quelle: Schierenbeck 1980, S. 135

Ein kompletter Netzplan nach MPM läßt sich aus den folgenden Angaben aufgrund der Struktur- und Zeitanalyse zu einem Bauvorhaben erstellen:

| Vorgang/ Tätigkeit | Dauer in Zeiteinheiten | Vorgänger |
|---|---|---|
| A | 8 | - |
| B | 5 | A |
| C | 1 | A |
| D | 2 | B,C |
| E | 7 | C |
| F | 4 | D |
| G | 10 | E |
| H | 1 | F |
| I | 20 | D,G |
| K | 4 | H,I |

Tab. 6.4.3.2/I Daten des Bauvorhabens

Die Struktur des entstehenden Netzplans zeigt Abbildung 6.4.3.2/III.

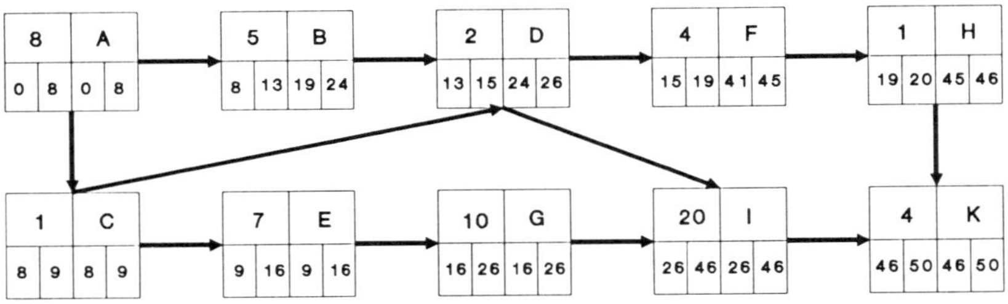


Abb. 6.4.3.1/III MPM-Netzplan des Bauvorhabens

Auf dem kritischen Pfad liegen die Vorgänge A, C, E, G, I, K.
Die Gesamtdauer des Projektes beträgt 50 Zeiteinheiten.

Zu den Vorteilen der Netzplantechnik gehören:

- der Zwang zum genauen Durchdenken eines Projektes,
- die gute Übersicht durch die graphische Darstellung,
- die bessere Kontrolle über die Projektdauer und die bessere Einhaltung von Terminen,
- die Hervorhebung von Engpassaktivitäten und
- die Überschauberkeit von Verzögerungen.

Probleme bereiten allerdings:

- die Zeiteinschätzung für die Vorgänge,
- die Strukturplanung und
- die Verschiebung des kritischen Pfades, wenn aufgrund vorhandener Pufferzeiten zu nachlässig gearbeitet wird.

(Schierenbeck, 1980, S. 136)

## 6.5. Managemententwicklung

Managemententwicklung (oder Kaderförderung) heißt systematischer Aufbau eines qualifizierten Führungsnachwuchses und Training von Managern.
Ziel dieser Maßnahmen ist es, Managementlücken zu vermeiden und den steigenden Anforderungen an das zunehmend professionelle Management zu begegnen.

Gegenstand der Förderung sind:

(1) Managementkenntnisse,

(2) intellektuelle Fähigkeiten:

- logisch-rationales Denken,
- kreatives Denken und
- Kritikfähigkeit, Diskussionsfähigkeit,

(3) Motivation und Einstellung:

- Leistungsbewußtsein,
- Zukunftsorientierung,
- Zielgerichtetheit und
- "Schwung", Dynamik,

(4) soziales Verhalten:

- situationsgerechtes Führen.

Ulrich/Fluri geben 10 Grundsätze des Management Development (MD) an: (Ulrich/Fluri 1984, S 227f.)

(1) Positive Einstellung zum MD ist Voraussetzung für den Erfolg des MD.

(2) Jeder Vorgesetzte hat MD-Aufgaben in Ergänzung des zentralen MD wahrzunehmen.

(3) MD wird in der Hierarchie von unten nach oben immer wichtiger.

(4) MD bedeutet Zukunftsvorsorge.

(5) Zentrale MD hat Manager zu unterstützen (bei der Kaderförderung).

(6) Die Beurteilung der Entwicklungsmöglichkeiten eines Mitarbeiters soll ausschließlich leistungsorientiert und leistungsgerecht sein.

(7) Eine zentrale Rolle des MD spielt das Lernen am Arbeitsplatz.

(8) Der Wille zur individuellen Weiterentwicklung ist grundlegend.

(9) Der Erfolg des MD beruht auf der guten Zusammenarbeit von MD-Stelle, Vorgesetzten und Nachwuchskräften.

(10) MD-Tätigkeit von Vorgesetzten ist ein wichtiges Qualifikationsmerkmal.

## Kontrollfragen zu Kapitel 6

1. Was versteht man unter Management (Führung) und Managementaufgaben?
2. Was versteht man unter Planung?
3. Aus welchen Teilen besteht ein Plan?
4. Welche Arten von Plänen lassen sich im Blick auf die Planungshierarchie unterscheiden?
5. Was versteht man im Rahmen der Lösung eines Entscheidungsproblems unter Bewertung?
6. Welche Elemente kennzeichnen eine Bewertungssituation?
7. Was ist gemeint, wenn man von Anordnung und Durchsetzung spricht?
8. Nennen Sie Aufgabenbereiche der Kontrolle!
9. Welche Typen (Arten) von Kontrolle lassen sich unterscheiden?
10. Welche vier Varianten von Organisationsbegriffen lassen sich unterscheiden?
11. Welche beiden Hauptaufgaben umfaßt die organisatorische Strukturierungstätigkeit?
12. Auf welche beiden Strukturarten bezieht sich die organisatorische Strukturierungstätigkeit?
13. Nennen und beschreiben Sie fünf Hauptaspekte, unter denen Organisationsstrukturen gesehen werden können!
14. Was heißt Zentralisation und Dezentralisation?
15. Welche Aufgabenmerkmale spielen bei Zentralisations- und Dezentralisationsentscheidungen eine Rolle?
16. Welche Grundmodelle hierarchischer Verknüpfung werden im Blick auf die Verteilung der Entscheidungsbefugnisse unterschieden?
17. Was sind Stäbe?
18. Was ist eine Matrixorganisation?
19. Was ist und wozu dient Delegation von Entscheidungsbefugnissen?
20. Welches sind die Kriterien, die bei der Bestimmung des Ausmaßes der Delegation eine Rolle spielen?
21. Was versteht man unter Standardisierung und Arbeitszerlegung im Zusammenhang mit Organisationsstrukturen?
22. Was sind Managementkonzeptionen? Nennen Sie Beispiele!
23. Was sind Kreativitätstechniken? Beschreiben Sie zwei Beispiele!
24. Welches sind die einzelnen Arbeitsschritte bei der Morphologischen Analyse von Zwicky?

25. Beschreiben und kritisieren Sie Punktbewertungsverfahren (Scoring-Modelle)!

26. Welches sind die Zwecke der Netzplantechnik?

27. Welche beiden Hauptgruppen von Verfahren der Netzplantechnik sind zu unterscheiden?

28. Welches sind die beiden Phasen (Arbeitsschritte) der Netzplantechnik?

29. Aus welchen Elementen besteht ein Netzplan?

30. Welches sind die einzelnen Schritte der Struktur- und Zeitanalyse bei dem Verfahren MPM?

31. Ermitteln Sie in einem von ihnen konstruierten Beispiel die Pufferzeiten einzelner Vorgänge und den kritischen Pfad in einem Netzplan!

32. Welches sind die Vorteile und Probleme der Netzplantechnik?

33. Was versteht man unter Managemententwicklung (Management-Development)?

34. Was versteht man unter Management-Development-Grundsätzen?

# 7. Konstitutive Rahmenentscheidungen

Konstitutive Rahmenentscheidungen wirken langfristig, sind relativ schwer änderbar und betreffen den gesamtbetrieblichen Rahmen.

## 7.1 Das Leistungsprogramm

### 7.1.1 Begriffliche Grundlegung

Eine zentrale Frage betrifft das Leistungsprogramm eines Betriebes, d.h. den geplanten betrieblichen Output innerhalb eines definierten Zeitraumes.
Das Leistungsprogramm ist horizontal und vertikal zu definieren.
Horizontal ist die Leistungsbreite bzw. das Angebot eines Betriebes auf dem Markt gemeint;
vertikal ist die Leistungstiefe bzw. die Wertschöpfung (Eigenleistung) des Betriebes angesprochen.
Zu unterscheiden sind strukturelle und periphere Leistungsprogrammentscheidungen, wobei z.B. ein völlig neuer Produktbereich eine strukturelle Veränderung darstellt, während ein neues Produkt in einem vorhandenen Produktbereich eine periphere Änderung ist.

### 7.1.2 Techniken zur Bestimmung von Leistungsprogrammen

Im Rahmen der Bestimmung des Leistungsprogramms können z.B. Punktbewertungsverfahren angewandt werden (siehe Kapitel 6.4.2).

Häufiger wird auch die Portfolio-Analyse eingesetzt.
Der Grundgedanke ist, daß sich sämtliche Determinanten des Erfolgs eines Unternehmens auf die zwei Größen, nämlich:

(1) die Marktattraktivität

und

(2) die relativen Wettbewerbsvorteile

reduzieren lassen.

Bei der Festlegung des Leistungsprogrammes soll den Normvorstellungen des Portfolio-Konzepts gemäß nur in solchen strategischen Geschäftsfeldern (Produkt-Markt-Feldern) investiert werden, in denen die Marktattraktivität und die relative Wettbewerbsstärke hoch ist.

Abbildung 7.1.2/I zeigt beispielhaft die Portfolio-Matrix mit drei Positionierungsgegenständen A, B, und C. In der Regel werden im Portfolio Geschäftsfelder positioniert.

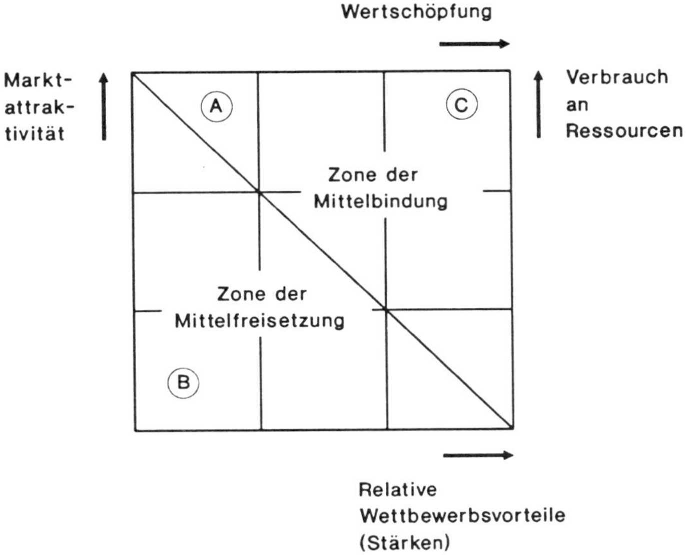


Abb. 7.1.2/I Portfolio-Matrix

Marktattraktivitätsfaktoren können z.B. sein:

- das Marktpotential,
- das Marktwachstum,
- die Marktqualität (z.B. Gewinnstabilität),
- die Versorgung mit Energie und Rohstoffen und
- die Umweltsituation.

Die Wettbewerbsstärke kann z.B. durch folgende Faktoren bestimmt werden:

- relative Marktposition (Marktanteil, Marketingpotential usw.),
- relatives Produktionspotential (Prozeßwirtschaftlichkeit, Produktionssicherheit),
- relatives F&E-Potential,
- relatives Qualitätsniveau,
- relative Kostenposition,
- relative Qualifikation der Führungskräfte und
- relative Rentabilität.

Allerdings wirft die Portfolio-Technik einige Probleme auf. Schwierig ist sowohl die Bestimmung der Determinanten der Marktattraktivität als auch die der Wettbewerbsstärkefaktoren in einer konkreten Handlungssituation. Die Reduzierung der Erfolgsdeterminanten auf zwei Dimensionen führt unter Umständen zu einem Informationsverlust. Eine präzise Aussage wird auch dadurch erschwert, daß die verwendeten Skalen nicht vergleichbar sind. Insbesondere bei neuen Produktbereichen ist der Wert der Analyse zweifelhaft, da es an Informationen und Erfahrungswerten fehlt. Ein weiteres Problem taucht auf, wenn aufgrund der relativ groben Portfolio-Analyse alte Produkte vorschnell eliminiert werden. Darüber hinaus ist in manchen Fällen schon die Abgrenzung der strategischen Geschäftsfelder, deren Position im Portfolio bestimmt werden soll, willkürlich.

## 7.2 Faktorstruktur, Betriebsgröße und Kapazität

Entscheidungen über die Faktorstruktur betreffen die langfristigen Relationen der eingesetzten Produktivfaktoren. Haupteinflußgröße auf die Struktur der eingesetzten Produktivfaktoren ist das Leistungsprogramm.
Es können jedoch durchaus vergleichbare Leistungen mit unterschiedlichen Faktorstrukturen erstellt werden (z.B. arbeits- und kapitalintensive Fertigung).
Die Wahl der Betriebsgröße wird zwar auch durch das Leistungsprogramm beeinflußt, allerdings weniger stark als die Faktorstruktur.
Die Betriebsgröße wird in erster Linie an den Input-Output-Mengen gemessen. Dabei können artmäßig vergleichbare Leistungen oft von kleinen, mittleren und großen Betrieben hervorgebracht werden.

Dies führt zu der Frage nach der optimalen Betriebsgröße.

Grundlegend kann gesagt werden, daß bei hinreichend großem Nachfragevolumen Großbetriebe Vorteile gegenüber Kleinbetrieben haben, weil

- die Fertigungskosten je Stück sinken,
- große Mengen zu günstigeren Beschaffungspreisen und Konditionen zu erhalten sind,
- eine effizientere Führung möglich ist,
- mehr für F&E ausgegeben werden kann,
- systematischeres Marketing betrieben werden kann und
- sich Großbetriebe günstiger finanzieren können.

Dies alles fördert die Konzentration und damit die Gefahr der Verminderung von Wettbewerb, so daß der Staat den Wettbewerb schützen und fördern muß.

Eine weitere grundlegende Erkenntnis im Hinblick auf die optimale Betriebsgröße ist die Tatsache, daß kleinere Betriebe bei relativ kleinem Nachfragevolumen und/oder sich relativ schnell qualitativ verändernder Nachfrage Vorteile gegenüber Großbetrieben haben, weil

- die Fixkosten geringer sind und
- die Flexibilität größer ist.

Generell kommt Kleinbetrieben bei Innovationen eine bedeutende Rolle zu.

Die Betriebsgröße und die Faktorstruktur sind wichtige Determinanten der Kapazität, d.h. der maximal möglichen Leistungsfähigkeit.

Als Arten der Kapazität unterscheidet man

- quantitative Kapazität und
- qualitative Kapazität.

Die effektiv genutzte Kapazität bezeichnet man als Beschäftigung der Produktivfaktoren.

Der Beschäftigungsgrad $\mu$ ist wie folgt definiert:

$$\mu = \frac{\text{effektive Produktionsmenge in einem Zeitraum}}{\text{mögliche Produktionsmenge in einem Zeitraum}}$$

wobei bei der möglichen Produktionsmenge von definierter Beschäftigungsintensität ausgegangen wird.

## 7.3 Der Standort des Betriebes

### 7.3.1 Das Problem der Standortwahl

Mit dem Standort wird der Ort der betrieblichen Tätigkeit bestimmt.
Dabei ist sowohl die Problematik der betrieblichen Standortwahl als auch die der innerbetrieblichen Standortwahl angesprochen.

Bei der betrieblichen Standortwahl müssen Entscheidungen getroffen werden über Standorte:

- innerhalb einer Gemeinde,
- in einer Region,
- in einem Land oder auch
- über internationale Standorte.

### 7.3.2 Standortfaktoren

Standortfaktoren sind standortabhängige Einflußgrößen auf den Betriebserfolg. Sie müssen bei Standortentscheidungen berücksichtigt werden.

Zu den Standortfaktoren gehören vier verschiedene Gruppen:

(1) Beschaffungsmarktfaktoren, die bestimmt sind durch die Verfügbarkeit und Kosten von:

- Grundstücken und Gebäuden,
- Maschinen und Werkstoffen,
- Arbeitskräften der erforderlichen Qualität,
- Kapital,
- Energie und
- Transport- und Lagereinrichtungen.

(2) Absatzmarktfaktoren, die gebildet werden aus:

- dem Nachfragepotential und seiner Struktur,
- der Konkurrenzstruktur und dem Konkurrenzverhalten,
- den Marktzugangsmöglichkeiten,
- den standortabhängigen Imagefaktoren und
- der Qualität und Sicherheit der Anbieter-Nachfrager-Beziehungen.

(3) Staatliche Rahmenbedingungen, die festgesetzt werden:

- durch die Rechts- und Wirtschaftsordnung,
- durch Steuern, Gebühren und Zölle,
- durch Auflagen und Beschränkungen (z.B. Umweltschutz, Kapitaltransfer, Konvertierbarkeit von Devisen etc.)
- durch staatliche Förderungen und
- durch die Infrastruktur.

(4) Natürliche Bedingungen, die sich zusammensetzen aus:

- geologischen Bedingungen und
- klimatischen Bedingungen.

(Steiner 1984, S. 117-118)

### 7.3.3 Standortbewertung

Bei Standortentscheidungen können prinzipiell Operations-Research-Verfahren (einschließlich Investitionsrechnungen) oder Punktbewertungsverfahren eingesetzt werden. Wegen der mangelnden Quantifizierbarkeit werden Punktbewertungsverfahren den OR-Verfahren vorgezogen (siehe Kapitel 6.4.2).

## 7.4 Die Rechtsform des Betriebes

### 7.4.1 Die Rechtsformen

Unter der Rechtsform ist die Menge aller "wesentlichen Eigenschaften der äußeren und inneren rechtlichen Organisation einer Unternehmung" (Kappler/Wegmann 1983, S. 160) zu verstehen.

Grundlage ist das Gesellschaftsrecht und das Öffentliche Recht, die in der Bundesrepublik in verschiedenen Gesetzen (BGB, HGB, GmbHG, AktG etc.) niedergelegt sind.

Bei den Rechtsformen sind zunächst privatrechtliche Formen von öffentlich-rechtlichen zu trennen.

Die privatrechtlichen Formen sind zu gliedern in :

(1) Einzelunternehmen,

(2) Personengesellschaften, zu denen gehören:

- Gesellschaft des Bürgerlichen Rechts (GbR),
- Offene Handelsgesellschaft (OHG),
- Kommanditgesellschaft (KG) und
- Stille Gesellschaft,

(3) Kapitalgesellschaften, die die folgenden Rechtsformen haben können:

- Aktiengesellschaft (AG),
- Gesellschaft mit beschränkter Haftung (GmbH) und
- Bergrechtliche Gewerkschaft,

(4) Mischformen, zu denen folgende Rechtsformen gehören:

- Kommanditgesellschaft auf Aktien (KGaA),
- AG u. Co.KG,
- GmbH u. Co.KG und
- Doppelgesellschaft,

(5) Genossenschaften,

(6) Versicherungsvereine auf Gegenseitigkeit.

Die Öffentlich-rechtlichen Formen sind:

(1) Formen ohne eigene Rechtspersönlichkeit, nämlich:

- Regiebetriebe,
- Eigenbetriebe und
- Sondervermögen,

(2) Formen mit eigener Rechtspersönlichkeit, diese sind:

- Öffentlich-Rechtliche Körperschaften,
- Anstalten und
- Stiftungen.

Die Kennzeichen der fünf wichtigsten der aufgeführten privatrechtlichen Rechtsformen stellt Tabelle 7.4.1/I zusammen:

| Rechtsform / Merkmale | | Einzelfirma | Personengesellschaften | | Kapitalgesellschaften | |
|---|---|---|---|---|---|---|
| | | | OHG | KG | GmbH | AG |
| (1) Gesetzliche Grundlage | | §§ 1–104 HGB | §§ 105–160 HGB | §§ 161–177 HGB | GmbHG | AktG |
| (2) Bezeichnung der (Mit-)Eigentümer | | Inhaber | Gesellschafter | Komplementäre, Kommanditisten | Gesellschafter | Aktionäre |
| (3) Mindestanzahl bei Gründung | | 1 (höchstens, sonst Gesellschaft) | 2 | 2 | 1 (aber: bei 1-Mann-GmbH Sicherheiten für nicht eingezahltes Stammkap. notw.) | 5 (aber *nach* Gründung auch 1-Mann-AG zulässig) |
| (4) Vorgeschriebenes Haftungskapital bei Gründung | | – | – | – | 50000,– DM (Stammkapital) davon mindestens 25000,– DM eingezahlt | 100000,– DM (Grundkapital) |
| (5) Regelung der Haftung | | unbeschränkt persönlich | unbeschränkt persönlich und solidarisch | Komplementäre: unbeschränkt persönlich Kommanditisten: Beschränkt auf die Kapitaleinlage | Beschränkt auf die Kapitaleinlage; es kann aber eine Nachschußpflicht im Gesellschaftsvertrag vereinbart sein | Beschränkt auf die Kapitaleinlage |
| (6) Gewinnsteuerliche Belastung | | Gewinn unterliegt der Einkommensteuer; Steuersatz je nach Höhe der persönlichen Gesamteinkünfte 22–56%; keine unterschiedliche Besteuerung von einbehaltenen und ausgeschütteten Gewinnen | | | Gewinn unterliegt der Körperschaftsteuer; Steuersatz 56% bei einbehaltenen und 36% bei ausgeschütteten Gewinnen. Die Gesellschafter resp. Aktionäre versteuern die an sie ausgeschütteten Gewinne nach Maßgabe ihres persönlichen Steuersatzes, wobei sie zur Vermeidung einer Doppelbesteuerung eine Steuergutschrift in Höhe von 36/64 der gezahlten Dividende erhalten | |
| (7) Finanzierungspotential (siehe auch S. 364 ff) | Zuführung von Haftungskapital | Begrenzt durch Privatvermögen Darüberhinaus allenfalls durch Aufnahme stiller Gesellschafter | Begrenzt durch die (notwendigerweise geringe) Zahl der Gesellschafter und ihr Privatvermögen | Begünstigt durch Haftungsbeschränkung beim Kommanditkapital, aber begrenzt durch dessen geringe Fungibilität und das vergleichsweise hohe Anlagerisiko | Vergleichsweise wie bei der KG; teilweise etwas besser wegen der stärkeren Rechtsstellung der Gesellschafter | Relativ die günstigsten Voraussetzungen durch Emissionsfähigkeit der AG, hoher Fungibilität und typischem Kapitalanlagecharakter von Aktien sowie weitgehendem Aktionärsschutz |
| | Kreditaufnahme | Kreditwürdigkeit relativ groß durch die unbeschränkte Haftung der (Mit-)Eigentümer | | Kreditwürdigkeit relativ gering aufgrund der beschränkten Haftung (bei der KG abhängig vom Privatvermögen des Komplementärs) | | Kreditwürdigkeit größer wegen des verbesserten Gläubigerschutzes |
| (8) Leitungsbefugnis | | Liegt allein beim Inhaber | Liegt je nach Gesellschaftsvertrag bei allen oder einzelnen Gesellschaftern | Liegt beim Komplementär (i. a. nicht bei den Kommanditisten) | Liegt (mit unterschiedlichen Schwerpunkten) bei den dafür gesetzlich vorgesehenen Organen: a) Geschäftsführer/Vorstand (brauchen nicht unbedingt aus dem Kreis der Anteilseigner zu kommen) b) Aufsichtsrat (vorgeschrieben bei AG's sowie bei GmbH's mit über 500 Beschäftigten, in der Montanindustrie mit über 100 Beschäftigten) c) Gesellschafter-/Hauptversammlung | |
| (9) Bedeutung der einzelnen Rechtsformen (in BR-Deutschland 1970) | | 91% aller Unternehmungen, 35% aller Beschäftigten | 5,8 % aller Unternehmungen, 24,8% aller Beschäftigten | | 1,8% aller Unternehmungen, 15% aller Beschäftigten | 0,1% aller Unternehmungen, 18,5% aller Beschäftigten |

Tab. 7.4.1/I Fünf wichtige Rechtsformen im Überblick; Quelle: Schierenbeck 1987, S. 30, 31

Die sonstigen privatrechtlichen Unternehmensformen werden in Tabelle 7.4.1/I kurz erläutert:

(1) **Gesellschaft des Bürgerlichen Rechts** (BGB-Gesellschaft): Vertraglicher Zusammenschluß von natürlichen oder juristischen Personen zur Förderung eines gemeinsamen Zwecks. Häufig in Form der Gelegenheitsgesellschaft (Arbeitsgemeinschaften, Kartelle, Konsortien).

(2) **Stille Gesellschaft**: Beteiligung an einem Unternehmen durch Vermögenseinlage, ohne daß der stille Gesellschafter nach außen hin als Gesellschafter in Erscheinung tritt. Beteiligung am Gewinn (Verlustbeteiligung kann ausgeschlossen werden). Die Haftung des stillen Gesellschafters ist auf seine Einlage beschränkt. Er besitzt gewisse Kontrollrechte (wie Einsichtnahme in die Bücher, Anspruch auf Erhalt der Jahresbilanz).

(3) **Kommanditgesellschaft auf Aktien** (KGaA): Eine Kombination von KG und AG, wobei die KGaA als juristische Person der AG näher steht als der KG (und entsprechend auch im AktG geregelt ist). Das Kommanditkapital ist in Aktien verbrieft, mindestens ein Gesellschafter haftet aber als Komplementär unbeschränkt persönlich und ist damit auch zur Geschäftsführung und Vertretung der Gesellschaft befugt. Die KGaA verbindet die Vorteile der AG (insbesondere was die Finanzierungsmöglichkeiten betrifft) mit der starken Stellung der persönlich haftenden Gesellschafter einer KG.

(4) **AG & Co. KG bzw. GmbH & Co. KG**: Spezialform der KG, bei der eine juristische Person (AG, GmbH) die Funktion des Komplementärs übernimmt. Dabei können die Gesellschafter der AG oder GmbH gleichzeitig auch Kommanditisten der KG sein. Durch die spezielle Konstruktion dieser Rechtsform ist einerseits die Haftung aller natürlichen Personen, die an einer solchen Unternehmung beteiligt sind, auf ihre Kapitaleinlage beschränkt, andererseits gelten für die Kommanditisten die gesetzlichen Vorschriften zur KG als Personengesellschaft, was insbesondere aus steuerlichen Gründen vorteilhaft sein kann. Spezielle Unterschiede zwischen den beiden Formen AG & Co.KG und GmbH & Co.KG sind in den Unterschieden der beiden Grundformen AG bzw. GmbH zu suchen.

(5) **Doppelgesellschaft**: Besteht aus zwei rechtlich selbständigen Gesellschaften, die i.d.R. durch gemeinsame Anteilseigner verbunden sind. Üblich ist die Trennung in eine Personen- und eine Kapitalgesellschaft, von denen z.B. die eine als Produktionsgesellschaft, die andere als Vertriebsgesellschaft fungiert oder von denen die eine eine Art Besitzgesellschaft ist, die ihre Produktionsmittel an die eigentliche Betriebsgesellschaft verpachtet. Hierdurch wird häufig eine insgesamt geringere Steuerbelastung erreicht. Auch spielen Haftungsaspekte sowie das Moment der Risikobegrenzung und Vermögenssicherung eine Rolle.

(6) **Genossenschaft**: Gesellschaft mit offener, wechselnder Zahl von Mitgliedern (Genossen), die einen wirtschaftlichen Zweck verfolgen und sich dazu eines gemeinsamen Geschäftsbetriebes bedienen. Genossenschaften sind ein wirtschaftlicher Verein, dessen Kapital sich aus den Einlagen der Mitglieder zusammensetzt. Die Statuten bestimmen, ob die Mitglieder beschränkt mit ihrer effektiven Einlage, mit einer bestimmten Haftsumme oder unbeschränkt haften. Genossenschaften werden steuerlich wie Kapitalgesellschaften behandelt, genießen aber eine Reihe steuerlicher Privilegien. Genossenschaften treten vor allem auf als
- Einkaufsgenossenschaften
- Baugenossenschaften
- Kreditgenossenschaften
- Landwirtschaftliche Verwertungsgenossenschaften.

(7) **Versicherungsvereine auf Gegenseitigkeit (VVaG)**: Unternehmensform der Versicherungswirtschaft, die sowohl Merkmale der Genossenschaft wie der BGB-Gesellschaft aufweist. Der „Gründungsstock" (das Haftungskapital) wird von Vereinsmitgliedern oder anderen Personen als Darlehen oder Schenkung eingebracht. Mitglieder des Vereins sind die Versicherungsnehmer, die auch das wirtschaftliche Risiko des Vereins tragen und etwaige Überschüsse aus der Geschäftstätigkeit i.d.R. in Form der Beitragsrückgewähr erhalten. Entsprechend besteht bei Auftreten von Verlusten (je nach Satzung) eine beschränkte oder unbeschränkte Nachschußpflicht, deren Folgen jedoch üblicherweise durch den Abschluß einer Rückversicherung aufgefangen werden.

Tab. 7.4.1/I Sonstige privatrechtliche Unternehmensformen; Quelle: Schierenbeck 1987, S. 29, 32

### 7.4.2 Entscheidungskriterien bei der Wahl der Rechtsform

In der folgenden Darstellung werden nur die betriebswirtschaftlich wichtigen Kriterien der Rechtsformenentscheidung erwähnt.

Kappler und Wegmann nennen sieben Hauptkriterien (Kappler/Wegmann 1983, S. 163-170):

(1) Leitungsbefugnis,
d.h. die Berechtigung zur Geschäftsführung und Vertretung nach außen, wobei zwischen

- Einzelgeschäftsführung oder -vertretung und
- Gesamtgeschäftsführung oder -vertretung

unterschieden werden muß.

(2) Haftung,
gegliedert nach dem im Haftungsfall heranziehbaren Vermögen in:

- beschränkte Haftung (nur mit dem Gesellschaftsvermögen),
- unbeschränkte Haftung (auch mit dem Privatvermögen der Gesellschafter),
- mittelbare Haftung (Zugriff nur auf das Gesellschaftsvermögen),
- unmittelbare Haftung (auch direkter Anspruch an ein beliebiges Gesellschaftsmitglied).

(3) Gewinn- und Verlustbeteiligung
Die Gewinn- und Verlustbeteiligung ist bei Personen- und Kapitalgesellschaften grundsätzlich dispositives Recht, d.h. sie kann im Gesellschaftsvertrag abweichend vom Gesetz geregelt werden (Ausnahme: Rücklagenbildung bei AG und Genossenschaft).

(4) Kapitalbeschaffungsmöglichkeiten,
d.h. die Wege und ihre Praktikabilität, sich

- Eigenkapital oder
- Fremdkapital

zu beschaffen.

(5) Steuerbelastung
Die Steuerbelastung ist nicht rechtsformneutral (z.B. Körperschaftsteuer, die AG's zahlen müssen) und daher ein relevantes Kriterium für die Rechtsformenwahl.

(6) Informationspflichten
Die Informationspflichten werden gemäß Bilanzrichtliniengesetz heute mehr von der Betriebsgröße als von der Rechtsform abhängig gemacht.
Neu dabei ist die generelle Publizitätspflicht für die GmbH, die in Form und Umfang von der Betriebsgröße abhängt.

(7) Mitbestimmung
Ob ein Unternehmen der Mitbestimmung unterliegt, richtet sich nach einer Kombination von Rechtsform, Beschäftigtenzahl und Unternehmenszweck.
Dem Betriebsverfassungsgesetz (BetrVG) von 1972 unterliegen sämtliche Unternehmen der privaten Wirtschaft mit mindestens fünf ständig wahlberechtigten Arbeitnehmern.
Mitbestimmung in gesellschaftlichen Organen (z.B. Aufsichtsrat, Vorstand) ist von der Rechtsform abhängig (MitbestG).

## 7.5 Der Autonomiegrad

### 7.5.1 Die Kooperations- und Konzentrationsformen

Unter Kooperation versteht man eine auf vertraglichen Vereinbarungen beruhende Zusammenarbeit rechtlich und wirtschaftlich selbständiger Unternehmen, die locker oder straff organisiert und zeitlich von begrenzter oder unbegrenzter Dauer sein kann.
Daraus resultieren verschiedene Kooperationsformen:

- Interessengemeinschaften,
- Arbeitsgemeinschaften,
- Konsortien,
- Kartelle,
- Wirtschaftsfachverbände,
- Kammern und
- Arbeitgeberverbände.

Als Unternehmenskonzentration wird der Zusammenschluß von Unternehmen unter einheitlicher Leitung verstanden, wobei es zu einem Verlust der rechtlichen Selbständigkeit kommen kann (bei einer Fusion); die rechtliche Selbständigkeit kann aber auch gewahrt bleiben (z.B. bei Übernahme der Aktienmehrheit).
Als Konzentrationsformen werden

- Konzerne und
- Trusts

unterschieden.

Die Unternehmenszusammenschlüsse lassen sich unter leistungswirtschaftlichen Aspekten wie folgt unterscheiden:

(1) Horizontale Zusammenschlüsse,
d.h. Zusammenschlüsse auf gleicher Produktions- oder Handelsstufe,

(2) Vertikale Zusammenschlüsse,
d.h. Zusammenschlüsse von Unternehmen aufeinanderfolgender Wirtschaftsstufen, wobei es die Möglichkeiten der forward integration (nachfolgende Wirtschaftsstufe) oder der backward integration (vorhergehende Wirtschaftsstufe) gibt,

(3) Diagonale Zusammenschlüsse,
d.h. Zusammenschlüsse anorganischer, konglomerater Art, die weder horizontal noch vertikal sind.

Einzelne der oben aufgeführten Kooperations- und Konzentrationsformen sollen nun näher beschrieben werden:

(1) Die Interessengemeinschaft
Bei der Interessengemeinschaft handelt es sich um einen Zusammenschluß von Unternehmen auf vertraglicher Basis zur Wahrung und Förderung dauerhafter gemeinsamer Interessen, bei dem die Unternehmen jedoch wirtschaftlich und rechtlich selbständig bleiben. Interessengemeinschaften sind i.d.R. BGB-Gesellschaften, d.h. nach außen nicht unbedingt erkenntlich.
Prototyp der Interessengemeinschaft ist die Gewinngemeinschaft, in der die in eine gemeinsame Kasse fließenden Gewinne nach einem Schlüssel verteilt werden und sowohl die Gewinnermittlung als auch die Gewinnverteilung vertraglich festgelegt sind.
Interessengemeinschaften sind oft eine Vorstufe von Konzernen.

(2) Arbeitsgemeinschaften (ARGE),
sind Zusammenschlüsse von rechtlich und wirtschaftlich selbständigen Unternehmen. die das Ziel verfolgen, eine bestimmte Aufgabe gemeinschaftlich zu lösen oder einen einzigen Werkvertrag (§ 631 BGB) oder Werklieferungsvertrag (§ 651 BGB) bzw. eine begrenzte Anzahl dieser Verträge gemeinsam zu erfüllen (z.B. im Straßenbau). Auch diese Kooperationsform ist meistens eine Gesellschaft bürgerlichen Rechts.
Typen von Arbeitsgemeinschaften sind:

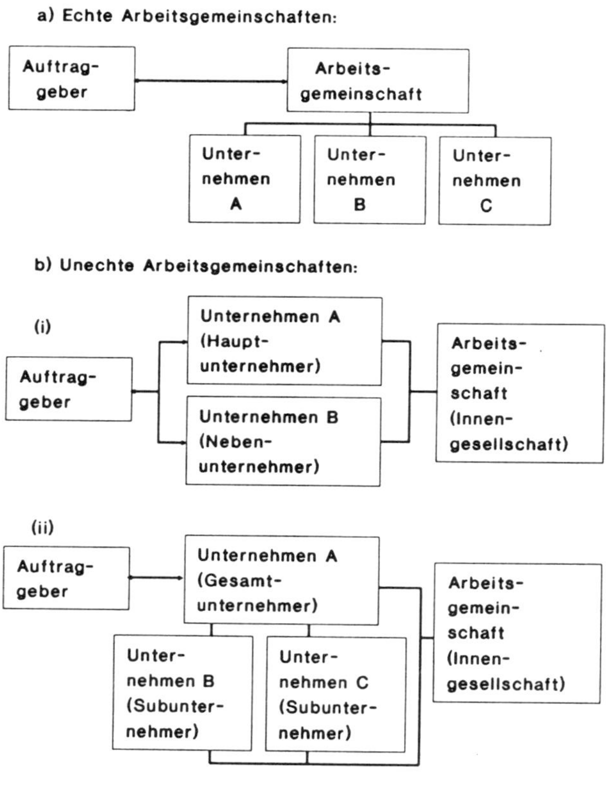


Abb.7.5.1/I Typen von Arbeitsgemeinschaften

(3) Konsortien
sind Unternehmensverbindungen auf vertraglicher Basis, die zur Durchführung bestimmter genau abgegrenzter Aufgaben gebildet werden und sich nach Erfüllung wieder auflösen. Konsortien sind i.d.R. ebenfalls Gesellschaften bürgerlichen Rechts; als Beispiele seien Bankenkonsortien zur Finanzierung großer Projekte oder Firmenkonsortien im Großanlagenbau erwähnt.

(4) Kartelle
bezeichnen eine Zusammenarbeit auf vertraglicher Basis, bei der die kapitalmäßige und rechtliche Selbständigkeit der Mitglieder bestehen bleibt.
Das Hauptziel von Kartellen ist die Wettbewerbsbeschränkung, weswegen diese nach § 1 Abs. 1 GWB (Gesetz gegen Wettbewerbsbeschränkungen oder Kartellgesetz) grundsätzlich verboten sind.
Allerdings sind davon verschiedene Ausnahmen möglich.
Zunächst gibt es Kartelle, die zwar anmeldepflichtig, aber unbedingt zulässig sind wie

- Rationalisierungskartelle.

Dann gibt es eine Gruppe von Kartellen, die anmeldepflichtig und widerspruchsgefährdet sind wie

- Rabattkartelle,
- Normenkartelle,
- Typenkartelle,
- Spezialisierungskartelle,
- zwischenbetriebliche Zusammenarbeit von Klein- und Mittelbetrieben und
- Ausfuhrkartelle, sofern die Absprachen auf das Ausland beschränkt bleiben.

Die dritte Gruppe schließlich umfaßt die erlaubnispflichtigen Kartelle, zu denen gehören:

- Strukturkrisenkartelle,
- Rationalisierungskartelle nach § 4 GWB,
- Preiskartelle, Syndikate,
- Ausfuhrkartelle, sofern auch das Inland betroffen ist,
- Einfuhrkartelle und
- Sonderkartelle.

(5) Wirtschaftsfachverbände
stellen branchenmäßige Vereinigungen von Unternehmen zur Förderung gemeinsamer Interessen der Mitglieder dar. Als Beispiel sei der Bundesverband der Deutschen Industrie (BDI) mit seinen 39 Fachverbänden erwähnt.

(6) Arbeitgeberverbände,
sind wirtschafts- und sozialpolitische Vereinigungen von Unternehmen zur Förderung gemeinsamer Interessen der Mitglieder (Lobby).

(7) Kammern
sind Industrie- und Handelskammern und Handwerkskammern. Sie sind regional gegliederte Zwangsverbände mit Pflichtmitgliedern und Körperschaften öffentlichen Rechts.

(8) Konzern
steht für die Zusammenfassung von rechtlich selbständig bleibenden Unternehmen unter einheitlicher Leitung. Konzerne sind im Aktiengesetz unter dem Oberbegriff "verbundene Unternehmen" erfaßt. § 18 AktG beschreibt zwei verschiedene Konzerntypen:

- Unterordnungskonzerne, d.h. die Zusammenfassung eines herrschenden und eines abhängigen Unternehmens (§ 18 Abs. 1), und
- Gleichordnungskonzerne, d.h. die Zusammenfassung von Unternehmen ohne Abhängigkeitsverhältnis, aber mit einheitlicher Leitung z.B. durch personelle Verflechtung der Geschäftsführungen (§ 18 Abs. 2).

(9) Weitere verbundene Unternehmen
Im Aktiengesetz werden neben den Konzernen noch andere Formen verbundener Unternehmen aufgeführt:

- in Mehrheitsbesitz stehende und mit Mehrheit beteiligte Unternehmen (§ 16),
- wechselseitig beteiligte Unternehmen (§ 19),
- herrschende und abhängige Unternehmen (§ 17) und
- durch Unternehmensvertrag (z.B. Gewinnabführungsvertrag) verbundene Unternehmen (§§ 291, 292).

(10) Trust
bezeichnet im deutschen Sprachgebrauch sehr große Konzerne, während in angelsächsischen Ländern die Begriffe "Konzern" und "Trust" synonym gebraucht werden. Trusts können als Holding (Dachgesellschaft) gegründet werden oder durch Verschmelzung (Fusion) entstehen, wobei entweder aus den Unternehmen ein neues gebildet wird (Verschmelzung durch Neubildung) oder ein Unternehmen die anderen integriert (Verschmelzung durch Aufnahme).

Zu den im Aktiengesetz als "verbundene Unternehmen" bezeichneten Konzentrationsformen sollen noch einige Anmerkungen gemacht werden.

Konzernmäßige Zusammenschlüsse müssen dem Kartellamt unter bestimmten Bedingungen angezeigt werden, nämlich wenn:

- ein Marktanteil von 20% durch den Zusammenschluß erreicht oder überschritten wird oder ein beteiligtes Unternehmen auf einem anderen Markt einen Anteil von mindestens 20% hat,
- zusammen mindestens 10.000 Beschäftigte vorhanden sind oder
- mehr als 500 Mio. DM Umsatz erreicht wird.

Das Kartellamt hat unter bestimmten Voraussetzungen den Zusammenschluß zu untersagen, wenn zu erwarten ist, daß durch ihn eine marktbeherrschende Stellung (§ 22GWB) entsteht oder verstärkt wird (§ 24 GWB).
Auch das Vorhaben eines Zusammenschlusses ist dem Kartellamt anzuzeigen, wenn bestimmte Größenordnungen vorliegen, d.h.

- eine beteiligte Unternehmung mindestens 2 Mrd. DM Umsatz oder
- zwei oder mehr beteiligte Unternehmen mindestens 1 Mrd. Umsatz erzielen.

In diesen Fällen übt das Kartellamt eine präventive Fusionskontrolle aus.

### 7.5.2 Entscheidungen über den Autonomiegrad

Entscheidungen über den Autonomiegrad sind strategischer Art. Die Aufgabe der Unabhängigkeit wird i.d.R. nur dann erwogen, wenn andere Ziele wichtiger sind. Im folgenden soll ein Überblick über derartige Ziele gegeben werden.

Die Ziele von Unternehmenszusammenschlüssen lassen sich allerdings nicht in der generellen Formulierung eines Zielsystems für alle Zusammenschlußformen angeben. Als allgemeine Oberziele sind jedoch Gewinnsicherung und -erhöhung anzusehen. Die entsprechenden, spezielleren Subziele können sein:

(1) Erlangung von Wettbewerbsvorteilen durch

- Stärkung der Wettbewerbsposition mittels partieller oder totaler Ausschaltung des Wettbewerbs (Syndikate, Kartelle etc.),
- Sicherung der Bezugsquellen,
- Ausgleich saisonaler Absatzschwankungen,
- Rationalisierung und
- Sicherung des Absatzes.

(2) Erlangung produktionstechnischer Vorteile aufgrund

- von kostenoptimaler Beschäftigung,
- von Standardisierungen,
- der Ausnutzung verfahrenstechnischer Vorteile,
- von F&E- Vorteilen und
- von Patentauswertungen.

(3) Erlangung finanzwirtschaftlicher Vorteile durch

- Sicherung der Gewinnerzielung,
- günstige Finanzierungskonditionen,
- Ausnutzung von Besteuerungsunterschieden und
- Risikoverteilung.

(4) Erringung wirtschaftlicher Macht durch

- Verwirklichen eben der Punkte (1) bis (3).

(vgl. Kappler/Wegmann 1983, S. 217)

## Kontrollfragen zu Kapitel 7

1. Was versteht man unter Leistungsprogramm, Leistungsbreite und Leistungstiefe?
2. Beschreiben und kritisieren Sie die Grundgedanken der Portfolio-Analyse?
3. Welchen Inhalt haben Entscheidungen über die Faktorstruktur eines Betriebes?
4. Diskutieren Sie das Problem der optimalen Betriebsgröße!
5. Was versteht man unter Kapazität und was unter Beschäftigungsgrad?
6. Welche Teilprobleme sind bei der Standortwahl zu unterscheiden?
7. Worum geht es bei der betrieblichen Standortwahl?
8. Nennen und gruppieren Sie die wichtigsten Standortfaktoren!
9. Nennen Sie geeignete Verfahren zur Standortbewertung!
10. Was versteht man unter der Rechtsform einer Unternehmung?
11. Geben Sie einen systematischen Überblick über die Rechtsformen!
12. Beschreiben Sie mit wichtigen Merkmalen folgende Rechtsformen:
    - Einzelfirma,
    - OHG,
    - KG,
    - GmbH und
    - AG.
13. Definieren Sie sonstige (in Frage 12 nicht erwähnte) privatrechtliche Unternehmensformen!
14. Nennen und erläutern Sie die wichtigsten Entscheidungskriterien bei der Wahl der Rechtsform!
15. Geben Sie einen systematischen Überblick über Kooperations- und Konzentrationsformen!
16. Wodurch unterscheiden sich Kooperation und Unternehmenskonzentration?
17. Welche Arten von Unternehmenszusammenschlüssen lassen sich unter leistungswirtschaftlichen Aspekten unterscheiden?
18. Erläutern Sie kurz folgende Kooperationsformen:
    - Interessengemeinschaft,
    - Arbeitsgemeinschaft,
    - Konsortien,
    - Kartelle,
    - Wirtschaftsfachverbände,
    - Arbeitgeberverbände und
    - Kammern.
19. Was versteht man unter einem Konzern und welche Konzerntypen kennen Sie?

20. Was ist eine Holding, was ist ein Trust?

21. Welche Konzentrationsformen zählen zu den "Verbundenen Unternehmen"?

22. Welche Bedeutung hat das Kartellamt bei konzernmäßigen Zusammenschlüssen?

23. Nennen Sie Ziele von Unternehmenszusammenschlüssen!

# 8. Hauptaufgabenbereiche in Betriebswirtschaften

## 8.1 Das System der Betriebsfunktionen

Für das erfolgreiche Arbeiten des Betriebes müssen verschiedene Betriebsfunktionen wahrgenommen werden:

(1) Betriebsprozeßorientierte Funktionen wie

- Absatzwirtschaft,
- Forschung und Entwicklung,
- Personalwirtschaft,
- Fertigungswirtschaft,
- Logistik und
- Beschaffungswirtschaft,

(2) Personalwirtschaft,

(3) Finanzwirtschaft und Investition,

(4) Informationswirtschaft und

(5) Führung des Betriebes.

In den folgenden Kapiteln werden die Betriebsfunktionen im einzelnen vorgestellt, und es wird versucht, einen Einblick in die jeweiligen Probleme zu geben.

## 8.2 Absatzwirtschaft

### 8.2.1 Absatz und Marketing

Absatz im funktionalen Sinne ist gleichzusetzen mit

- der "Endphase des betrieblichen Leistungsprozesses",
- der "Leistungsverwertung" (nachdem in der Produktion Leistungen erstellt worden sind),
- dem "Verkauf der erzeugten Produkte" und
- dem "Vertrieb".

Absatz in diesem Sinne wurde in Unternehmen schon immer betrieben.

Marketing bedeutet mehr als Absatz im funktionalen Sinne.Die Entstehung des Marketing beginnt mit dem Übergang vom Verkäufermarkt zum Käufermarkt. Anders als auf einem Verkäufermarkt übersteigt auf einem Käufermarkt das Angebot die Nachfrage, d.h. es herrscht keine Knappheit bei geltenden Preisen.
In dieser Situation müssen sich Anbieter aktiv Käufer suchen im Gegensatz zum Verkäufermarkt, auf dem der Anbieter sich auf eine Verteilung der Produkte beschränken kann. Ein Käufermarkt verlangt, daß bereits bei der Suche nach neuen Produkten die Bedürfnisse, Wünsche und Probleme potentieller Käufer (Kunden) durch den Hersteller berücksichtigt werden.
Diesem Grundgedanken entspricht das Marketing-Management-Konzept bzw. die Marketing-Management-Philosophie.
Es handelt sich dabei um ein normatives Konzept (d.h. ein mit unbedingten Forderungen an Unternehmen verbundenes Konzept) oder um ein praktisch-normatives Konzept (d.h. ein

mit bedingten Empfehlungen für Unternehmen, die im Wettbewerb stehen, verbundenes Konzept) der Führung von Betrieben mit folgendem Inhalt:

(1) Orientierung an faktisch vorhandenen oder aktivierbaren Bedürfnissen (Wünschen, Problemen) effektiver oder potentieller Zielkunden,

(2) Bezugnahme auf relative Fähigkeiten des Unternehmens zur Befriedigung von Bedürfnissen,

(3) systematische Informationsgewinnung für alle marktorientierten Entscheidungen,

(4) systematische Planung und Organisation marktorientierter Gestaltungsaktivitäten in den Bereichen:

- Produkt- und Produktprogramm,
- Preise und Konditionen,
- Distribution und Außendienst und
- Werbung und Verkaufsförderung.

Die erwähnten marktorientierten Gestaltungsaktivitäten werden auch absatzpolitische Instrumente oder Marketing-Instrumente genannt. Da diese Instrumente niemals isoliert, sondern immer kombiniert, und zwar in der unterschiedlichsten Zusammensetzung, eingesetzt werden, spricht man auch vom Marketing-Mix.
Ein solches Marketing-Mix weist, den vier Gruppen absatzpolitischer Instrumente entsprechend, vier Sub-Mixes auf.
Da heute der Absatzmarkt normalerweise Engpaß Nr. 1 eines Betriebes ist, bezieht sich die Marketing-Management-Konzeption i.d.R. auf diesen Markt.
Vom Begriff "Marketing" her wäre auch die Einbeziehung der Beschaffungsmärkte denkbar.
Im Kern erfaßt Marketing alle Tätigkeiten, die den Austausch von Gütern bewirken oder bewirken sollen.
Solche Tätigkeiten gibt es nicht nur in Unternehmen, sondern auch in nichtkommerziellen Organisationen. So betreiben z.B. auch die Kirchen mit ihren Aktionen wie "Brot für die Welt" oder "Miserior" Marketing im Sinne des Kerns jeder Marketingdefinition.
Die "marktbezogenen" Tätigkeiten derartiger Organisationen faßt man auch unter Begriffen wie

- "Nicht-kommerzielles-Marketing" oder
- "Sozio-Marketing"

zusammen.
Wesentliches Merkmal von Marketing ist die aktive Marktbearbeitung. Dies schließt Anpassung an Kundenwünsche ebenso ein wie die Beeinflussung von Kunden. Dies kann mit sozial erwünschten und mit sozial unerwünschten Effekten (wie z.B. Zigaretten- und Alkoholkonsum) verbunden sein. (vgl. Specht 1974, S. 57)

### 8.2.2 Marktforschung

Der Begriff Marktforschung wird heute in einem weiteren Sinne verwendet als dies vom Wort her zu erwarten wäre, nämlich im Sinne von "Marketingforschung".
Darunter versteht man die zielgerichtete, systematische Suche, Zusammenstellung, Aufbereitung und Interpretation von Informationen, die sich auf Probleme des Marketing von Sachgütern und Dienstleistungen beziehen.
Es geht also nicht nur um die Erfassung von Merkmalen von Märkten, sondern vielmehr um alle Unternehmens-, Markt- und Marktumweltsachverhalte, die für Marketingentscheidungen relevant sind.

Bei der Informationsgewinnung stützen sich die Unternehmen auf verschiedene Quellen:

(1) betriebsinterne Quellen oder

betriebsexterne Quellen wie

- Unternehmen, d.h. Konkurrenten, Abnehmer, Lieferanten und Marktforschungsinstitute,
- Private Haushalte,
- Öffentliche Haushalte und
- sonstige wie z.B. Interessenverbände,

(2) Primärquellen,
d.h. auswertbares Informationsmaterial ist nicht vorhanden und muß selbst erhoben werden, oder

Sekundärquellen,
d.h. auswertbares Material ist intern oder extern vorhanden und muß lediglich aufbereitet werden.

Prinzipiell sollte zunächst Sekundärforschung und erst danach Primärforschung betrieben werden.

Die Marketingforschung muß folgende Grundprobleme lösen:

(1) Bestimmung des Informationsbedarfs,

(2) Erhebung der Daten durch

- Stichprobenbildung oder Vollerhebung und Einsatz von
- Methoden der Datenerhebung mit den Grundformen Befragung und Beobachtung oder den Sonderformen Experiment und Panel,

(3) Datenauswertung mit Hilfe von uni-, bi- und multivariaten Verfahren,

(4) Ergebnispräsentation.

### 8.2.3 Marktselektion und -segmentierung

Ein Markt kann verstanden werden als Gebilde aus effektiven oder potentiellen Beziehungen zwischen Anbietern und Nachfragern eines wirtschaftlichen Guts.

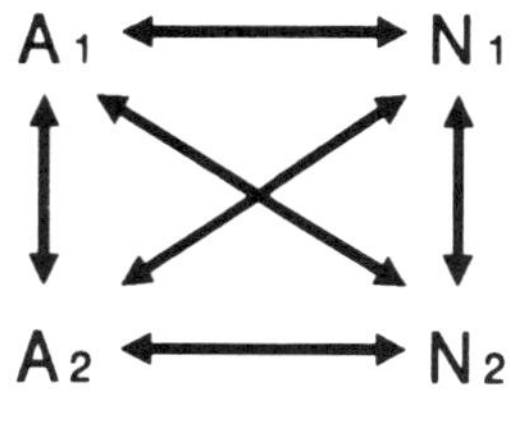


Abb. 8.2.3/I Anbieter-Nachfrager-Beziehungen

Marktselektion ist die Auswahl eines Marktes nach Kriterien, die

- problembezogen,
- kundenbezogen,
- produktbezogen oder
- raumbezogen

sein können.

Märkte sollten unter Berücksichtigung der Attraktivität der Märkte und unter Berücksichtung der vorhandenen oder aufbaubaren Stärke des eigenen Unternehmens im Wettbewerb ausgewählt werden. Die dabei wichtigen Marktattraktivitäts- und Wettbewerbsstärkefaktoren sind z.B. die bei der Vorstellung der Portfolio-Analyse in Kapitel 7.1.2 bereits aufgeführten.

Es sei hier angemerkt, daß in der klassischen und neoklassischen Volkswirtschaftslehre Marktmerkmale zum Teil in einer Weise behandelt werden, die für die Betriebswirtschaftslehre nicht ergiebig ist.
Der Begriff des vollkommenen Marktes beispielsweise hat zum Inhalt, daß

- die angebotenen Produkte völlig homogen sind,
- bei Nachfragern und Anbietern ausschließlich preisbedingte und keine sachlichen Präferenzen bestehen,
- der Markt vollkommen transparent (volle Information aller Marktteilnehmer) ist,
- Anbieter und Nachfrager sich unendlich schnell an Veränderungen auf dem Markt anpassen und
- von allen das Prinzip der Gewinn- oder Nutzenmaximierung verfolgt wird.

Diese Voraussetzungen liegen aber in der Realität nicht vor, so daß Betriebe es immer mit unvollkommenen Märkten zu tun haben.

Andere Marktmerkmale, die in der Volkswirtschaftslehre diskutiert werden, sind hingegen auch für die Betriebswirtschaftslehre interessant.
Die Volkswirtschaftslehre unterscheidet z.B.:

(1) nach den Zugangsmöglichkeiten für neue Anbieter

- offene,
- geschlossene und
- beschränkt offene Märkte,

(2) nach der Zahl der Anbieter

- Monopol (ein Anbieter),
- Oligopol (wenige Anbieter) und
- Polypol (viele Anbieter),

(3) nach der Intensität staatlicher Eingriffe

- freie Märkte,
- interventionistische Märkte und
- zentral verwaltete Märkte.

Märkte sind i.d.R. inhomogen, d.h. hinsichtlich der bei Nachfragern und Konkurrenten gegebenen Struktur- und Verhaltensmerkmale mehr oder weniger unterschiedlich (heterogen). Nur dann, wenn man diese Unterschiede kennt und im Rahmen der eigenen marktorientierten Aktivitäten beachtet, lassen sich Markterfolge erzielen.

Diesem Gedanken entspricht das Prinzip der Marktsegmentierung. Darunter versteht man "die Zerlegung eines Marktes in kaufverhaltensähnliche Teilmärkte, um sie mit einem segmentspezifischen Marketing-Mix anzusprechen. Zu diesem Zweck wird der Markt in verschiedene

- Kundengruppen und
- Wettbewerbsgruppen

unterteilt.

## 8.2.4 Marketing-Mix-Gestaltung

### 8.2.4.1 Produkte und Produktprogramm

#### a) Grundbegriffe

Zunächst sollen die Grundbegriffe Produkt und Produktprogramm geklärt werden.
Produkt bezeichnet das Leistungsergebnis i.e.S., während unter Produktprogramm die Gesamtheit der angebotenen Leistungsergebnisse i.e.S. bzw. etwas weiter gefaßt die Kombination jener Objekte, die ein Betrieb marktmäßig verwertet (Hansen/Leitherer 1984, S.72), verstanden wird.
Synonym zum Begriff Produktprogramm werden im Handel die Begriffe Vertriebsprogramm bzw. Sortiment verwendet.
Das Produktprogramm ist somit nicht gleichzusetzen mit Produktions- bzw. Fertigungsprogramm, sondern umfaßt alles, was von einem Unternehmen auf dem Markt angeboten wird.

#### b) Objekte der Produktpolitik

Die Produktpolitik befaßt sich mit der Gestaltung der Produkte und des Produktprogrammes, wobei die Objekte der Produktpolitik im einzelnen in der folgenden Übersicht zusammengestellt sind:

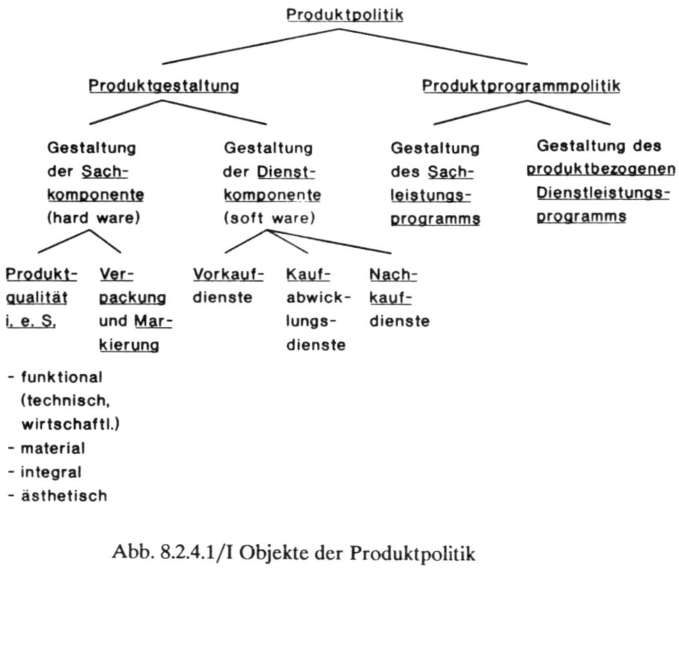


Abb. 8.2.4.1/I Objekte der Produktpolitik

### c) Produkt- und programmpolitische Strategien

Hauptziel der Unternehmung ist es, durch eine gute Produktpolitik, d.h. durch gute Strategien bei Produktgestaltung und Produktprogrammpolitik, einen Wettbewerbsvorteil gegenüber Konkurrenten zu erzielen.
Dies kann z.B. erreicht werden durch

- einzigartige Produkte,
- qualitativ hochwertige Produkte,
- ein bedarfsgerechtes Produktprogramm und
- ein hervorragendes Produkt-Image.

Bei der Zusammenstellung des Produktprogrammes können verschiedene Produktprogrammstrategien verfolgt werden, die in der folgenden Übersicht aufgeführt sind.

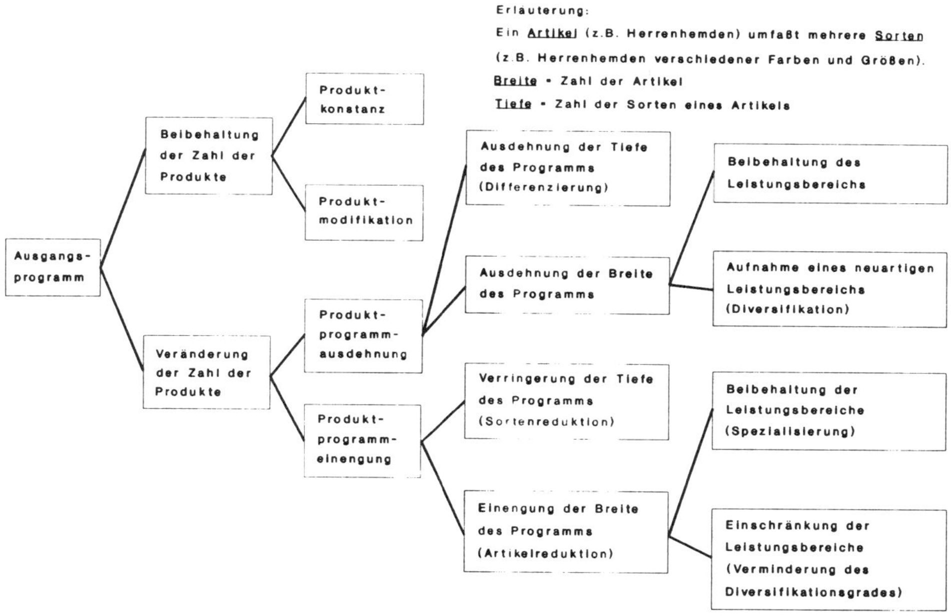


Abb. 8.2.4.1/II Produktprogrammstrategien

#### d) Der Produkt-Lebenszyklus

Eine wichtige Rolle im Rahmen der Analyse von Produkten und Produktprogrammen spielt der Produkt-Lebenszyklus. Eine "idealtypische" Darstellung eines Produkt-Lebenszyklus (PLZ) sieht wie folgt aus:

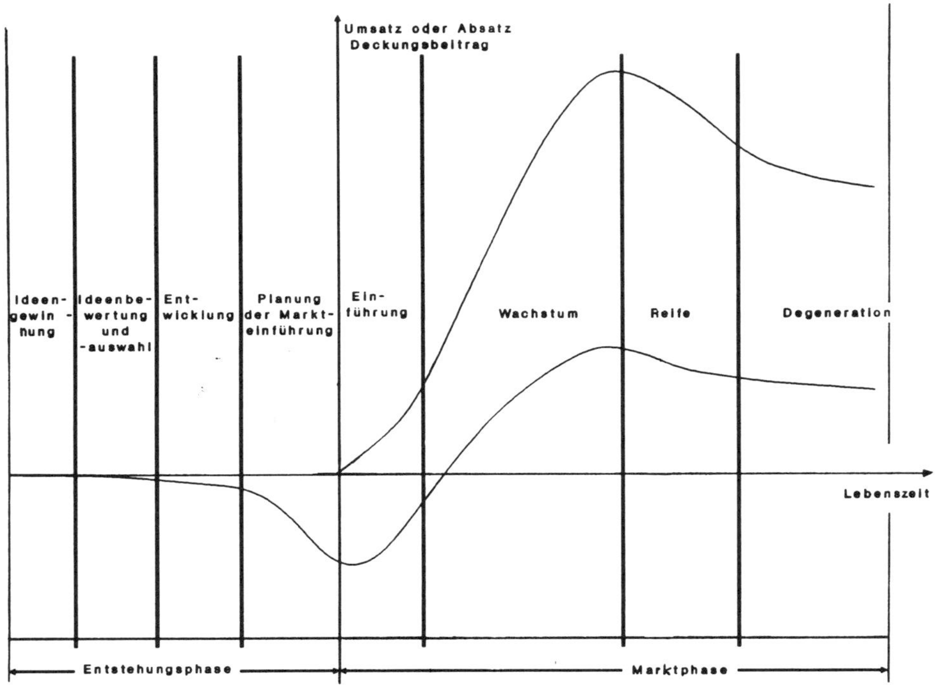


Abb. 8.2.4.1/III Produkt-Lebenszyklus

Es bleibt aber die Frage, ob der PLZ ein Abbild der Realität ist. Zu beachten ist nämlich, daß das PLZ-Konzept über die Verlaufsformen und die Zeitdauer der einzelnen Phasen nur unpräzise Angaben macht. Darüber hinaus entsprechen die Lehrbuchdarstellungen lediglich idealtypischen Kurven, während empirische Daten gegenüber den angenommenen (errechneten) Kurven unterschiedliche Verlaufsformen bei einzelnen Produkten und Marken zeigen können. (Zum Vergleich zweier errechneter Produktlebenszyklen mit den empirischen vgl. Brockhoff 1984 S. 167.)
Allerdings sind Sättigungsniveaus und ebenso bei vielen Marken Degenerationen auch hier erkennbar. Betrachtet man hingegen Produktgattungen, kann oft keine Sättigung festgestellt werden. Schließlich ist die Zeitdauer des PLZ je nach Produkt oder Marke sehr unterschiedlich.

#### e) Produktprogrammstrukturanalysen

Für eine wirksame Anpassung des Angebotes an Wettbewerbserfordernisse muß eine Produktprogrammstrukturanalyse durchgeführt werden, die das Produktprogramm hinsichtlich verschiedener Merkmale untersucht:

(1) nach der Zahl der Sorten, Artikel und Artikelgruppen werden

- tiefe Produktprogramme und
- breite Produktprogramme

unterschieden,

(2) nach der Ursache von Gemeinsamkeiten bei den Produkten betrachtet man

- Materialgemeinsamkeiten (z.B. bei gleicher Branche),
- Verfahrensgemeinsamkeiten (z.B. Eignung zur Selbstbedienung),
- Bedarfsgemeinsamkeiten, die sich gliedern in Verwendungs- und Einkaufsgemeinsamkeiten, was Produktverbünde nahelegt,
- Abnehmergemeinsamkeiten (Bildung von Zielgruppen) und
- Preis- und Qualitätslagengemeinsamkeiten, denen bei der Wahl des Vertriebstyps Rechnung getragen werden muß,

(3) nach dem Alter der Produkte, das mit Hilfe von Altersstrukturanalysen ausgewertet wird,

(4) nach dem Erfolgsbeitrag der Produkte im Hinblick auf einen

- ökonomischen oder
- außerökonomischen Erfolgsbeitrag (z.B. Imagebeitrag),

z.B. mit den Verfahren

- ABC-Analyse (vgl. Abschnitt 8.5.1.2)
- Deckungsbeitragsanalyse und
- Umsatzanteils-Umsatzwachstumsanalyse

bestimmt wird,

(5) nach der Herkunft der Produkte, die aus Eigen- oder Fremderzeugung stammen können,

(6) nach den Beziehungen zwischen den Produkten. Diese sind

- komplementär, d.h. sie können oder müssen zusammen entstehen oder verwendet werden,
- substitutiv, d.h. sie können einander ersetzen, oder
- neutral, d.h. es besteht keine Wechselwirkung zwischen ihnen.

**f) Produktinnovationen**

Wichtig für den Erfolg einer Unternehmung am Markt und deshalb wesentliche Aufgabe der Produktpolitik ist es, neue Produkte (Produktinnovationen) hervorzubringen. Dabei geht es um:

- Marktneuheiten (neu für alle auf dem Markt) und
- Betriebsneuheiten (neu für den Betrieb).

Bei der Bestimmung der Zielrichtung von Produktinnovationen ist eine integrierte, geschäftsfeldbezogene Analyse ökonomischer und technologischer Aspekte durchzuführen.

Darüber hinaus sind für den Erfolg oder Mißerfolg von Produktinnovationen eine Vielzahl anderer Faktoren ausschlaggebend:

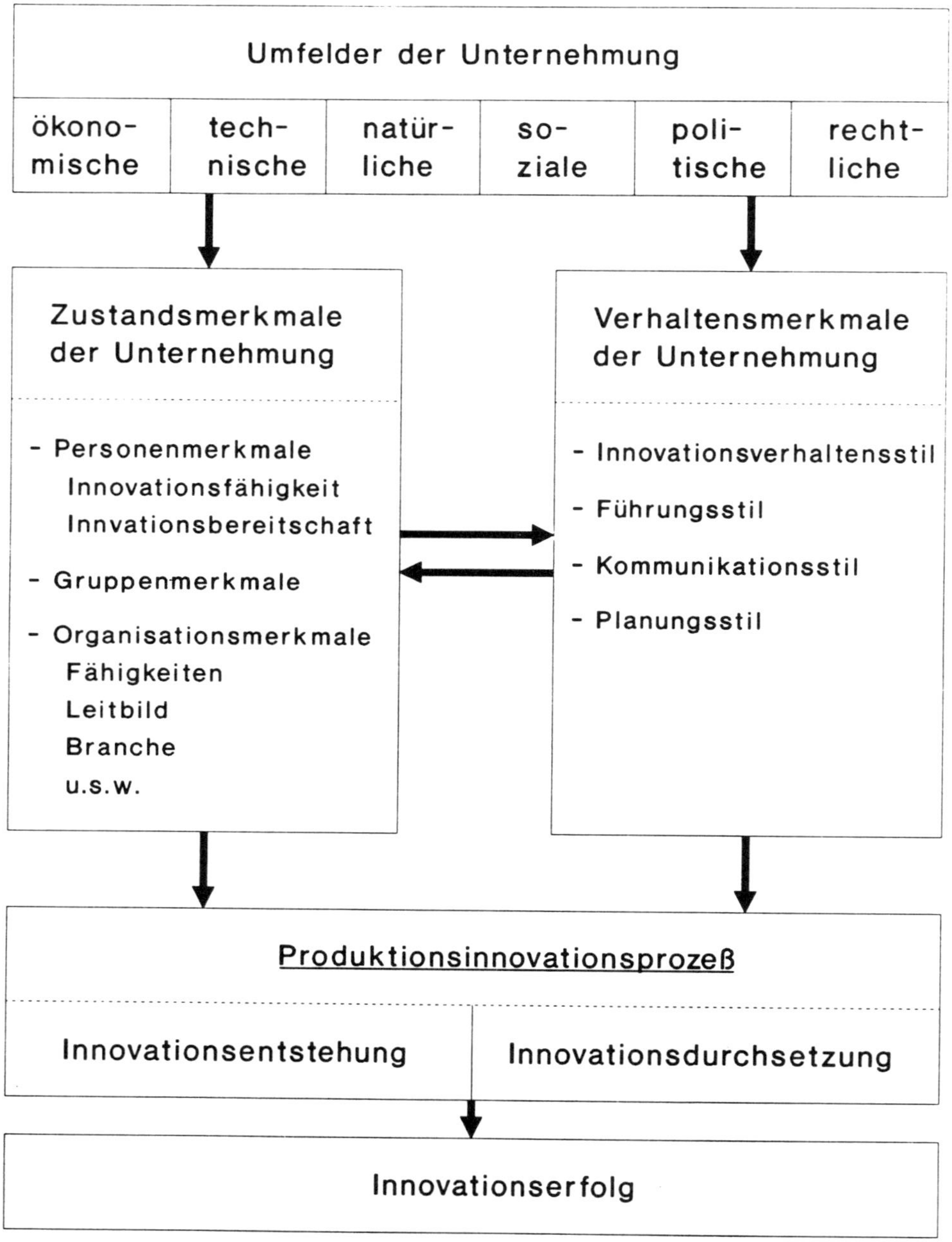


Abb. 8.2.4.1/IV Determinanten des Innovationserfolges

Im Rahmen der Innovationsplanung werden systematische Verfahren eingesetzt, die folgende <u>Phasen</u> aufweisen:

**<u>Phase I:</u>**

**<u>Innovations- bzw. Suchfeldbestimmung</u>**

(1) Problemerkennung — Markt / Technik

(2) Innovations- bzw. Suchfeld<u>suche</u> — Markt / Technik

(3) Innovations- bzw. Suchfeld<u>auswahl</u> — Markt / Technik

**<u>Phase II:</u>**

**<u>Produkt- und Produktionsprozeßplanung und -realisierung</u>**

(1) Innovations- bzw. Suchfeldbezogene Alternativengenerierung
- Produktalternativen
- Produktionsprozeßalternativen

(2) Vorauswahl
(3) Basisauswahl
(4) Feinauswahl
(5) Entwicklung
(6) Test
(7) Einführungsentscheidung

## Phase III:
## Markteinführungs- und Produktionsanfahrphase

(1) Markt- und Produktionsziele

(2) Markteinführungs- und Produktionsanfahrstrategien

(3) Festlegung von Budgets für Marketing- und Produktionsinvestitionen

(4) Aufbau von Marketing- und Produktionspotentialen

(5) Festlegung von Marketing-Mix und Produktionsplan

(6) Durchführung und Kontrolle von Marketing- und Produktionsmaßnahmen

Abb. 8.2.4.1/V Phasen der Innovationsplanung

Anmerkung: Die Phasen II und III müssen nicht unbedingt sequentiell durchlaufen werden; zum Teil ist durch parallele Aktivitäten eine zeitliche Verkürzung des Innovationsprozesses möglich.

Insbesondere Phase I (Innovations- bzw. Suchfeldbestimmung) ist von grundlegender Bedeutung für die zukünftige Entwicklung des Unternehmens und Gegenstand der strategischen Planung. Wichtig ist vor allem die integrierte Betrachtung technologischer und ökonomischer Belange.
Im folgenden soll ein Verfahren, das eine integrierte Technologie- und Marktplanung zum Ziel hat, kurz vorgestellt werden (vgl. Specht/Michel 1988):

Ausgangspunkt sind dabei neue Geschäftsfelder in der Definition von Abell (Abell 1980), der ein Geschäftsfeld als dreidimensionalen Körper, gebildet aus Kundenfunktionen, Technologien und Kundengruppen, darstellt.

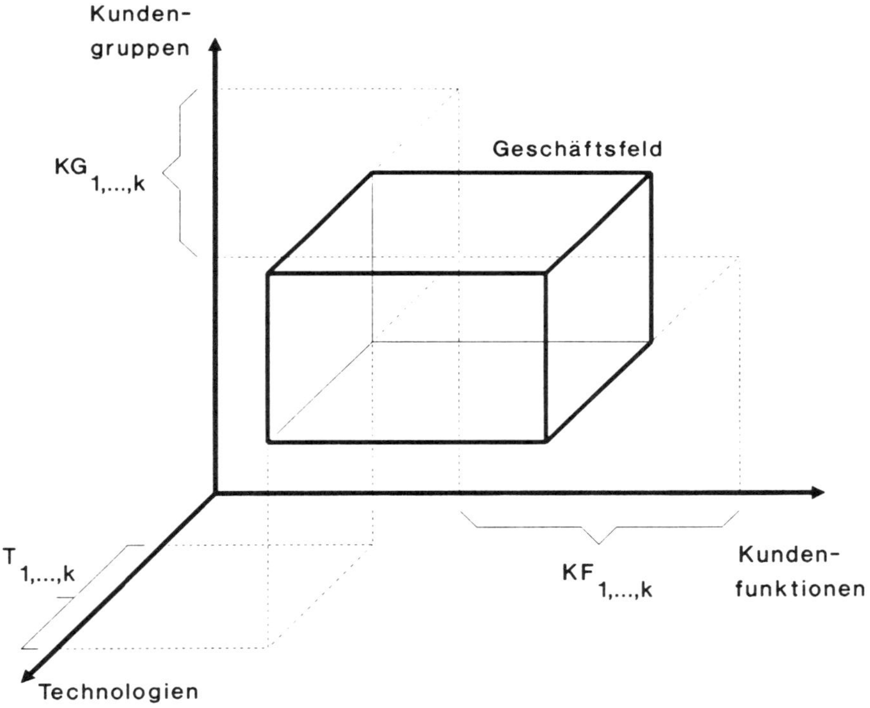


Abb. 8.2.4.1/VI Geschäftsfelder nach Abell; Quelle: Abell 1980, S. 17

Bei einer integrierten Technologie- und Marktplanung werden Technologien und Marktaspekte integriert bewertet, da Technologien nicht unabhängig von Marktfaktoren und umgekehrt Märkte nicht ohne die Berücksichtigung technologischer Kriterien beurteilt werden können.

Die Vielfalt möglicher Kombinationen macht es notwendig, ein mehrstufiges Verfahren der Bewertung einzusetzen, ähnlich wie dies im Rahmen der systematischen Neuproduktplanung üblich ist (vgl. Geschka/Pausewang 1978, S. 8), um nur noch eine begrenzte Anzahl von Alternativen einer Feinanalyse unterziehen zu müssen. Die integrierte Planung derartiger Technologien und Märkte soll durch die folgende Abbildung verdeutlicht werden:

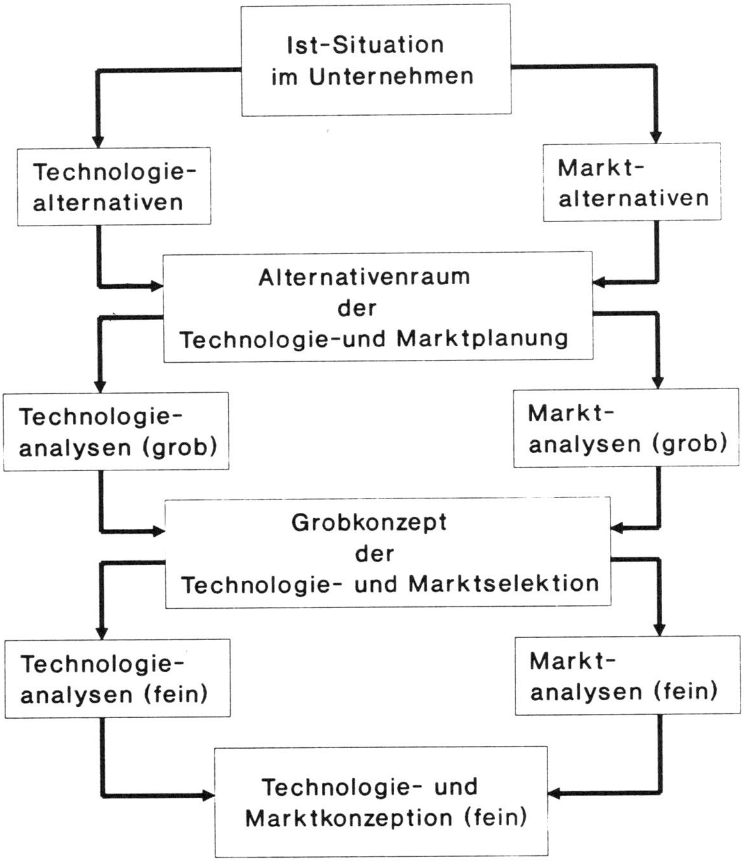


Abb. 8.2.4.1/VII Mehrstufiges Bewertungsverfahren; Quelle: Specht 1986, S. 142

Die zukünftigen Innovationsfelder , in denen das Unternehmen innovativ tätig werden will, werden durch markt- oder technologieinduzierte Innovationssuche gefunden. Ihre Bewertung kann sich zweckmäßigerweise an den Basisaxiomen der Portfolioanalyse orientieren.

Je größer die relative Innovationsfeldstärke und die Innovationsfeldattraktivität, desto höher das Erfolgspotential. Abbildung 8.2.4.1/VIII zeigt die verschiedenen Zonen der Matrix, wobei Felder, die oberhalb der oberen gestrichelten Diagonalen liegen, als Investitionsfelder und Felder, die unterhalb der unteren Diagonalen liegen, als Desinvestitionsfelder aufzufassen sind.

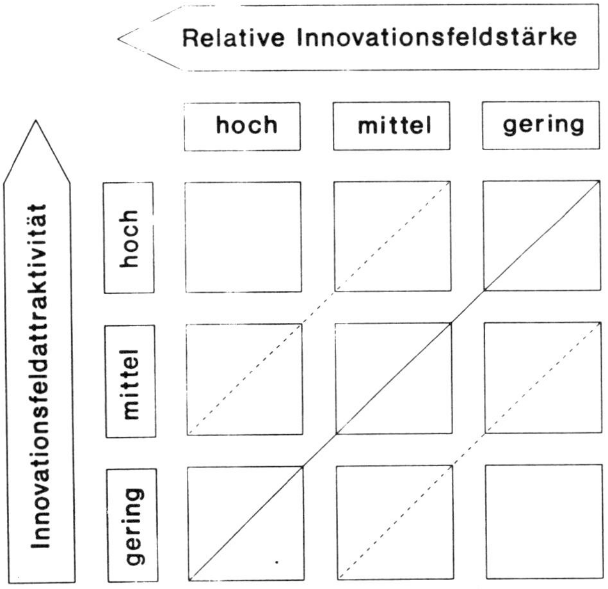


Abb. 8.2.4.1/VIII Innovationsfeldportfolio; Quelle: Specht/Michel 1988, S. 506

Die beiden Dimensionen des Portfolios, relative Innovationsfeldstärke und Innovationsfeldattraktivität, haben verschiedene Determinanten, über die Abb. 8.2.4.1/IX eine Übersicht gibt:

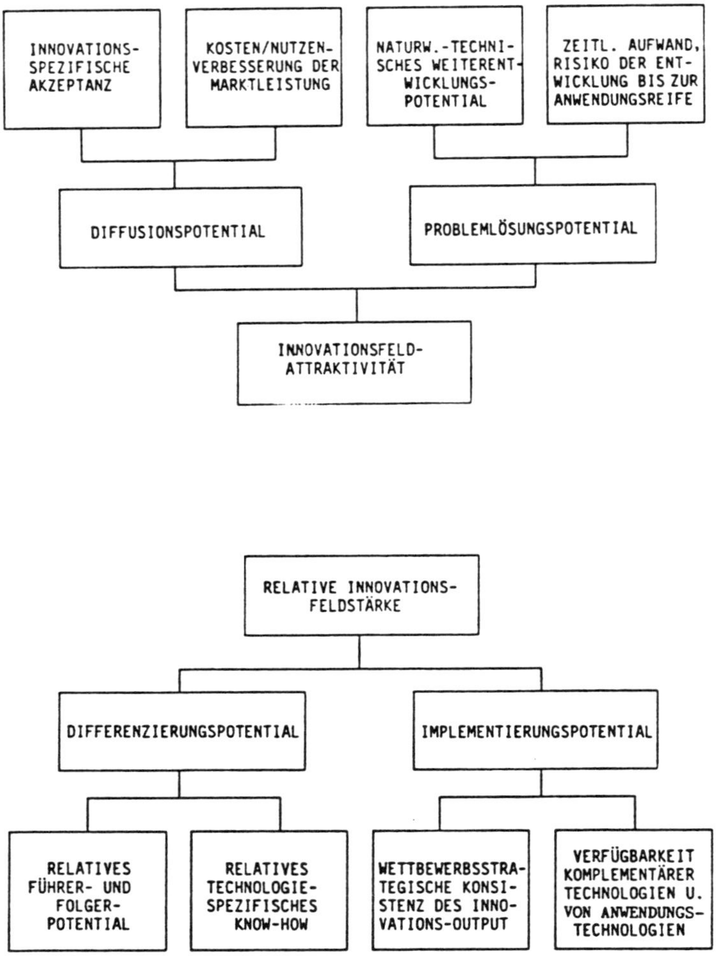


Abb. 8.2.4.1/IX Determinanten der Innovationsfeldattraktivität und -stärke; Quelle: Specht/Michel 1988, S. 508,511

Als zentrale Erfolgsdeterminante für (Produkt-) Innovationen ist die stringente Planung des Innovationsprozesses anzusehen, also sowohl die Technologie- und Marktplanung, wie oben näher beschrieben, als auch die Planung der späteren Phasen bis zur Markteinführung.

Die angesprochene integrierte Technologie- und Marktplanung trägt darüber hinaus empirisch fundierten Leitbildern der Innovationsplanung Rechnung, wonach die Erfolgswahrscheinlichkeit

(1) bei marktorientierten technologischen Innovationen, die an den Problemen potentieller Kunden anknüpfen, hoch ist

bzw.

(2) durch ein systematisches Durchlaufen der Phasen des Innovationsprozesses erhöht wird.

### 8.2.4.2 Preise und Konditionen

#### a) Grundbegriffe

Der Preis ist das geforderte und/oder gezahlte Entgelt für die angebotene und/oder abgesetzte Einzelleistung (Angebotsobjekt).

Als Preisarten werden unterschieden:

- Informations- und Transaktionspreise,
- revidierbare und nicht revidierbare Preise (Festpreise),
- für einen bestimmten Zeitraum garantierte Preise (Garantiepreise),
- Sonderpreise

etc.

Wichtige Objekte einer gezielten Preispolitik sind

- Einzel- bzw. Verbundpreise,
- das Preisniveau und die Preislage,
- Preisfolgen ($Pt_1$, $Pt_2$, ..., $Pt_n$) und
- die Präsentationsart (individuelles Angebot oder Preislisten).

Unter den Konditionen werden die Bedingungen der Kaufpreiszahlung einschließlich der Kreditbedingungen verstanden.

**b) Nachfragekurve**

Für die Festlegung von Preisen ist die Reaktion der Nachfrager hinsichtlich der nachgefragten Menge wichtig.
Derartige Reaktionen werden in Nachfragekurven dargestellt, wobei die Nachfrage im Regelfall mit steigendem Preis sinkt. Der Kurvenverlauf kann dabei linear oder nicht linear sein (vgl. Abb. 8.2.4.2/I).

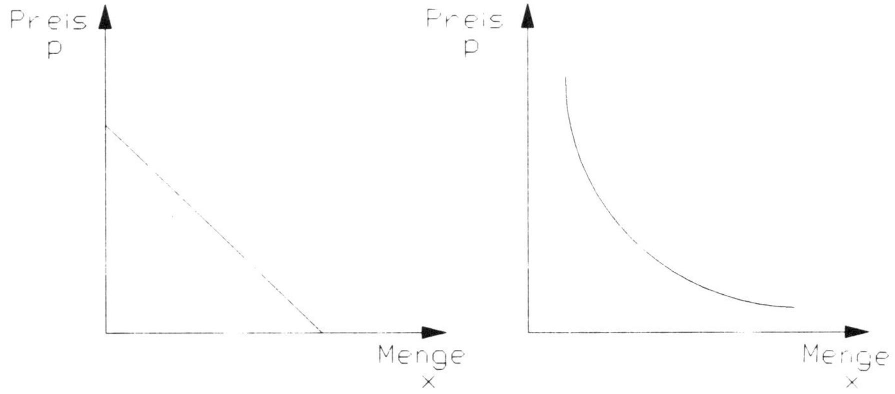


Abb. 8.2.4.2/I Nachfragekurven

Eine bedeutsame Größe, die sich aus der Nachfragekurve ableiten läßt, ist die Preiselastizität der Nachfrage $\mu$, die ein Maß für die Absatzänderung (dx) bei einer Preisänderung (dp) ist.
Die Preiselastizität der Nachfrage wird nach der Formel bestimmt:

$$\mu = -\frac{dx}{x} : \frac{dp}{p} = -\frac{dx}{dp} * \frac{p}{x}$$

Sinkt beispielsweise der Preis von 10.- auf 9.- DM und die Absatzmenge steigt von 100 auf 105 Stück, dann ergibt sich die Preiselastizität zu:

$$\mu = -\frac{105 - 100}{100} : \frac{9 - 10}{10} = 0{,}5$$

Die Elastizität gibt an, wieviel Prozent Mengenänderung einer einprozentigen Preisänderung entspricht.

Die Darstellung der Elastizität auf der Preis-Absatz-Kurve zeigt Abbildung 8.2.4.2/II:

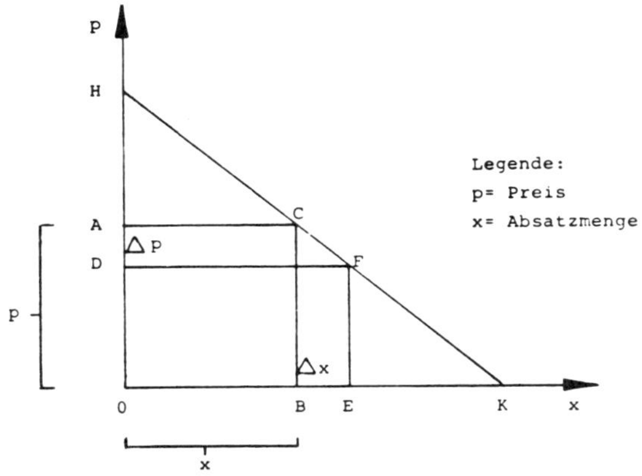


Abb. 8.2.4.2/II Preis-Absatz-Kurve

Der Punkt, der genau auf der Mitte der Absatzkurve HK liegt, weist die Elastizität 1 auf.

Je nach Wert von $\mu$ spricht man von:

- elastischem Absatz ($\mu > 1$),
- starrem Absatz ($\mu < 1$),
- vollkommen elastischem Absatz ($\mu$ unendlich) und
- vollkommen starrem Absatz ($\mu = 0$).

Konstant gleich 1 ist die Preiselastizität bei einer Preis-Absatz-Kurve, die die Form einer gleichseitigen Hyperbel hat.

In der Realität haben Betriebe jedoch nur ungenaue Vorstellungen über die Preiselastizität der Nachfrage. Ebensowenig kennen sie ihre individuellen Preis-Absatz-Funktionen.

Im Rahmen der Ermittlung von Konkurrenzbeziehungen zwischen Produkten spielt die Kreuzpreiselastizität $\mu(x_i,p_j)$ der Nachfrage eine Rolle, die die relative Mengenänderung des Absatzes von Produkt i bei einer relativen Preisänderung bei Produkt j angibt.

$$\mu(x_i,p_j) = \frac{dx_i}{x_i} : \frac{dp_j}{p_j}$$

Bei Substitutionsgütern ist die Kreuzpreiselastizität positiv, bei Komplementärgütern negativ und bei neutralen Gütern 0.

### c) Gewinnmaximaler Preis im Monopol

Im folgenden soll die Preisbestimmung in der klassischen Preistheorie am Beispiel der Ermittlung gewinnmaximaler Preise und Absatzmengen im Monopol erläutert werden.
Die Absatzmenge hängt im Monopol nur vom Preis ab. Die Erlöskurve E bzw. Umsatzkurve ergibt sich aus der Multiplikation der Absatzmenge mit dem jeweiligen Preis:

$$E(x) = x * p(x)$$

Für alle möglichen Preise mit wirksamer Nachfrage gilt bei linearer Preis-Absatz-Funktion folgende Erlös- bzw. Umsatzkurve E(x):

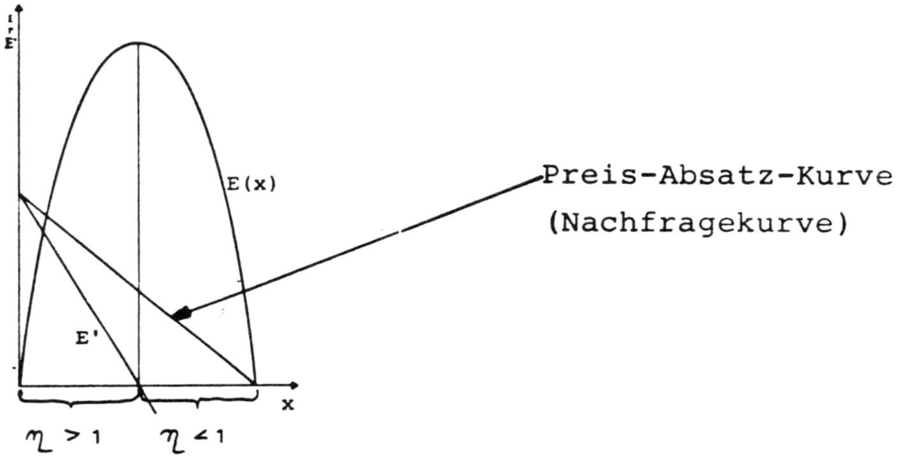


Abb. 8.2.4.2/III Umsatzkurve bei linearer Preis-Absatz-Kurve

Der Grenzerlös E' ist die 1. Ableitung der Erlöskurve, was der Erlöszu- oder -abnahme bei Verkauf einer weiteren Produkteinheit entspricht.
Im elastischen Bereich ($\mu > 1$) ist E' positiv, im unelastischen Bereich ($\mu < 1$) ist E' negativ, d.h. daß dort der Erlös mit dem Verkauf einer weiteren Produkteinheit sinken würde. Damit stellt der Punkt, an dem E' = 0 bzw. $\mu = 1$ ist, die erlösmaximale Menge dar.
Diese erlösmaximale Menge ist jedoch im Regelfall im Monopol nicht gewinnmaximal, da hierfür auch die Kosten berücksichtigt werden müssen. Die gewinnmaximale Absatzmenge und der gewinnmaximale Preis sind zu bestimmen über die Bedingung:

**Grenzerlös = Grenzkosten**

$$E'(x) = K'(x)$$

Der über diese Bedingung gefundene gewinnmaximale Punkt heißt Cournotscher Punkt (C). Zeichnerisch läßt er sich wie folgt ermitteln:

Variante (a)

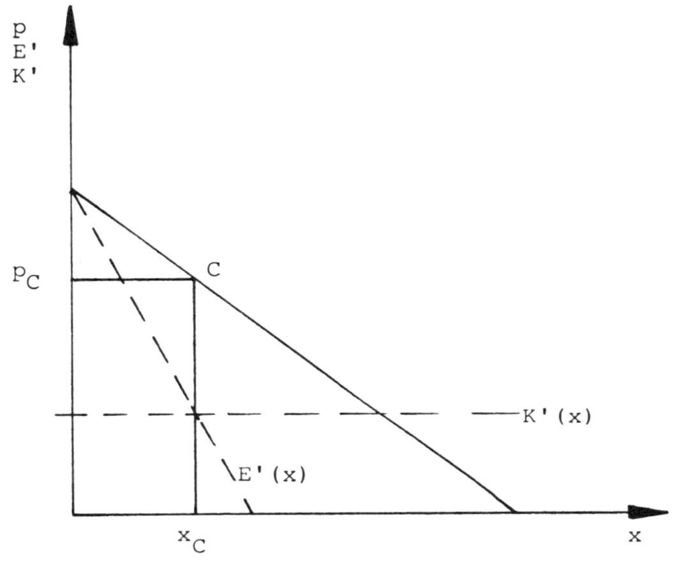


Variante (b)

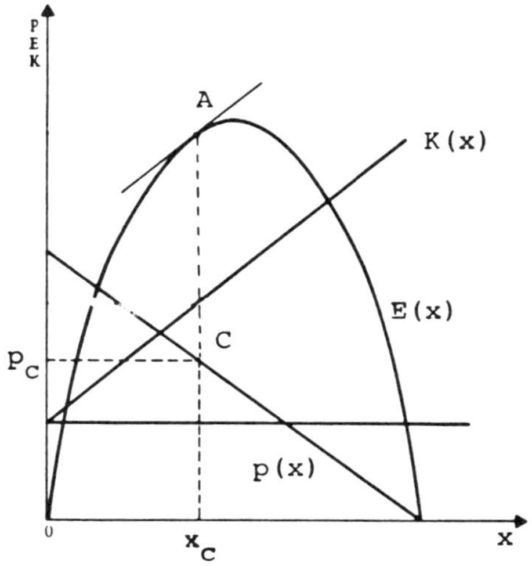


Abb. 8.2.4.2/IV Zwei Varianten zur Bestimmung des Cournotschen Punktes

Bei der Variante (b) wird der Cournotsche Punkt C mit Hilfe der Gesamtkostenkurve K(x) und der Erlös- bzw. Umsatzkurve E(x) bestimmt. Dort, wo die Steigung der beiden Kurven gleich ist, liegt die gewinnmaximale Absatzmenge. Der gewinnmaximale Preis ist auf der Preis-Absatz-Geraden abzulesen.

Tatsächlich spielen aber diese klassischen Darstellungen der Bildung gewinnmaximaler, monopolistischer Preise eine relativ geringe Rolle.

Preise sind normalerweise stets das Ergebnis angebotsorientierter (i.e.S. kostenorientierter), konkurrenzorientierter und nachfragerorientierter Überlegungen.

### 8.2.4.3 Distribution und Außendienst

#### a) Grundbegriffe

Unter dem Begriff Distribution sind alle Aktionen zu verstehen, die die körperliche und/oder wirtschaftliche Verfügungsmacht über materielle oder immaterielle Güter von einem Wirtschaftssubjekt auf ein anderes übergehen läßt (vgl. Specht 1988, S. 25), also bestimmte Aktivitäten der Güterübertragung.

Zum Außendienst gehören:

- der verkaufende Außendienst, auch als Verkauf oder "personal selling" (persönlicher Verkauf) bezeichnet, und
- der nicht verkaufende Außendienst, z.B. Anwendungsberater im Außendienst und technischer Kundendienst.

Die Distribution weist zwei Hauptaspekte auf:

(1) die akquisitorische Distribution
(Absatzweg- bzw. Absatzkanalmanagement), die die rechtlichen, ökonomischen, informatorischen und sozialen Beziehungen zwischen den Mitgliedern von Güterübertragungssystemen umfaßt, und

(2) die Distributions- bzw. Marketing-Logistik
(physische Distribution), die Probleme des Transports, der Lagerung sowie der Auftragsabwicklung und Auslieferung zum Gegenstand hat.

#### b) Distributionsorgane

In den Prozeß der Distribution sind in einem Distributionssystem folgende Organe eingeschaltet:

(1) Absatzorgane der Produzenten,
z.B. die Abteilungen Verkauf, Auftragsabwicklung, Kundendienst und Distributionslogistik,

(2) Distributions- bzw. Absatzmittler,
z.B. Groß- und Einzelhandel,

(3) Distributions- bzw. Absatzhelfer,
z.B. Speditionsbetriebe,

(4) Beschaffungsorgane der Letztverwender,
z.B. Einkaufsabteilungen u.ä.

Distributionsmittler oder (enger) Absatzmittler sind wirtschaftlich und rechtlich selbständige Betriebe, deren Hauptzweck die Übertragung wirtschaftlicher Verfügungsmacht über wirtschaftliche Güter gegen Entgelt ist.

Distributionshelfer oder (enger) Absatzhelfer helfen Distributionsorganen bei der Durchführung von Distributionsaufgaben. Sie übernehmen dienende Funktion. Distributionshelfer können sein:

(1) logistische Distributionshelfer, z.B.

- Transportbetriebe und
- Lagerhausbetriebe,

(2) akquisitorische Distributionshelfer wie z.B.

- Medien,
- Messe- und Ausstellungsgesellschaften,
- Börsen und
- Makler,

(3) leistungsergänzende Distributionshelfer,
die Leistungslücken schließen, wie

- Beratungsunternehmen (Werbeagenturen, Marktforschungsunternehmen, Rechtsanwälte, etc.),
- Finanzierungsinstitutionen (Banken, Leasinggesellschaften),
- Versicherungsunternehmen und
- Rechenzentren.

**c) Hauptprobleme bei Absatzwegentscheidungen**

Die Hauptentscheidungsprobleme im Bereich des Absatzweg-Managements betreffen:

(1) ökonomische Warenwege im Hinblick auf die Zahl eingeschalteter Zwischenglieder, wobei unterschieden werden:

- Direktabsatz (ohne Zwischenglieder), d.h. der Hersteller liefert direkt an den Endkunden, und
- indirekter Absatz (mit Zwischengliedern), d.h. der Hersteller liefert über den Einzelhandel an den Endkunden (einstufig indirekt) oder über eine oder mehrere Stufe(n) des Großhandels (z.B. Spezial- und Sortimentsgroßhandel) an den Einzelhandel, der dann an den Endkunden verkauft (mehrstufig indirekt).

(2) Zahl und Art der Absatzmittler in jeder Stufe des Absatzkanals, die Frage also, ob

- an jeden Absatzmittler, der kaufen möchte, verkauft wird oder
- die Zahl der Absatzmittler z.B. auf dem Wege des Exklusivvertriebs oder durch ein Vertragshändlersystem beschränkt wird,

(3) ökonomische Warenwege im Hinblick auf die Zahl der genutzten Absatzwege, also z.B.:

- Einwegabsatz oder
- Mehrwegabsatz (differenziert oder undifferenziert),

(4) Distributionsstandorte, also Probleme

- der Bestimmung des räumlichen Marktes (Einzugsgebiet), des Marktpotentials, der Kaufkraftzu- und -abflüsse und des Betriebstyps (der Eigenschaften der Betriebsstätte),
- der Bestimmung der Zahl der Betriebsstätten (Filialzahl) und
- der Festlegung der Lage der Betriebsstätte im Marktgebiet.

**d) Grundprobleme des Verkaufsaußendienstes**

Bei der Pflege und dem Aufbau von Beziehungen zu Kunden kommt dem Verkaufsaußendienst eine wichtige Rolle zu. Im Hinblick auf dessen Effizienz müssen verschiedene Grundprobleme beachtet werden, nämlich:

- die Art der Außendienstmitarbeiter (Reisende oder Vertreter),
- die Größe und Struktur der Außendienstorganisation und
- die Führung und Motivation der Außendienstmitarbeiter.

Die Auswahl von Verkaufspersonen führt zu der Frage, welche Qualifikationen für eine erfolgreiche Verkaufsarbeit erforderlich sind. Eine Antwort auf diese Frage kann aber nur situationsabhängig gegeben werden, so daß auch die Auswahl der Personen situativ vorgenommen werden muß.
Die Hauptmerkmale, die in diesem Zusammenhang die Situation bestimmen, sind:

- die Produkte,
- die potentiellen Kunden (z.B. Individuen oder Organisationen) und
- der Verkaufsprozeß.

Für die Auswahl von Verkaufspersonen gibt es zwei unterschiedliche theoretische Ansätze:

- den Einpersonenansatz und
- den Interaktionsansatz.

Der Einpersonenansatz stellt die Merkmale erfolgreicher Verkäufer in den Mittelpunkt. Kotler betrachtet in seinen Überlegungen zu Eignungskriterien von Verkäufern (Kotler 1974, S. 709-711) Merkmale, die sich unter den folgenden Begriffen zusammenfassen lassen:

- Fachkenntnisse,
- soziodemographische Aspekte,
- psychologische Faktoren und
- physisch-ästhetische Faktoren.

Mayer/Greenberg (Mayer/Greenberg 1964, S. 119-125) unterscheiden hingegen nur zwei Faktoren:

- Einfühlungsvermögen und
- Drang zur Selbstbestätigung.

Der Interaktionsansatz geht anders als der Einpersonenansatz vom Verkaufsprozeß als einem Interaktionsprozeß zwischen mehreren Personen aus (Schoch 1969).
Grundidee ist, daß erfolgreiche Verkäufer-Käufer-Dyaden eine größere Ähnlichkeit (bzw. wahrgenommene Ähnlichkeit) zwischen Verkäufern und Käufern aufweisen als nicht erfolgreiche Dyaden.
Eine empirische Überprüfung (Schoch 1969, S. 453-455) führte allerdings zu widersprüchlichen Ergebnissen und bestätigte die Theorie nur teilweise.

### 8.2.4.4 Werbung und Verkaufsförderung

**a) Werbung**

Werbung soll zum einen über das Angebot informieren und zum anderen zur Akzeptanz des Angebots bewegen, und zwar primär mit Hilfe elektronischer und drucktechnischer Kommunikationsmittel.
Werbung ist ein Mittel der Beeinflussung und wird als solches zielgruppenspezifisch eingesetzt. Zielgruppen der Werbung von Unternehmen sind:

- die Marktpartner (marktorientierte Werbung),
- die Gesellschaft (gesellschaftsorientierte Werbung, d.h. Public Relations i.e.S.), und
- unternehmensinterne Bereiche (innerbetriebliche Werbung).

Das Vorgehen bei der Werbeplanung verdeutlicht Abbildung 8.2.4.4.1/I:

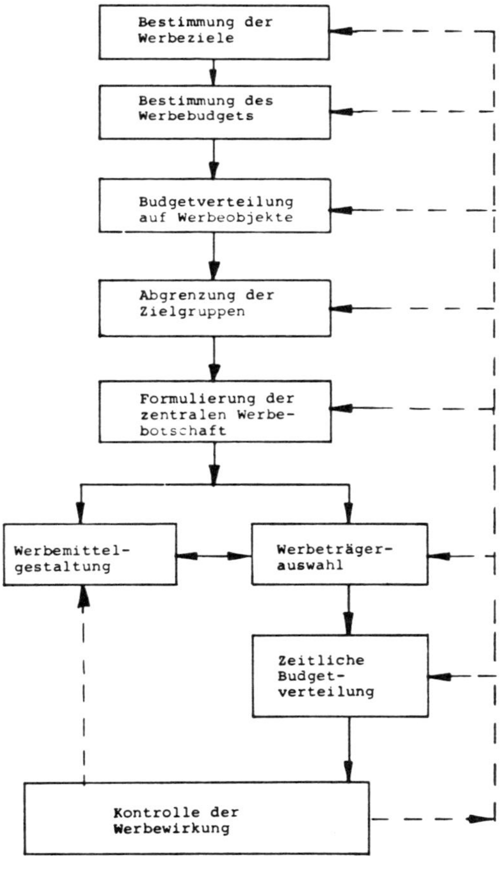


Abb. 8.2.4.4.1/I Werbeplanung

Einen Schwerpunkt der Werbung bildet die Absatzwerbung, die sein kann:

- Produktwerbung und
- Firmenwerbung.

Eng mit ihr verbunden sind die Ziele der Werbung, vor allem die direkt-ökonomischen Werbeziele wie z.B.

- Umsatzerhöhung und -stabilisierung,
- Marktanteilsziele und
- Deckungsbeitragsziele.

In Zusammenhang mit der Absatzwerbung stehen aber auch die vor-ökonomischen Werbeziele wie z.B.

- Bekanntmachung,
- Aufmerksamkeit,
- Einstellungsziele und
- Aktionsziele (z.B. Anfrage).

Der DAGMAR-Ansatz von Colley (Colley 1967) formuliert vier Ziele, an denen sich in verschiedenen Phasen der Werbeerfolg messen lassen kann (DAGMAR = Defining Advertising Goals for Measure Advertising Results). Die Phasenunterteilung wird dabei wie folgt vorgenommen (Colley 1967, S. 55):

(0. Phase: Unsicherheit)
1. Phase: Bekanntheit ⎤
2. Phase: Wissen ⎬ Ziele
3. Phase: Überzeugung ⎥
4. Phase: Aktion ⎦

Um ihre Ziele zu erreichen, bedient sich die Werbung verschiedener Werbemittel und Werbeträger.
Unter einem Werbemittel wird eine spezielle Kombination von Nachrichten und Nachrichtenträgermerkmalen verstanden, die werblichen Zwecken dienen.
Werbeträger sind die jeweiligen Transportmittel für werbliche Nachrichten.

Als Werbemittelarten sind zu unterscheiden:

(1) Anzeigen,
(2) Rundfunkspots,
(3) Fernsehspots und
(4) sonstige Werbemittel, z.B:

- Katalog,
- Plakat,
- Werbebrief,
- Filmtheaterwerbung,
- Adreßbucheintrag,
- Gebäude- und Fahrzeugwerbung
- Telefonwerbegespräch

usw..

Werbeträgerarten sind beispielsweise:

- Zeitungen und Zeitschriften,
- Rundfunk- und Fernsehanstalten,
- Anschlagtafeln und -säulen,
- Direktwerbeunternehmen,
- die Bundespost
- Adreßbücher,
- Schaufenster,
- Messe- und Ausstellungsgesellschaften,
- Verkehrsmittel,
- Ware und Verpackung,
- Absatzmittler und
- Verteiler, (Propagandisten).

Die Aktivitäten hinsichtlich der verschiedenen Werbemittel und -träger werden mit Hilfe eines Streuplanes koordiniert:

**Streuplan für Region r in Jahr t**

| Zeitraum / Medium | ...... | Juli | | | |
|---|---|---|---|---|---|
| | ...... | 1. Woche | 2. Woche | 3. Woche | ...... |
| | ...... | Mo, Di, ... | ...... | ...... | ...... |
| Tageszeitungen | | | | | |
| $x_1$ | | | | | |
| $x_2$ | | | | | |
| : | | | | | |
| Publikums-zeitschriften | | | | | |
| $y_1$ | | | | | |
| $y_2$ | | | | | |
| : | | | | | |
| Plakatanschläge | | | | | |
| : | | | | | |
| Werbefunk | | | | | |
| Sender 1 | | | | | |
| Sender 2 | | | | | |
| : | | | | | |
| Werbefernsehen | | | | | |
| ARD | | | | | |
| ZDF | | | | | |
| Reg. Programme | | | | | |
| Privates Fernsehen | | | | | |
| Ausgaben | | | | | |
| einzeln | | | | | |
| gesamt | | | | | |

Abb 8.2.4.4.1/II Streuplan

**b) Verkaufsförderung**

Verkaufsförderung (sales promotion) ist gleichzusetzen mit einem aktionistischen Marketing-Mix, in dem die Werbung am POP (point of purchase) eine große Rolle spielt. Nach Auffassung des Bundes Deutscher Verkaufsförderer und Verkaufstrainer (BDVT) ist Verkaufsförderung in diesem Zusammenhang zu sehen als Kommunikationsinstrument des Marketing-Mix, das kurzfristig und langfristig Verkaufsorganisationen, Absatzmittler und Verbraucher/Verwender informiert und beeinflußt durch:

- personen- und absatzbezogene,
- stationäre und variable Maßnahmen sowie durch
- erweiterte Leistungen zum Angebot.

Als Beispiele für Promotions auf Händlerseite (Händlerpromotions) lassen sich anführen:

- Schulungen,
- Übermittlung von Produkt- und Marktinformationen,
- Investitionshilfen,
- Beratung,
- Stimulierung der Verkaufsanstrengungen durch finanzielle bzw. materielle Anreize.

Promotions auf Verbraucherseite (Verbraucherpromotions) sind z.B.:

- Zugaben,
- Propagandisteneinsatz,
- Preisausschreiben,
- Sonderpreise

usw..

Detailliertere Darstellungen dieses Themengebietes finden sich im Handbuch der Verkaufsförderung von Disch/Meier-Maletz (Disch/Meier-Maletz 1981).

## Kontrollfragen zu Kapitel 8.2

1. Worin liegen die Unterschiede zwischen den Begriffen "Absatz" und "Marketing"?

2. Mit welchen Forderungen ist das Marketing-Management-Konzept bzw. die Marketing-Management-Philosophie verbunden?

3. Was verstehen Sie unter Marketing-Mix und welche Sub-Mixes kennen Sie?

4. Was ist der Kern aller Marketing-Definitionen?

5. Bilden Sie ein Beispiel für nichtkommerzielles Marketing!

6. Was versteht man unter Marktforschung?

7. Erläutern Sie das Handlungsprinzip "Erst Sekundärforschung, dann Primärforschung"!

8. Welches sind die Grundprobleme der Marketing- bzw. Marktforschung?

9. Was versteht man unter Marktselektion? Nennen Sie Faktoren (Kriterien), die bei der Marktselektion eine Rolle spielen!

10. Nennen Sie die Merkmale eines vollkommenen Marktes!

11. Welche Marktformen lassen sich im Blick auf Zugangsmöglichkeiten, Zahl der Anbieter und Staatseingriffe unterscheiden?

12. Was versteht man unter dem Prinzip der Marktsegmentierung?

13. Was ist ein Produkt und was ist ein Produktprogramm?

14. Welche Objekte der Produktpolitik i.w.S. kann man unterscheiden?

15. Erläutern Sie folgende Produktprogrammstrategien:

    - Differenzierung und
    - Diversifikation.

16. Beschreiben und kritisieren Sie das Produkt-Lebenszyklus-Konzept!

17. Nach welchen Kriterien können Analysen der Produktprogrammstruktur durchgeführt werden?

18. Wodurch unterscheiden sich Markt- und Betriebsneuheiten?

19. Welches sind wichtige Determinanten des Innovationserfolges?

20. Welche Phasen der Planung neuer Produkte lassen sich unterscheiden?

21. Erläutern Sie die Grundzüge des Verfahrens der integrierten Technologie- und Marktplanung!

22. Was sind Objekte der Preispolitik?

23. Definieren und erläutern Sie die "Preiselastizität der Nachfrage"!

24. Definieren und erläutern Sie graphisch und mathematisch den gewinnmaximalen Preis im Monopol!

25. Was versteht man unter dem Cournotschen Punkt?

26. Definieren Sie die Begriffe "Distribution" und "Außendienst"!

27. Was sind die beiden Hauptaspekte (-bereiche) der Distribution?

28. Nennen und erläutern Sie die verschiedenen Distributionsorgane!

29. Was versteht man unter Direktabsatz und indirektem Absatz?

30. Welches sind wichtige Probleme des Verkaufsaußendienstes?

31. Bei der Auswahl von Verkäufern spielen der Einpersonenansatz und der Interaktionsansatz eine Rolle. Was ist damit gemeint?

32. Was versteht man unter Werbung und welche Funktion hat Sie?

33. Welches sind die einzelnen Phasen der Werbeplanung?

34. Nennen Sie einzelne Werbeziele!

35. Definieren und nennen Sie Werbemittel und Werbeträger!

36. Zeichnen Sie die Struktur eines Streuplans!

## 8.3 Forschung und Entwicklung (F&E)

### 8.3.1 Grundlagen der Forschung und Entwicklung (F&E)

F&E erfassen Tätigkeiten und Prozesse, die zu einem neuen materiellen und/oder immateriellen Gegenstand führen sollen. F&E ermöglichen die Gewinnung neuen natur- und ingenieurwissenschaftlichen Wissens und eröffnen neue Anwendungsmöglichkeiten für schon vorhandenes Wissen.

Teilbereiche der F&E sind Grundlagenforschung, angewandte Forschung und Entwicklung:

1) Grundlagenforschung ist auf die Gewinnung neuer wissenschaftlicher oder technischer Erkenntnisse und Erfahrungen gerichtet, ohne überwiegend an der unmittelbaren praktischen Anwendbarkeit orientiert zu sein.
2) Angewandte Forschung verbindet das Erkenntnisziel mit der Lösung spezifischer praktischer Ziele.
3) Bei der Entwicklung geht es um die Nutzung von Erkenntnissen und Erfahrungen, um zu neuen oder verbesserten Produkten oder Produktionsverfahren zu gelangen. Innerhalb der Entwicklung lassen sich die experimentelle Entwicklung, die konstruktive/rezepturbezogene Entwicklung und die Routineentwicklung unterscheiden.

F&E sind mit Risiko verbunden; bei der Routineentwicklung ist es gering, bei der Grundlagenforschung hoch.

Phasen produktorientierter F&E sind:

- die Definition von Innovationsfeldern,
- die Gewinnung von Produktideen,
- die Formulierung des Produktkonzepts,
- die Produktdefinition,
- die Entwicklung,
- der Prototypenbau,
- die Nullserienfertigung,
- der Serienanlauf und
- die Markteinführung.

In der Praxis werden die einzelnen Phasen durch Meilensteinkontrollen und Freigabeentscheidungen für die nächste Phase abgegrenzt. Wegen der Komplexität und der Notwendigkeit interdisziplinärer Zusammenarbeit in der F&E ist Projektmanagement zweckmäßig.
Das Marketing hat für fundierte Kundenanforderungskataloge am Beginn des Produktplanungsprozesses, für Lastenhefte und Pflichtenhefte und technische Produktvorgaben zu sorgen, die den Kundenwünschen und -problemen gerecht werden. Markteinführungskonzepte sind parallel zur Entwicklungstätigkeit zu planen. Das strategische Markteinführungskonzept muß vor Beginn der Entwicklung bestimmt sein.

### 8.3.2 F&E-Planung

F&E-Planung betrifft die systematische gedankliche Vorwegnahme zukünftiger Aktivitäten und Ereignisse in der F&E.
Zu unterscheiden sind eine strategische und eine taktische/operative Ebene der Planung von F&E. Die strategische Planung betrifft die Grundsatz- und Rahmenplanung sowie die langfristig wirksamen Handlungsparameter. Die taktische/operative Planung füllt den

strategischen Rahmenplan aus. Sie hat einen höheren Detaillierungsgrad als der strategische Plan und betrifft die mittel- und kurzfristige Durchführung von Maßnahmen.

Strategische F&E-Planung basiert auf der F&E-Politik, in der die F&E-politischen Grundsätze und Leitbilder formuliert werden.
Es geht um:

- die generelle Orientierung der F&E-Aktivitäten,
- die Grundzüge der Personalpolitik in F&E-Bereichen,
- die grundsätzliche Lösung von Finanzierungsfragen im Blick auf F&E,
- die Grundzüge der Patentpolitik sowie
- die Stellung von F&E im Gesamtunternehmen.

Schwerpunkte der strategischen Planung von F&E sind:

- Selektions-,
- Kompetenz-,
- Quellen-,
- Timing-
- und daraus abgeleitete Budget- und Investitionsentscheidungen.

Eine strategische Ebene weisen auch die Problemfelder Organisation und Führung der F&E auf, nämlich:

- aufbau- und ablauforganisatorische Regelungen der F&E,
- die Gestaltung des Planungs- und Kontrollsystems,
- die interfunktionale Kooperation,
- der Führungsstil sowie
- das Motivations- und Anreizsystem.

Inhaltlich weist die strategische F&E-Planung in starkem Maße Übereinstimmungen mit dem Technologie-Management auf.

Zur Realisierung der strategischen F&E-Planung sollten Richtlinien entworfen und die wesentlichen Inhalte der Planung in ihrem zeitlichen Ablauf aufgezeigt werden (vgl. Abb. 8.3.2/I).
Wichtige Instrumente im Bereich der strategischen Planung sind weiterhin:

- spezifische Prognosetechniken (z.B. Szenario-Technik),
- Technologietrendkurven (z.B. S-Kurve) sowie
- F&E-Portfolios.

In der taktischen/operativen Planung von F&E geht es um:

- Budgetierungsfragen,
- den Personalbedarf und die Personalbereitstellung für die F&E,
- Verfahren der Projektbewertung,
- die Projektabwicklung (parallel und/oder sequentiell),
- Verfahren der Projektablaufplanung (z.B. Netzplantechnik, Balkendiagramme),
- konkrete Forschungs- und Entwicklungsprogramme innerhalb des Zeithorizonts der taktischen/operativen Planung sowie
- um konkrete Maßnahmen aufbau- und ablauforganisatorischer Unterstützung dieser F&E-Aktivitäten.

Zweckmäßig ist es, wenn das Globalziel der Entwicklung in einzelne, etappenweise zu erreichende Teilziele zerlegt wird. Dies führt zur Unterscheidung einzelner Meilensteine im Prozeß der Abwicklung eines F&E-Projekts. Solche Meilensteine sind zugleich eine Voraussetzung für eine Kontrolle der Erreichung definierter Teilziele. Bei positivem Ausgang einer Meilensteinkontrolle erfolgt eine sogenannte Freigabeentscheidung für die Bearbeitung des F&E-Projekts im nächsten Prozeßschritt.

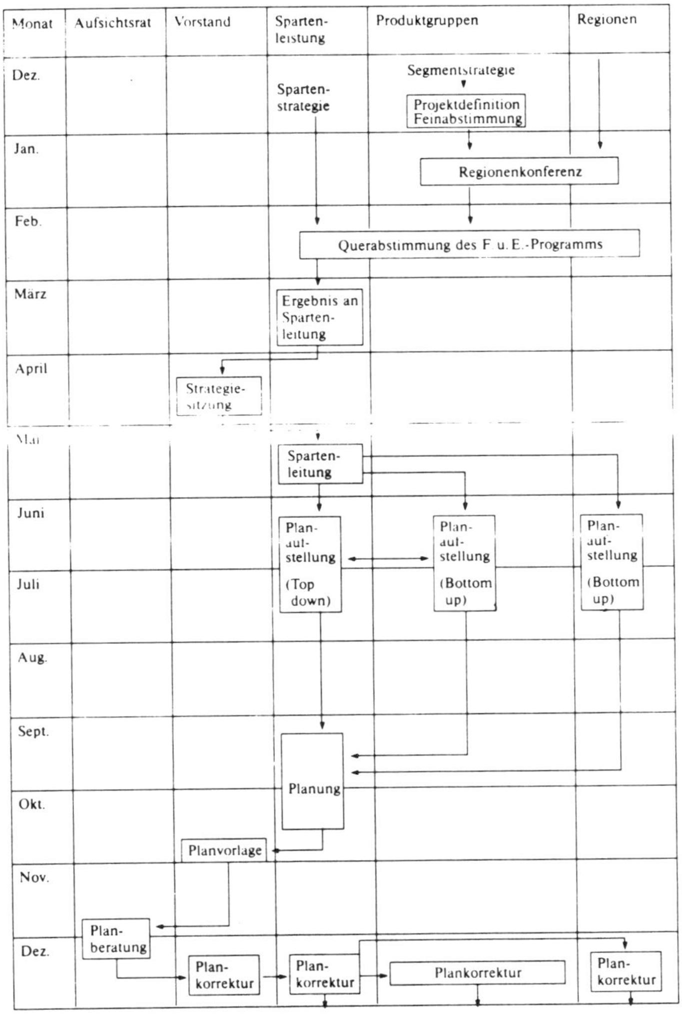


Abb.8.3.2/I: Ablauf der strategischen F&E-Planung in einem multinationalen Unternehmen; Quelle: Brockhoff 1988, S. 123

F&E-Controlling umfaßt alle Tätigkeiten, mit denen eine ergebnisorientierte Ausrichtung und Koordination der F&E-Prozesse erreicht werden soll.
Soll die Effektivität und Effizienz von F&E gemessen werden, so ist zu prüfen, ob

- deren Ergebnisse den Leistungsanforderungen und Preiserwartungen der Kunden gerecht werden,
- relativ niedrige Entwicklungskosten und relativ kurze Entwicklungszeiten erreicht werden können,
- geplante Entwicklungszeiten eingehalten werden können,
- der Entwicklungsprozeß an Veränderungen von Technologien und Kundenerwartungen angepaßt werden kann
- und ob das einzelne F&E-Ergebnis positive Ausstrahlungseffekte auf andere F&E-Projekte aufweist.

Grundsätzlich kann die Effizienz von F&E an Input-, Prozeß- und/oder an Output-Indikatoren gemessen werden.
Zu den regelmäßigen Aufgaben eines F&E-Controlling gehört es,

- bei der Planung der Informationsversorgung von F&E mitzuwirken,
- die strategische und operative F&E-Programmplanung methodisch zu unterstützen,
- die Bewertung von F&E-Anträgen vorzubereiten,
- für eine interdisziplinäre Zusammenarbeit zu sorgen,
- eine optimale Auslastung der F&E-Kapazität anzuregen,
- die Budgetplanung und -kontrolle zu organisieren,
- eine für den F&E-Bereich geeignete Kostenrechnung zur Verfügung zu stellen,
- Terminpläne zu überwachen,
- Erfolge von F&E-Ergebnissen zu ermitteln und
- ein F&E-Kennzahlensystem zu unterhalten.

Daneben gibt es in unregelmäßigen Abständen Aufgaben, bei denen das Controlling methodisch unterstützend und analysierend mitwirken kann. Zu denken ist beispielsweise an die Organisation der F&E-Tätigkeiten und an Informationsbeiträge zur Planung von F&E-Kapazitäten.
Schwerpunkt der bisherigen Tätigkeit des F&E-Controlling ist die Durchführungskontrolle. Dabei spielen Meilensteinüberwachungen und Projektfortschrittsberichte eine relativ große Rolle. Unterstützt werden diese Aktivitäten durch entsprechende Projekt-Datenblätter und Projektfortschritts-Diagramme. Zunehmend wird neben der Kostenkontrolle eine Zeitüberwachung institutionalisiert.

### 8.3.3 F&E-Strategien

F&E-Strategien sind grundsätzliche Regelungen der F&E auf lange Sicht; sie bestimmen den Aktivitätsrahmen und die Stoßrichtung. Strategisch ist vor allem die qualitative und quantitative F&E-Kapazität zu planen. Dabei muß sowohl auf Stimuli von Seiten der Nachfrage (teils antizipativ) reagiert (market pull), als auch relativ nachfrageunabhängig technische Kompetenz aufgebaut werden, um damit neue Nachfrage auszulösen (technology push). Wettbewerber, die lediglich auf die Marktnachfrage reagieren, haben Schwierigkeiten, F&E-Leistungen genügend schnell bereitzustellen.
Ziel von F&E-Strategien ist der Aufbau strategischer Wettbewerbsvorteile, die von Wettbewerbern kurzfristig nicht aufgeholt werden können. Strategische F&E soll sicherstellen, daß F&E-Projekte in technisch und ökonomisch interessanten Geschäftsfeldern liegen. F&E-Strategien müssen mit sonstigen Funktionsbereichs- und Gesamtunternehmensstrategien integriert geplant werden, damit Dissonanzen im strategischen Gesamtkonzept minimiert werden.

Zu unterscheiden sind F&E-Strategieelemente und die aus der Kombination dieser entstehenden F&E-Strategietypen. Häufig genannt werden folgende F&E-Strategieelemente:

- defensive versus offensive F&E,
- forschungs- versus entwicklungsintensive F&E,
- produkt- versus prozeßorientierte F&E,
- relativ niedriges versus hohes F&E-Budget,
- Imitation versus Innovation,
- enges versus breites F&E-Feld,
- technik- und/oder marktorientierte F&E,
- autonome und/oder kooperative F&E (Lizenznahme, Vertragsforschung, Gemeinschaftsforschung, Forschungskooperationen mit anderen Unternehmen),
- Know how-Kauf (z.B. Akquisition) versus Know how-Aufbau im eigenen Unternehmen,
- F&E mit kleinen oder großen Innovationsschritten und schließlich
- F&E mit oder ohne Patentierung des neuen Wissens.

Eine generelle Aussage über die Zweckmäßigkeit der einen oder anderen F&E-Strategie ist nicht möglich. Die Wahl der F&E-Strategie muß der gegebenen internen und externen Situation angepaßt sein.

### 8 3.4 F&E-Organisation

F&E-Organisation betrifft die längerfristig konstante, auf vorgegebene F&E-Ziele ausgerichtete, grundlegende Potential- (Aufbauorganisation) und Aktionsstruktur (Ablauforganisation) für die Erfüllung von F&E-Aufgaben.

Die Ablauforganisation von F&E umfaßt:

- die Gestaltung der Arbeitsbeziehungen und deren Rahmen,
- die zweckmäßige Reihenfolge von Arbeitsgängen,
- die optimale Laborbelegung,
- Springerregelungen usw.

In diesem Zusammenhang können z.B. Gantt-Diagramme (meist Balkendiagramme) und Netzplantechniken eingesetzt werden. Die Praxis bevorzugt Gantt-Balkendiagramme, weil diese eine übersichtliche Kapazitäten- und Terminplanung erlauben. Solche Diagramme lassen jedoch sachlogische Ablaufverknüpfungen aus den Planungsunterlagen nicht ohne weiteres erkennen. Geeigneter sind deshalb Netzplantechniken.

Die systematische Gestaltung des Aufbaus des F&E-Bereichs (Aufbauorganisation) betrifft:

- den Innenaufbau, die sogenannte Innenstrukturierung und
- die Intergration des F&E-Bereichs in die Aufbauorganisation der Unternehmung, die sogenannte Außenstrukturierung.

Mögliche Gestaltungsalternativen der Innenstrukturierung des F&E-Bereichs lassen sich grundsätzlich in ein- und mehrdimensionale Modelle einteilen. Während eindimensionale Strukturierungsalternativen die organisatorischen Beziehungen des Bereichs auf ein wesentliches Kriterium reduzieren, ermöglichen mehrdimensionale Ansätze die Gliederung des F&E-Bereichs nach mehreren, prinzipiell als gleichrangig angesehenen Kriterien.

Im Blick auf die Außenstrukturierung des F&E-Bereichs geht es sowohl um den notwendigen, kreativen Freiraum für die Forscher und Entwickler, als auch um eine organisatorische Förderung aktueller und an den Bedürfnissen des Fertigungs- und Absatzbereichs orientierter F&E-Resultate.

Für die Integration des F&E-Bereichs in ein verrichtungsorientiertes Grundmodell kommt die Zuordnung des F&E-Bereichs:

- als Stabsabteilung der Unternehmensleitung,
- als Hauptabteilung in der Linie oder
- als Unterabteilung in der Fertigung oder im Absatz in Frage.

Bei einer objektorientierten Organisation stellt sich speziell die Frage, ob die F&E-Aktivitäten zentral und/oder dezentral verteilt werden sollen. Eine große Homogenität des Produktprogramms und der Technologien spricht tendenziell für eine Zentralisierung des F&E-Bereichs; eine große Heterogenität fördert die dezentrale Forschung und Entwicklung. Auch bei einer dezentralen Organisation der Entwicklung kann eine zentrale Grundlagenforschung von Nutzen sein. Wenn ein Unternehmen über Auslandsstandorte verfügt, kann es zweckmäßig sein, anstelle oder zusätzlich zur objektorientierten eine regional orientierte Aufbauorganisation in der F&E zu installieren. Durch eine geographisch zentrale Integration des F&E-Bereichs in die Unternehmensorganisation wird der Know how-Schutz erleichtert, da zum einen die informierten Personenkreise tendenziell kleiner sind, zum anderen der Patentschutz im Ausland oft mangelhaft ist und hauptsächlich Entwicklungsländer häufig einen unentgeltlichen Know how-Transfer von der Auslandsgesellschaft fordern. Vorteile einer Zuordnung von F&E zu den regional orientierten Unternehmensbereichen liegen in erster Linie in der Berücksichtigung länderspezifischer Besonderheiten. Durch die dezentrale Einordnung der F&E in regionaler Hinsicht wird somit der Einfluß der Auslandsgesellschaften auf die langfristige Produktpolitik verstärkt.

### 8.3.5 F&E-Träger

Hinsichtlich der F&E-Träger ist zwischen eigener F&E, Vertrags- bzw. Auftragsforschung und Gemeinschaftsforschung zu unterscheiden.

Die eigene F&E ist mit relativ hohen fixen Kosten und relativ hohem Finanz- und Personalbedarf verbunden. Das F&E-Risiko geht voll zu Lasten des eigenen Unternehmens. Diesen Nachteilen stehen Chancen gegenüber. Die Partizipation anderer an dem gewonnenen Wissen wird weitestgehend vermieden. Eigen-F&E erlaubt eine enge Zusammenarbeit mit anderen Funktionsbereichen der Unternehmung. Auf unternehmensspezifische fertigungstechnische und absatzwirtschaftliche Besonderheiten kann Rücksicht genommen werden. Die Erfahrungen, die das eigene Personal sammelt, erhöhen die F&E-Leistungspotentiale, was eine Anpassung an neue Markt- und Technikgegebenheiten erleichtert.

Übernehmen private oder öffentliche Institutionen vertraglich die Lösung von F&E-Problemen, so liegt Vertrags- oder Auftragsforschung vor.
Diese empfiehlt sich, wenn

- zur Bearbeitung meist einmaliger Probleme auf fremden Forschungsgebieten spezielle wissenschaftliche oder technische Geräte und das zugehörige Personal benötigt werden,
- Fremdforschungseinrichtungen bereits über ein entsprechendes Spezialwissen verfügen,
- sporadisch auftretende Forschungskapazitätsengpässe zu überwinden sind und
- neue, kreative Stimuli benötigt werden.

Die Gefahren der Auftragsforschung liegen:

- in einer mangelnden Berücksichtigung der unternehmensspezifischen Gegebenheiten,
- in der geringen Einflußmöglichkeit auf die Forschungsaktivitäten,
- in fehlenden Synergieeffekten mit anderen Forschungsarbeiten,
- im oft unvollständigen Wissenstransfer und
- in der Teilhabe anderer an dem gewonnenen Wissen.

Allerdings sind demgegenüber die Fixkosten des Unternehmens relativ gering, wodurch sich das Investitionsrisiko verringert.

Gemeinschaftsforschung liegt vor, wenn mehrere Unternehmen, Wirtschaftsverbände oder sonstige Zusammenschlüsse in einem Forschungsverbund ein gemeinsames Forschungsziel verfolgen. In Verbindung mit strategischer F&E-Planung wird auch von strategischen F&E-Allianzen gesprochen, die nicht selten international angelegt sind. Am häufigsten kommt die Gemeinschaftsforschung dort vor, wo sie allgemeine, relativ anwendungsferne Probleme erforschen soll, an denen alle beteiligten Betriebe ein Interesse haben. Schwierig ist die Festlegung des gemeinsamen F&E-Ziels. Eine effiziente Nutzung der Ergebnisse aus der Gemeinschaftsforschung ist nur möglich, wenn auch Eigenforschung betrieben wird, mit deren Hilfe die relativ anwendungsfernen Resultate auf unternehmensindividuelle Gegebenheiten zugeschnitten werden. Dabei kommt es darauf an, einen Vorteil gegenüber evtl. an dem Projekt beteiligten Konkurrenten zu erreichen. Motive für eine Gemeinschaftsforschung liegen in der Möglichkeit, Forschungsprogramme bearbeiten zu können, die die Ressourcen eines einzelnen Unternehmens übersteigen.

### 8.3.6 F&E-Risiko

F&E sind ex definitione mit technischen und ökonomischen Risiken verknüpft.

Das technische Risiko betrifft das technische Realisationsrisiko, d.h. die Gefahr, daß begonnene Projekte zu keinem Ergebnis führen, und das Serendipitätsrisiko, d.h. die Gefahr (oder die Chance), daß Forschungsvorhaben ein anderes als das geplante Ergebnis liefern.
Das Kostenrisiko liegt in der Gefahr, daß die tatsächlichen Kosten die geplanten Kosten übersteigen.
Aus der Gefahr der Überschreitung vorgegebener F&E-Zeiten ergibt sich ein Zeitrisiko.

Auch bei einem Erreichen der gesetzten technischen Ziele existiert ein ökonomisches Verwertungsrisiko, das ist die Gefahr, daß das F&E-Ergebnis den Anforderungen der Verwender nicht voll entspricht. Führt dies zu einem Fehlschlag bei der Markteinführung, so dokumentiert sich darin das Innovationsrisiko, d.h. die Gefahr, daß die ökonomischen Ziele mit der realisierten Innovation nicht zu erreichen sind.
Einflußfaktoren auf das Verwertungsrisiko sind:

- der Neuheitsgrad der F&E-Ergebnisse,
- unvorhergesehene Marktveränderungen während der F&E-Zeit,
- Fehleinschätzungen des Nachfragevolumens sowie der Konkurrenzpreise und des Konkurrenzverhaltens,
- unvorhergesehene Produktionsschwierigkeiten sowie die damit verbundenen Kosten,
- Finanzierungsengpässe und bestehende sowie zukünftig zu erwartende rechtliche Barrieren.

Sämtliche Faktoren müssen ständig beobachtet werden, um Veränderungen frühzeitig zu erkennen und entsprechende Planrevisionen rechtzeitig vornehmen zu können.

### 8.3.7 F&E-Budget

Die wichtigsten Einflußfaktoren auf das F&E-Budget, das den finanziellen Umfang der F&E-Tätigkeit bestimmt, sind:

- die Branchenzugehörigkeit,
- die Unternehmensgröße,
- die F&E-Erwartungen und
- die F&E-Strategie.

Der F&E-Anteil am Umsatz ist sehr unterschiedlich. Im Durchschnitt der Industrie liegt er bei ca. 3,5 %. Ist er mehr als doppelt so hoch, wird von hochtechnischen Unternehmen gesprochen. Zu diesen F&E-intensiven Industrien gehören die Pharma-, die Elektronik-, die Computer-, die Luft- und Raumfahrt- sowie die Laborgeräteindustrie, denen - teils mit Abstand - die Chemische Industrie, die Rohölverarbeitung und die Hersteller von Textil- und Druckmaschinen sowie von Geräten der Elektronik und Medizin folgen.
Die Tatsache, daß Unternehmen F&E-Kapazitäten wegen der relativ fixen Personalkosten kurzfristig nicht abbauen können und umgekehrt die Erhöhung von F&E-Budgets wegen finanzieller, personeller und sonstiger Barrieren nicht sprunghaft erfolgen kann, begünstigt die Orientierung am F&E-Budget der vorangegangenen Perioden.

Methodisch gibt es verschiedene Ansätze:

Bei der <u>isolierten Budgetplanung</u> bleiben die Interdependenzen innerhalb der F&E und zwischen F&E und anderen Unternehmensbereichen unberücksichtigt. Wesentlich sind in diesem Zusammenhang die kennziffernorientierten Ansätze, z.B. das F&E-Budget als festen Prozentsatz vom Umsatz oder vom Gewinn und die Forschungsintensität der Konkurrenten als Bemessungsgrundlage für den F&E-Umfang. Derartige Ansätze sind in der Regel relativ willkürlich.

Methoden der <u>integrierten Budgetplanung</u> sind bestrebt, bei der Feststellung des F&E-Budgets eine Abstimmung mit anderen Unternehmensbereichen zu erzielen.

### 8.3.8 Objekte der F&E unter besonderer Berücksichtigung des Technologie-Managements

Objekte der F&E sind primär:

- Technologien
- Produkte
- Produktionsprozesse.

Im folgenden wird nicht auf die Entwicklung eingegangen, in der es in erster Linie um neue Produkte und neue Produktionsprozesse geht. Im Zentrum steht die Technologieforschung, die in Unternehmen vor allem in der angewandten Forschung eine große Rolle spielt.

### 8.3.8.1 Grundprobleme des Technologie-Managements

Exemplarisch für Probleme des F&E-Managements wird im folgenden auf das Technologie-Management eingegangen. Unter dem Begriff "Technologie" ist dabei das "... Wissen über naturwissenschaftlich/technische Zusammenhänge, das bei der Lösung technischer Probleme Anwendung finden kann", zu verstehen (Specht/Michel 1988, S. 503).
Für das Technologie-Management stellen sich verschiedene Grundfragen, die den Aufgabenbereich des Technologie-Managements umreißen:

- Welche Technologien veralten?
- Welche neuen Technologien zeichnen sich ab?
- Wann und wie ist der Übergang zu neuen Technologien vorzunehmen?
- Welche Chancen und Risiken bergen technologische Veränderungen?
- Wie sind Höhe und Verteilung des Forschungs- und Entwicklungsbudgets zu bestimmen?
- Wie sieht die technologische Position im Wettbewerb aus?
- Welche technologischen Strategien sind zu wählen?

Technologie-Management sollte marktorientiert und strategisch angelegt sein. Dies ist aber schwierig, weil:

- es keinen unmittelbaren Bedarf an Technologien gibt, sondern nur einen Bedarf an Sachgütern und Dienstleistungen,
- ein Bedarf unter Verwendung unterschiedlicher Technologien befriedigt werden kann,
- neue Technologien bedarfsweckend wirken können und
- die Entwicklung von Technologien mit erheblichen Unsicherheiten und Risiken hinsichtlich der Bedarfsrelevanz und der technischen Machbarkeit behaftet ist.

### 8.3.8.2 Technologiearten

Unter wettbewerbsstrategischen Gesichtspunkten werden folgende Technologiearten unterschieden:

- Basistechnologien (i.d.R. reife Technologien), über deren Know-How jeder Wettbewerber auf einem Markt verfügt,
- Schlüsseltechnologien (i.d.R. wachsende Technologien), deren Know-How mit einer Schlüsselfunktion für die Teilnahme am Wettbewerb und den Erfolg im Wettbewerb verbunden ist,
- Schrittmachertechnologien (neue Technologien auf dem Markt), deren Know-How sich durch hohes Entwicklungspotential und noch geringe Wettbewerbsrelevanz auszeichnet und
- entstehende Technologien, deren Know-How neu und noch nicht auf dem Markt ist.

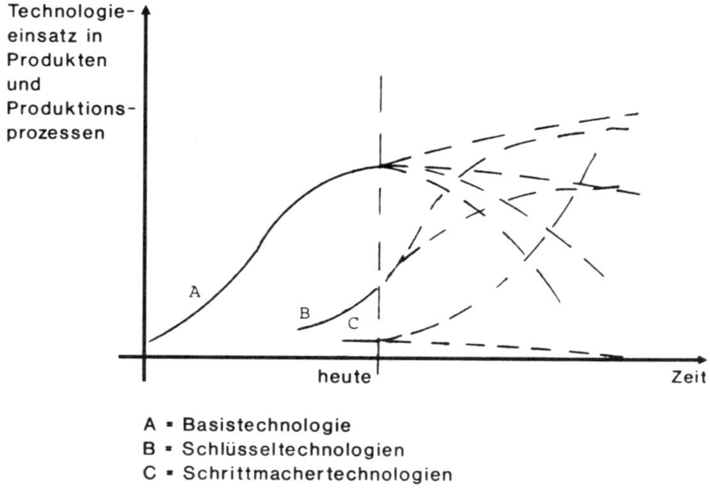


Abb. 8.3.8.2/I Technologiearten

Im Hinblick auf ihren Einsatzbereich gesehen lassen sich:

- Produkttechnologien, deren Know-How im Produkt verkörpert ist, und
- Produktionsprozeßtechnologien, deren Know-How in das Produktionsverfahren einfließt,

unterscheiden.
Auch in Relation zur bestehenden Technologie können verschiedene Technologiearten gebildet werden.

- Konkurrenztechnologien (z.B. Stahl - Kunststoff),
- Substitutionstechnologien (z.B. Elektromechanik - Mikroelektronik),
- Nachbartechnologien (z.B. ähnliches Know-How in der Medizintechnik und in der Chemie) und
- Impulstechnologien (z.B. die Glasfaser als Impulstechnologie für die Telekommunikation).

### 8.3.8.3 Technologie und Unternehmensentwicklung

Technologische Innovationen bei Produkten und Produktionsprozessen sind zunehmend wichtiger geworden. Indikatoren dieser Entwicklung sind:

- sowohl absolut als auch relativ zum Umsatz gestiegene F&E-Ausgaben,
- die zunehmende Automatisierung der Produktion,
- ein wachsender Anteil von Beschäftigten im F&E-Bereich und
- ein wachsender Umsatzanteil neuer Produkte.

Technologie ist damit ein wichtiges Instrument des Wettbewerbs.
Abbildung 8.3.8.3/I verdeutlicht die zentrale Rolle des Technologie-Wettbewerbs als Wettbewerbsinstrument.

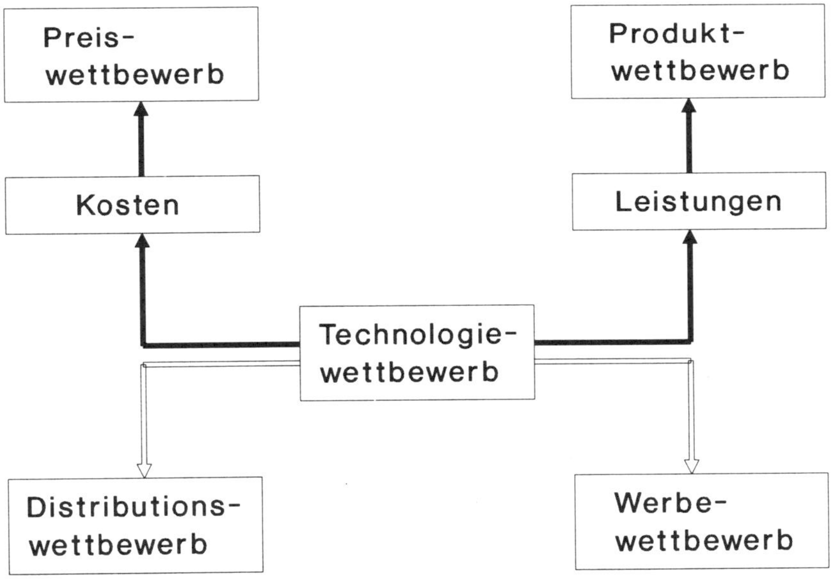


Abb. 8.3.8.3/I Technologie als Wettbewerbsinstrument

In Abbildung 8.3.8.3/II sind die Produktinnovationsrate und die Produktionsprozeßinnovationsrate im zeitlichen Ablauf dargestellt. Die abnehmende Produkt- und die zunehmende Produktionsprozeßinnovationsrate lassen sich tendenziell als Übergang vom Produkt- zum Preiswettbewerb interpretieren.

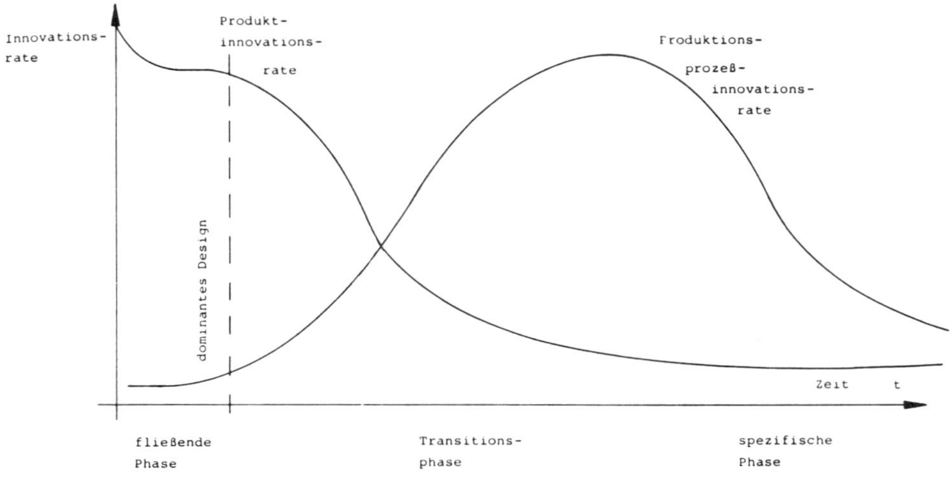


Abb. 8.3.8.3/II Industrieentwicklungsmodell von Abernathy und Utterback; Quelle: nach Abernathy/Utterback 1978, S. 58

### 8.3.8.4 Technologie-Strategien

Maidique/Patch (Maidique/Patch 1980, S. 58) unterscheiden vier technologieorientierte Strategien:

- First-to-Market Strategie,
- Second-to-Market Strategie,
- Late-to-Market Strategie und
- die Marktsegmentierungsstrategie (technologische Nischenstrategie).

Ansoff/Steward (Ansoff/Steward 1967, S. 84) differenzieren in ähnlicher Weise zwischen ebenfalls vier Strategien:

- First-to-Market Strategie (technologische Führerschaft),
- Follow-the-leader Strategie (früher technologischer Folger),
- Application-Engineering Strategie (bessere Anwendung von Technologien z.B. in neuen Bereichen) und
- Me-too Strategie (Imitation).

Für das korrekte Timing des Einstiegs in eine neue Technologie läßt sich jedoch kein allgemeingültiges Rezept angeben.
So hat beispielsweise der frühe Einstieg sowohl Vorteile als auch verschiedene Nachteile, so daß erst im Einzelfall entschieden werden kann, welche Timing-Strategie zu wählen ist.

Vorteile eines frühen Einstiegs sind z.B.:

- das Pionier-Image,
- eine hohe Kundentreue,
- die Möglichkeit Erfahrungskurven-Effekte zu nutzen und
- relativ geringe Wettbewerbsintensität.

Nachteile sind hingegen:

- hohe Marktöffnungskosten,
- die Kosten des Konkurrenzkampfes (z.B. Patentstreitigkeiten),
- das Risiko technischer Mängel,
- sich evtl. verändernde Wettbewerbsfaktoren und
- die Gefahr des Veraltens der Entwicklung durch schnellen technischen Wandel.

Neben den oben erwähnten Strategien lassen sich technologische Wettbewerbsstrategien hinsichtlich der Wettbewerbsdimensionen unterscheiden:

(1) Niedrigpreisstrategie aufgrund von technologisch bedingten Kostenvorteilen im Produkt und in der Produktion, die mit technologischer Rationalisierung verbunden sind, und

(2) technologische Qualitätsstrategie, die verfolgt werden kann als:

- technologische Qualitätsführerstrategie (industrieweit oder in Nischen des Marktes) oder als
- technologische Qualitätsfolgerstategie (früh oder spät).

## Kontrollfragen zu Kapitel 8.3

1. Nennen und beschreiben Sie die drei Teilbereiche der Forschung und Entwicklung!
2. Welche Phasen bzw. Komponenten der Forschung und Entwicklung lassen sich unterscheiden?
3. Welche Aufgaben hat ein Lastenheft?
4. Skizzieren Sie den Inhalt der strategischen und taktischen/operativen F&E-Planung!
5. Welche Aufgaben hat das F&E-Controlling?
6. Was bedeutet es, wenn von Effektivität und Effizienz von F&E gesprochen wird?
7. Diskutieren Sie Vor- und Nachteile zentraler und dezentraler F&E!
8. Nennen und erläutern Sie Elemente von F&E-Strategien!
9. Inwiefern ist Gemeinschaftsforschung nur dann effizient, wenn auch eigene F&E betrieben wird?
10. Mit welchen Risiken ist F&E verbunden?
11. Nennen und beschreiben Sie Technologiearten unter wettbewerbsstrategischem und technologiebezogenem Aspekt sowie im Blick auf bestehende Technologien!
12. Erläutern Sie, inwiefern Technologie ein Instrument des Wettbewerbs ist!
13. Zeichnen und erläutern Sie den Verlauf von Produkt- und Produktionsprozeßinnovationsrate und geben Sie die Phasenunterscheidung an!
14. Nennen und diskutieren Sie verschiedene technologieorientierte Wettbewerbsstrategien (Marketingstrategien)!

## 8.4 Fertigungswirtschaft

### 8.4.1 Grundprobleme der Fertigungswirtschaft

Der Fertigungsbereich der Unternehmen verändert sich erheblich, wobei die Mikroprozessortechnologie eine zentrale Rolle spielt. Dies verdeutlichen die damit verbundenen Begriffe wie CAD (Computer Aided Design), CAM (Computer Aided Manufacturing), CIM (Computer Integrated Manufacturing), flexible automatisierte Fertigungs- und Montagesysteme, PPS-Systeme (Produktionsplanungs- und Steuerungssysteme) und viele andere.
Die Grundprobleme der Fertigungswirtschaft sind jedoch im Kern dieselben geblieben. Zu ihnen gehören:

(1) die Festlegung fertigungswirtschaftlicher Ziele, zu denen gehören:

- Wirtschaftlichkeit,
- Produktivität,
- fertigungstechnische Flexiblität, d.h. die Umstellungsfähigkeit technischer Systeme, und
- die Humanisierung der Fertigung.

Diese Ziele lassen sich aus Oberzielen des Unternehmens ableiten, z.B. aus den Gewinnzielen, Rentabilitätszielen oder Sicherheitszielen.

(2) die Ausstattungsplanung, die sich bezieht auf

- die Maschinenausstattung, d.h. die Festlegung der qualitativen und quantitativen Produktionskapazität des Gesamtbetriebes und der Einzelaggregate und
- die Maschinenanordnung (das Maschinen-Layout), die sich sowohl auf die räumliche und fabrikationstechnische Anordnung als auch auf die Organisationtypen der Fertigung (siehe Kapitel 8.4.3) bezieht.

(3) die Instandhaltungsplanung, also die Planung von Erhaltungs-, Pflege- und Reparaturmaßnahmen sowie von Ersatzinvestitionen. Dabei kann in Fällen, in denen der Maschinenzustand jederzeit feststellbar ist, (z.B. durch Qualität des Outputs oder durch Abnutzungserscheinungen) eine vorbeugende Instandhaltungsstrategie verfolgt werden. Ist der Maschinenzustand jedoch nur durch Inspektion erkennbar, werden Bereitschaftsstrategien eingesetzt, deren Hauptproblem in der Bestimmung optimaler Wartungsintervalle liegt.

(4) die Programmplanung, d.h. die art- und mengenmäßige Zusammensetzung des Fertigungsprogramms (siehe Kapitel 8.4.2). Ausgangsbasis ist i.d.R. die Absatzplanung, deren Hauptproblem die diskontinuierliche Absatzentwicklung (Absatzschwankungen) ist. Die Produktion paßt sich stufenweise den Absatzschwankungen an, um unter Berücksichtigung von Zins-, Lager- und Kapazitätskosten ein Kostenminimum zu erreichen.

(5) die Planung des Produktionsprozesses, also die Planung von Entscheidungen, die die Realisierung eines "aktuellen" (in der gegenwärtigen Planungsperiode angesiedelten) Produktionsprogramms betreffen (siehe Kapitel 8.4.4 Fertigungsvollzugsplanung).

### 8.4.2 Fertigungsprogrammplanung

Exemplarisch soll ein quantitatives Lösungsverfahren (OR-Verfahren) zur Bestimmung eines kurzfristigen (aktuellen) Produktionsprogramms unter Berücksichtigung von Kapazitätsengpässen beschrieben werden. Zugrundegelegt ist ein Beispiel von Müller-Merbach (Müller-Merbach 1976, S. 20-25), das hier verkürzt wiedergegeben wird.

Betrachtet wird ein Möbelhersteller, der zwei "Produkte" anbietet, nämlich einen Schlafzimmertyp und einen Wohnzimmertyp. Diese Möbel werden in den gleichen Fertigungsabteilungen hergestellt:

- in Abteilung H (Holzbearbeitung wie Zuschneiden, Furnieren, Leimen etc.),
- in Abteilung M (Montage und Lackierung) und
- in Abteilung P (Polsterei, die aber nur bei den Wohnzimmern eingesetzt wird).

Als weitere Informationen sind gegeben:

- die Stückerlöse für die Produkte,
- die (variablen) Einzelkosten (direkte Kosten),
- die Deckungsbeiträge der Produkte (Stückerlöse minus Einzelkosten),
- Kapazitäten der Fertigungsabteilungen in Stunden pro Monat und
- die zeitliche Beanspruchung der einzelnen Abteilungen durch die Fertigung eines Produktes in Stunden gemessen.

Die gegebenen Daten faßt Tabelle 8.4.2/I zusammengefaßt:

| | | Schlafzimmer | Wohnzimmer | Monatliche Kapazität(Std) |
|---|---|---|---|---|
| Stückerlös (DM) | | 1.000 | 3.000 | - |
| Einzelkosten (DM) | | 700 | 2.500 | - |
| Deckungsbeitrag (DM) | | 300 | 500 | - |
| Fertigungszeit (in Std./Stück in der Abteilung) | H | 1 | 2 | 170 |
| | M | 1 | 1 | 150 |
| | P | 0 | 3 | 180 |

Tab. 8.4.2/I Daten zum Beispiel der Möbelproduktion

Anhand dieser Vorgaben ist das optimale, deckungsbeitragsmaximale (und damit gewinnmaximale) Produktionsprogramm der Planperiode gesucht. Dies bedeutet konkret, wieviel Schlafzimmer und Wohnzimmer unter Einhaltung der Kapazitätsbeschränkungen herzustellen sind, um einen maximalen Deckungsbeitrag bzw. maximalen Gewinn zu erzielen.

In einem mathematischen Modell läßt sich diese Problemstellung wie folgt formulieren:

Die Variablen des Modells sind:

- die Anzahl der herzustellenden Schlafzimmer ($x_S$) und
- die Anzahl der herzustellenden Wohnzimmer ($x_W$).

Die Zielfunktion zur Maximierung des Deckungsbeitrags (D) lautet:

$$\max D = 300\, x_S + 500\, x_W$$

Die Restriktionen oder Nebenbedingungen (hier: Kapazitätsgrenzen) werden durch folgende Ungleichungen ausgedrückt:

Abteilung H: $1\, x_S + 2\, x_W \leq 170$

Abteilung M: $1\, x_S + 1\, x_W \leq 150$

Abteilung P: $0\, x_S + 3\, x_W \leq 180$

Darüber hinaus ist es nicht sinnvoll, von der Herstellbarkeit negativer Mengen auszugehen, so daß die Variablen alle größer oder gleich 0 sein müssen (Nichtnegativitätsbedingung):

$$x_S \geq 0$$

$$x_W \geq 0$$

Damit ist das mathematische Problem vollständig formuliert, d.h. das Formalproblem ist beschrieben.
Vom Typ her handelt es sich um ein Problem der linearen Planungsrechnung, auch lineare Optimierung oder lineare Programmierung genannt.
Probleme dieser Art zeichnen sich aus durch:

- eine lineare Zielfunktion,
- lineare Restriktionen und
- die Nichtnegativität der Variablen.

Probleme der linearen Optimierung werden normalerweise mit Hilfe der Simplex-Methode gelöst, die hier aber nicht näher dargestellt werden soll.

Sind nur zwei Variablen (wie in obigem Beispiel $x_S$ und $x_W$) vorhanden, so läßt sich die Lösung graphisch ermitteln, wie Abbildung 8.4.2/I für unser Beispiel zeigt.

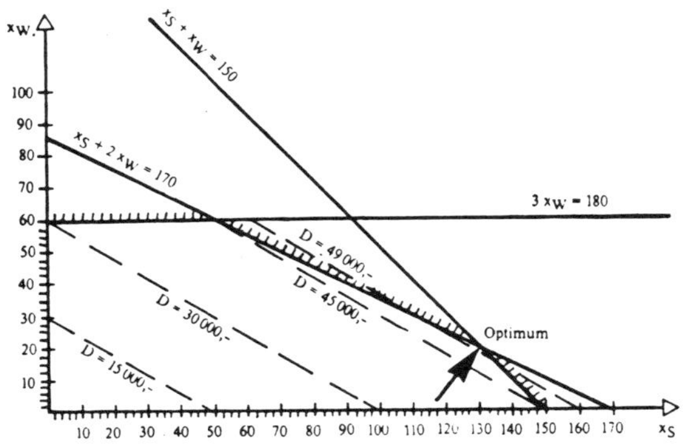


Abb. 8.4.2/I Bestimmung des optimalen Produktionsprogrammes; Quelle: Müller-Merbach 1976, S.23

Der zulässige Lösungsbereich liegt innerhalb der Schraffur und wird begrenzt von Geraden, die die Nichtnegativitätsbedingung oder die Kapazitätsrestriktionen der drei Abteilungen darstellen.

Gesucht ist aber nicht nur eine zulässige Lösung, sondern jene Lösung, die den höchsten Deckungsbeitrag erbringt. Deshalb muß auch die Zielfunktion D in das Schaubild eingetragen werden. Dies erfolgt durch Auflösen der Zielfunktion nach der Ordinatenvariablen:

$$x_W = -\frac{3}{5}\, x_S + \frac{1}{500}\, D$$

Der Zielfunktionswert D läßt sich aus dem Schnittpunkt der Zielfunktion mit der Ordinate ($x_S = 0$) bestimmen:

$$D = 500\, x_W \big|_{x_S = 0}$$

In der Abbildung ist die Zielfunktion für D = 15.000, D = 30.000, D = 45.000 und D = 49.000 eingetragen, und man sieht, daß diese Geraden konstanten Deckungsbeitrags parallel zueinander verlaufen. Je höher sie dabei die Ordinate schneiden, desto höher ist auch ihr Zielfunktionswert D (siehe obige Formel).

Daraus folgt, daß das Optimum gefunden werden kann, indem jener Punkt im zulässigen Bereich gesucht wird, durch den die Deckungsbeitragsgerade mit dem höchsten Ordinatenschnittpunkt geht bzw. die Deckungsbeitragsgerade, die am weitesten "oben" in das Koordinatenkreuz eingezeichnet werden kann.

Für das Optimum in unserem Beispiel gilt:

$$x_S = 130 \text{ Stück}$$

$$x_W = 20 \text{ Stück}$$

$$D = 49.000,\text{- DM}$$

Dies bedeutet, daß die Abteilungen H und M voll ausgelastet werden, die Abteilung P jedoch nur zu einem Drittel, was zu dem Problem der Abstimmung von Kapazitäten einzelner Abteilungen führt.

Für Kapazitätsplanungen ist der Grenznutzen der Engpaßabteilungen von Bedeutung, der von der Simplex-Methode direkt geliefert wird. Der Grenznutzen der Engpaßabteilungen ist:

- der Nutzen, den eine Kapazitätserhöhung um eine Einheit (z.B. Stunde) erbringt (z.B. Erhöhung des Deckungsbeitrags in DM),

oder

- der Nutzenverlust, der bei Nichtauslastung der Kapazität um eine Einheit (z.B. Stunde) entsteht.

### 8.4.3 Fertigungsverfahren

Nach Art der Bildung fertigungstechnischer Einheiten lassen sich Organisationstypen der Fertigung bilden:

(1) Werkstattfertigung, d.h. die Maschinen und Arbeitsplätze mit gleichartigen Arbeitsverrichtungen werden zu fertigungstechnischen Einheiten zusammengefaßt (z.B. Stanzerei, Dreherei etc.),

(2) Fließfertigung, d.h. die Standorte der Maschinen und Arbeitsplätze werden nach der Reihenfolge der Arbeitsgänge festgelegt und die Arbeitsgänge zeitlich aufeinander abgestimmt. Als Varianten der Fließfertigung sind zu erwähnen:

- die Bandorganisation (mit Taktzeiten) und
- die Straßenfertigung (ohne Taktzeiten für Teilverrichtungen).

Merkmale der Fließfertigung sind hohe Fixkostenintensität, relativ kurze Durchlaufzeiten und relativ geringe Lager- und Zinskosten.

(3) Gruppenfertigung ist ein Kompromiß zwischen Werkstatt- und Fließfertigung; innerhalb sogenannter Funktionsgruppen werden Maschinen und Arbeitsplätze in der Reihenfolge der Arbeitsgänge angeordnet, während andere Arbeitsgänge nach dem Werkstattprinzip zusammengefaßt werden.

(4) Baustellenfertigung wird betrieben, wenn die Produkte an einen festen Standort gebunden sind. Alle Produktionsfaktoren müssen an diesen Standort herangebracht werden. Beispiele dafür sind industrielle Großanlagen und Bauten.

Die Häufigkeit der Wiederholung eines bestimmten Fertigungsvorganges ist Kriterium zur Bestimmung der Prozeßtypen der Fertigung, die wie folgt untergliedert werden können:

(1) Einzelfertigung, bei der ein einziges Produkt nach den individuellen Kundenwünschen in Auftragsfertigung erstellt wird. Die Planung der Auftragsabwicklung erfolgt in geeigneten Fällen mit Hilfe der Netzplantechnik.

(2) Sorten- und Serienfertigung, bei der ein Produkt mehrfach nacheinander hergestellt wird, wobei

- die Sortenfertigung sich durch einheitliches Ausgangsmaterial einer Sorte auszeichnet (z.B. Stahlindustrie) und
- bei der Serienfertigung die einzelnen Produktvarianten fertigungstechnische Besonderheiten aufweisen (z.B. Elektrogeräte).

Eine besondere Ausprägung der Sorten- und Serienfertigung ist die Chargenfertigung, bei der in einem Produktionsvorgang eine größere Produktmenge (Charge) hergestellt wird. Dabei können häufig die Prozeßbedingungen nicht über mehrere Chargen hinweg konstant gehalten werden (z.B. Mischbehälter oder Öfen in der Chemie- oder Stahlindustrie).

(3) Massenfertigung, d.h. der Produktionsprozeß eines Produktes wird i.d.R. ohne Unterbrechung wiederholt, um gleichartige Produkte in großen Mengen herzustellen. Dies bedingt eine Produktion für den anonymen Markt, wie sie z.B. in der Lebensmittelindustrie erfolgt.

Zum Schluß sei noch angemerkt, daß zwischen den Organisations- und Prozeßtypen der Fertigung ein enger Zusammenhang besteht, so ist z.B. Baustellenfertigung in den allermeisten Fällen auch Einzelfertigung.

### 8.4.4 Fertigungsvollzugsplanung

Reichwald und Mrosek (Reichwald/Mrosek 1983, S. 389f.) verbinden die Fertigungsvollzugsplanung (Fertigungsprozeßplanung) mit folgenden Zielen, die zum Teil in konfliktärer Beziehung stehen:

- minimale Durchlaufzeiten,
- optimale Kapazitätsauslastung (geringe Leerkosten),
- kostenoptimale Intensität der Maschinennutzung,
- minimale Zwischenlagerkosten und
- absolute Termintreue.

Die Fertigungsvollzugsplanung umfaßt nach Adam (Adam 1988, S. 93-95) vier Teilpläne:

(1) die Produktionsaufteilungsplanung, bei der die Frage im Mittelpunkt steht, welche Produktionsfaktoren in welchen Mengen, wie lange und mit welcher Intensität einzusetzen sind, um eine gegebene Produktionsmenge bzw. ein gegebenes Produktionsprogramm mit minimalen Produktionskosten zu erstellen. Dies führt zum Problem der Minimalkostenkombination.

(2) die Planung der zeitlichen Produktionsverteilung, die die Abstimmung der Produktionsmengen mit den Absatzmengen betrifft, so daß die gesamte Produktionsmenge abgesetzt und die Kosten für die Produktion und das Fertigwarenlager minimal sind. Varianten dieser Planung sind:

- die Synchronisation von Produktion und Absatz oder
- die teilweise oder vollständige Loslösung der Produktion vom Absatz.

(3) die Planung der Fertigungsauftragsgröße (Losgröße), d.h. die Festlegung der Größe und Reihenfolge der Fertigungsaufträge, so daß die gegebene Bedarfsmenge aller Produktarten im Planungszeitraum mit minimalen Kosten (Umrüstungs- und Lagerkosten) produziert wird.
Formal ähnelt das Problem dem der optimalen Bestellmenge (siehe Kapitel 8.6.3).

(4) die zeitliche Ablaufplanung, bei der festzulegen ist, "in welcher zeitlich durchsetzbaren Reihenfolge welche Aufträge auf welchen Anlagen unter Einsatz welcher Arbeitskräfte zu produzieren sind, damit im Rahmen eines mehrstufigen Produktionsprozesses die Kosten für die Zwischenlagerung der Erzeugnisse und für die ablaufbedingten Stillstandzeiten der Anlagen minimiert werden" (Schierenbeck 1980, S. 170).
Ein Problem dabei ist das "Dilemma der Ablaufplanung", das aus gegenläufiger Entwicklung von Durchlaufzeit und Stillstandszeit resultiert, da geringere Stillstandszeiten bei Maschinen i.d.R. höhere Zwischenlagerzeiten und -kosten erfordern.

## Kontrollfragen zu Kapitel 8.4

1. Was versteht man unter CAD, CAM, CIM und PPS?

2. Nennen und beschreiben Sie die fünf Grundprobleme der Fertigungswirtschaft!

3. Bilden Sie ein Beispiel zur kurzfristigen Planung eines Fertigungsprogramms mit Hilfe der linearen Programmierung.

   - Welche Daten müssen gegeben sein?
   - Was ist gesucht?
   - Aus welchen Komponenten besteht die mathematische Formulierung des Problems?
   - Wann ist eine graphische Lösung des Problems möglich?
   - Geben Sie eine graphische Lösung des Problems!

4. Was versteht man unter dem Grenznutzen der Engpaßabteilung?

5. Beschreiben Sie Organisationstypen der Fertigung!

6. Beschreiben Sie Prozeßtypen der Fertigung!

7. Nennen Sie Ziele der Fertigungsvollzugsplanung (Prozeßplanung)!

8. Beschreiben Sie die vier Teilpläne der Fertigungsvollzugsplanung!

9. Was versteht man unter dem "Dilemma der Ablaufplanung"?

## 8.5 Logistik

### 8.5.1 Logistikprozesse

Der Begriff Logistik "erfaßt alle raum-/zeitüberbrückenden Aktivitäten, die innerhalb arbeitsteilig organisierter Wirtschaftssysteme der Zuführung wirtschaftlicher Güter zu ihren Verwendern dienen." (Ihde 1971, S. 15)
Zweckmäßig ist die Trennung von unternehmensinterner Logistik, bei der gemäß obiger Definition die Verwender im eigenen Unternehmen zu finden sind, und unternehmensexterner Logistik, der Beschaffungs- oder Distributionslogistik.

Andere Aspekte betont der Logistik-Begriff von Kirsch (Kirsch, 1973, S. 69). Der Begriff Logistik bezieht sich bei ihm "... auf Gestaltung, Steuerung, Regelung und Durchführung des gesamten Flusses an Energie, Informationen, Personen, insbesondere jedoch von Stoffen (Materie, Produkte) innerhalb und zwischen Systemen."

Konkret führt dies zu folgenden Grundfunktionen der Logistik, deren Probleme zu lösen sind:

(1) Lagerung,
(2) Transport,
(3) Verpackung und
(4) Auftragsabwicklung.

Die Darstellung soll hier jedoch auf Transport und Lagerhaltung beschränkt bleiben.

#### 8.5.1.1 Transport

Für den Transport lautet die Grundfrage:
Auf welche Weise werden (oder sollen) Empfangspunkte von den Lieferpunkten mit den benötigten Gütermengen versorgt (werden)?

Die dabei auftretenden Teilfragen sind die Fragen nach

(1) der günstigsten Transportvariante, d.h.

- nach der Art des Transportmittels oder
- nach Eigen- bzw. Fremdtransport (Spedition),

(2) der günstigsten Transportabwicklung, also der Steuerung von Transportvorgängen bezüglich der Route und der Transportmenge, so daß bei Einhaltung eines definierten Lieferservice die Kosten minimal sind,

(3) der Lage der Versandorte (bei gegebenen Bedarfsorten), so daß die Transportkosten minimal sind, die allerdings nicht unabhängig von Problemen der Lagerhaltung und des Lieferservice gesehen werden dürfen (siehe unten Kapitel 8.5.1.2).

Bei der Wahl der Transportvariante können Kosten und Leistungen als Entscheidungskriterien dienen:

(1) Als Kosten (Transportkosten) müssen Kostenauswirkungen der Transportvariante auf alle Logistikbereiche sowie weitergehende Kostenauswirkungen (z.B. in sonstigen Marketingbereichen) berücksichtigt werden. Dies kann geschehen durch einen

- Vollkostenvergleich,
- Vollkosten - Grenzkostenvergleich oder
- Grenzkostenvergleich.

(2) Als Leistungen sind zu nennen

- die Transportzeit,
- die Transportfrequenz innerhalb einer Periode,
- die geographische Verfügbarkeit der Transportleistung,
- die Zuverlässigkeit des Transports bezüglich Zeit, Frequenz und Verfügbarkeit und
- die technische Eignung des Transportmittels im Hinblick auf seine quantitative und qualitative Kapazität sowie transporttechnische Elastizität und Flexibilität.

Für Probleme im Bereich der Transportabwicklung (Mengen- und Routenplanung) oder im Bereich der Versandortwahl existieren Operations-Research-Modelle, auf die hier jedoch nicht näher eingegangen werden soll.

#### 8.5.1.2 Lagerhaltung

Hinsichtlich der Lagerhaltung ist vor allem an zwei Problemkreise zu denken. Zum einen an mit den Lagerpunkten (Lagerorten, Lagerhäuser) verbundene Fragen und zum anderen an Probleme der Lagerhaltung i.e.S., nämlich der Lagerbewirtschaftung.

Für die Lagerpunkte sind als Entscheidungsobjekte anzusehen:

(1) die Lagerart hinsichtlich

- der Lagertechnik,
- der Positionierung im Produktions- oder Distributionsprozeß,
- des Betreibers,
- des Zentralisierungsgrades usw.,

(2) die Größe des Lagerraumes,

(3) der Standort des Lagers (siehe oben Kapitel 8.5.1.1),

(4) die Zahl der Lager und

(5) die Organisation des Lagers bezüglich

- Lagerplatz im Lagerhaus bzw. auf der Lagerfläche bei Reserve- oder Kommissionierungs- bzw. Greiflagern,
- Gestaltung der Stapelung,
- Organisation der Beschickung und Entnahme und
- Bildung von Lagereinheiten z.B. in Paletten oder Containern.

Die Lagerhaltung i.e.S. (Lagerbewirtschaftung) muß folgende Grundprobleme lösen:

- Welche Sachgüter sollen gelagert werden?
- Wieviel soll von einem Sachgut gelagert werden?
- Wieviel soll zur Wiederauffüllung des Bestandes bestellt werden? (siehe Kapitel 8.6.3 optimale Bestellmenge)
- Zu welchem Zeitpunkt soll bestellt werden?

Pfohl (Pfohl 1972, S. 96ff.) unterscheidet zwei Komponenten des Lagerbestandes:

(1) den mittleren Bestand, der (bei kontinuierlicher Entnahme) der halben Bestellmenge entspricht und

(2) den Sicherheitsbestand, der zur Deckung von unvorhersehbarem Mehrbedarf dient.

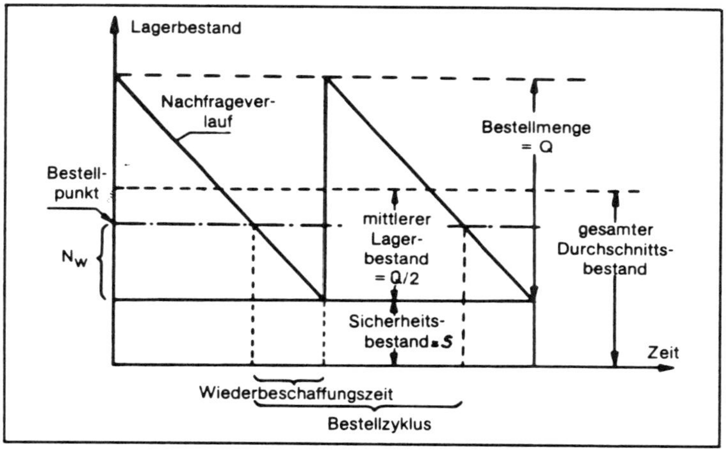


| | | | |
|---|---|---|---|
| Q | = Bestellmenge | S | = Sicherheitsbestand |
| Q/2 | = mittlerer Lagerbestand | S + Q/2 | = gesamter Durchschnittsbestand |

Abb. 8.5.1.2/I Kompononten des Lagerbestandes; Quelle: Pfohl 1972, S. 96

Selektive Lagerhaltung in Distributionslagern soll eine hohe Kosten verursachende Verfügbarkeit aller Produkte in allen Lagern vermeidbar machen.
Ausgangspunkt ist eine differenzierte Behandlung der Artikel (Produkte), die z.B. mit Hilfe der A, B, C-Analyse nach ihrem Umsatzanteil klassifiziert werden. Dabei sind:

- A-Güter Güter, deren Anteil an der Zahl der Artikel gering ist, die allerdings einen hohen Anteil am Umsatz haben,

- B-Güter Güter, deren Anteil an der Zahl der Artikel und am Umsatz etwa gleich hoch ist und

- C-Güter Güter, deren Anteil an der Zahl der Artikel hoch und deren Anteil am Umsatz gering ist.

Die differenzierte Behandlung von A, B, C-Produkten kann z.B. wie folgt aussehen:

- A-Artikel werden in allen Lagern geführt und laufend kontrolliert,
- B-Artikel werden nur in einzelnen Regionallagern geführt und nur an bestimmten Stichtagen kontrolliert,
- C-Artikel werden nur im Fabriklager geführt oder nur auf Bestellung produziert.

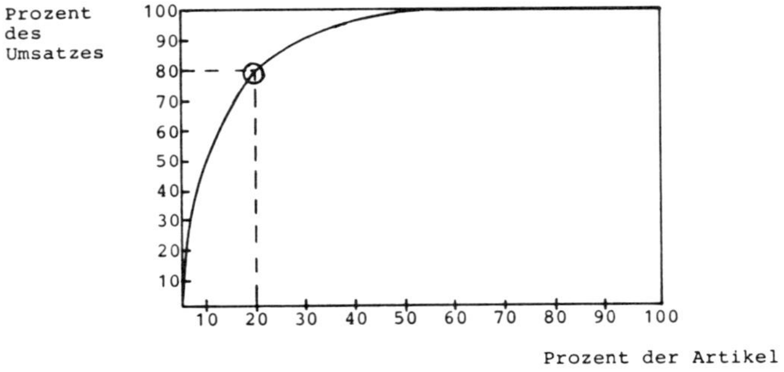


Abb. 8.5.1.2/II A, B, C-Analyse

## 8.5.2 Ausgewählte Logistiksysteme

### 8.5.2.1 Das KANBAN-System

Das KANBAN-System wurde speziell bei der Toyota Motor Company in Japan erfolgreich praktiziert (z.T. allerdings auf Kosten der Zulieferer).
Wildemann (Wildemann 1984, S. 19-99) sieht als Kernelemente von KANBAN:

- die Schaffung vermaschter Regelkreise,
- die Implementierung des Hol-Prinzips für die jeweils nachfolgende Verbrauchsstufe,
- ein flexibler Personal- und Betriebsmitteleinsatz und
- die Übertragung der kurzfristigen Steuerung an die ausführenden Mitarbeiter mit Hilfe eines speziellen Informationsträgers, der KANBAN-Karte.

Ziel des KANBAN-Systems ist es, auf allen Fertigungsstufen eine "Produktion auf Abruf" zu erreichen, um damit den Materialbestand zu reduzieren und eine hohe Termineinhaltung zu gewährleisten.

### 8.5.2.2 Das Konzept der integrierten Materialwirtschaft

Wenn von Materialwirtschaft gesprochen wird, dann wird darunter "die kostengünstige Bereitstellung der zur Produktion benötigten Güter für die Bedarfsträger der Unternehmung in der erforderlichen Menge und Qualität zur richtigen Zeit und am richtigen Ort" verstanden. (Kupsch/Lindner 1983, S. 273ff.)
Dies ist sozusagen das "materialwirtschaftliche Optimum".

Materialwirtschaft umfaßt also nicht nur Transport und Lagerung, sondern sie reicht in die Beschaffung und Produktion hinein.
Dies erfordert eine möglichst gute Abstimmung von Beschaffung i.e.S. (Bezug, Einkauf), Lagerung, Transport und Produktion, d.h. eine integrierte Materialwirtschaft.
Eine solche Integration wird heute insbesondere durch EDV- gestützte materialwirtschaftliche Informations- und Steuerungssysteme erreicht.
Dabei muß sichergestellt sein, daß materialwirtschaftliche Planungs- und Steuerungssysteme (MPS-Systeme) eng mit Produktions-Planungs- und Steuerungssystemen (PPS-Systemen) verknüpft sind.

## Kontrollfragen zu Kapitel 8.5

1. Was versteht man unter Logistik?
2. Welches sind die Grundprobleme der Logistik (Grundfunktionen)?
3. Welche Probleme müssen durch Transportentscheidungen gelöst werden?
4. Nennen Sie Entscheidungskriterien für die Wahl der Transportvariante!
5. Worum geht es bei Entscheidungen, die die Lagerpunkte betreffen?
6. Welches sind die Grundprobleme der Lagerbewirtschaftung?
7. Aus welchen Komponenten besteht der Lagerbestand?
8. Beschreiben Sie die A, B, C-Analyse in Verbindung mit Problemen selektiver Lagerhaltung!
9. Nennen Sie wichtige Merkmale des KANBAN-Systemes!
10. Was versteht man unter integrierter Materialwirtschaft?

## 8.6 Beschaffungswirtschaft

### 8.6.1 Grundprobleme der Beschaffung

Beschaffung ist "...die Erlangung und Bereitstellung der für die Erstellung und Verwertung der Produkte eines Betriebes erforderlichen Güter" (Küpper 1984, S. 189).

Dieser relativ weite Beschaffungsbegriff betrifft sowohl alle Produktionsfaktoren als auch logistische Funktionen.

Im Rahmen dieser Einführung wird jedoch ein engerer Beschaffungsbegriff gewählt, nämlich Beschaffung definiert als Summe aller Aktivitäten, die auf die Gewinnung rechtlicher und wirtschaftlicher Verfügungsmacht über Sachgüter und Dienstleistungen gerichtet sind.
Ausgeklammert wird die Versorgung eines Betriebes mit Personal (Bereich der Personalwirtschaft), Finanzierungmitteln (Bereich der Finanzwirtschaft) und Informationen (Bereich der Informationswirtschaft).
Im Kern geht es um die Beschaffung von Ge- und Verbrauchsgütern materieller Art und um entgeltlich erwerbbare Dienstleistungen von Dienstleistungsbetrieben.

Hauptziel der Beschaffung ist die Bereitstellung der zur Produktion benötigten Sachgüter und Dienstleistungen in der erforderlichen Menge, in der richtigen Qualität, zur richtigen Zeit, am gewünschten Ort und zu einem möglichst günstigen Preis.
Weitere Ziele können z.B. sein:

- angenehmes Beschaffungsklima,
- persönliche "Belohnungen" des Einkäufers (im psychischen Sinne),
- Prestige aus Lieferantenbeziehungen und dem Kauf von Gütern und
- Liquiditätssicherung.

### 8.6.2 Beschaffungspolitische Instrumente

In Analogie zum Absatzmarketing wird vom Beschaffungsmarketing gesprochen. In diesem Zusammenhang werden üblicherweise vier Gruppen von beschaffungspolitischen Instrumenten unterschieden:

(1) das Beschaffungsprogramm, bei dem entschieden wird über

- die Art und Qualität der Güter,
- die Gütermengen,
- die zeitliche Verteilung der Beschaffungsmenge einer Periode auf einzelne Aufträge und
- den Zeitpunkt der Beschaffung.

Darüber hinaus ist auch die Frage, ob Fremdbezug oder Eigenfertigung betrieben werden sollte, ein wichtiges strategisches Problem.

(2) die Beschaffungspreise und -konditionen, die einschließen:

- Preisbereiche bzw. Preislagen,
- Preisobergrenzen,
- Rabatte und Boni,
- Kauf oder Leasing,
- Skonto,
- Lieferbedingungen,
- Nebenleistungen der Lieferanten,
- Vertragsgestaltung und
- spezifische Leistungen des Beschaffers.

(3) die Beschaffungswege und -partner bzw. -methoden, die sich gliedern lassen in:

- direkten oder indirekten Bezug,
- Mehrweg- oder Einwegbezug,
- autonome oder kooperative Beschaffung,
- einen oder mehrere Lieferanten,
- die Art des Lieferanten und ihre Bewertung,
- den Bezugsort und
- die eigenen Beschaffungsorgane.

(4) die Beschaffungskommunikation, deren Aufgaben sind:

- die Vermittlung eines positiven Vorstellungsbildes (Image) über das beschaffende Unternehmen (Bonitäts- Image),
- die Übermittlung von Beschaffungswünschen zur evtl. Einflußnahme auf die Produktgestaltung bei den Lieferanten und
- der Einsatz von Verhandlungstaktiken bei der Beschaffung.

### 8.6.3 Beschaffungstechniken und -kalküle

Zur Lösung von Entscheidungsproblemen im Rahmen der Beschaffung werden eine große Zahl von Entscheidungstechniken und -kalkülen zur Verfügung gestellt.
Als Beispiele seien hier

- die A, B, C-Analyse,
- Punktbewertungsverfahren zur Lieferantenauswahl,
- die Wertanalyse und
- mathematische Entscheidungsmodelle

erwähnt.

Exemplarisch soll auf das klassische Problem der optimalen Bestellmenge ($q_{opt}$) eingegangen werden.

Die Problemstellung ist die folgende:

Auf der einen Seite bringen große Bestellmengen (und entsprechend niedrige Bestellfrequenz) Kostenvorteile im Transport, bei den Bestellkosten und hinsichtlich der Beschaffungspreise und der Konditionen.

Auf der anderen Seite aber erfordern große Bestellmengen eine große Lagerkapazität, verursachen Lager- und Zinskosten, Kosten des Verderbs und des Veraltens von Gütern.

Bei der Berechnung der optimalen Bestellmenge wird nun diejenige Menge (q) gesucht, die die geringsten Kosten im Hinblick auf das oben skizzierte Dilemma verursacht.

Besondere Bedeutung haben dabei:

- die bestellmengenunabhängigen Kosten (F), die als feste bzw. fixe Bezugskosten z.B. für das Einholen von Angeboten, Angebotsvergleich oder den Bestellvorgang selbst anfallen und mit der Zahl der Bestellungen in der Periode steigen,
- der prozentuale Lagerkostensatz (l), der das Verhältnis der gesamten Kosten des Lagers pro Periode im Verhältnis zum Wert des durchschnittlichen Lagerbestandes ausdrückt,
- der prozentuale Zinskostensatz (z), der der gewünschten Durchnittsverzinsung des in den gelagerten Gütern gebundenen Kapitals entspricht,
- der Einstandspreis (p) des gelagerten Gutes und
- der gesamte Periodenbedarf (r).

Die Kosten der Lagerhaltung $K_L$, die vom Wert der gelagerten Güter, dem Lagerkostensatz, dem Zinskostensatz und der Dauer der Lagerung abhängig sind, ergeben sich zu:

$$K_L = 0{,}5\, q * p\ \frac{(l + z)}{100}$$

wobei der durchschnittliche Lagerbestand als die Hälfte der Bestellmenge angenommen ist.

Die Häufigkeit für Bestellungen pro Periode ist r/q, so daß sich die mit den Bestellungen verbundenen Kosten zu

$$\frac{r}{q} * F$$

ergeben.

Für die Gesamtkosten K gilt somit:

$$K = 0{,}5\, q * p\ \frac{(l + z)}{100} + \frac{r}{q} * F$$

Die optimale Bestellmenge erhält man nun durch Ableiten nach q und Nullsetzen:

$$q_{opt} = \sqrt{\frac{200 * r * F}{p * (l + z)}}$$

Die graphische Darstellung der optimalen Bestellmenge zeigt Abbildung 8.6.3/I.

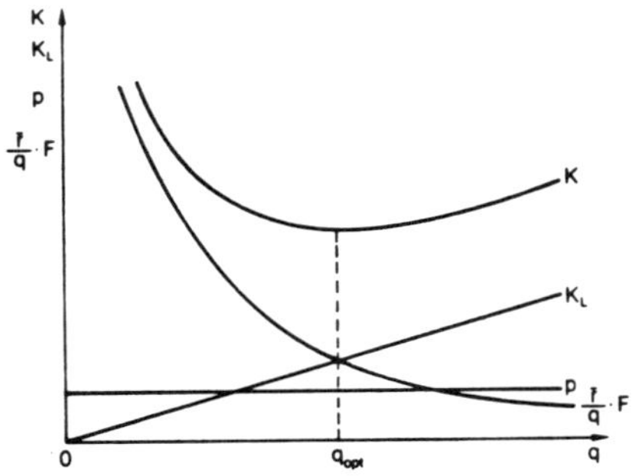


Abb. 8.6.3/I graphische Herleitung der optimalen Bestellmenge; Quelle: Küpper 1984, S. 224

Die graphische Darstellung macht deutlich, daß im Optimum die bestellmengenunabhängigen Kosten r/q * F gleich den Kosten der Lagerhaltung sind, eine Optimalitätsbedingung, die mithin ohne Differenzieren auskommt.

Eine ausführlichere Herleitung der Formel für die optimale Bestellmenge findet sich z.B. in einem Aufsatz von Küpper (Küpper 1984, S. 222 - 224).

Dieser klassische Ansatz zur Errechnung der optimalen Bestellmenge wurde durch Einführung realitätsnäherer Annahmen (z.B. Berücksichtigung von Mengenrabatten) im Laufe der Zeit erweitert.

### 8.6.4 Beschaffungsverhalten

Die Beschaffungstheorie versucht das Beschaffungsverhalten zu beschreiben und zu erklären.
Gegenstand des Interesses sind z.B.:

- das Informationsverhalten vor dem Kauf,
- die faktisch bedeutsamen Entscheidungskriterien bei der Beschaffung,
- die Art der Verhandlungsführung bei Beschaffungen,
- die Art der Bedarfsbildung oder
- die Beschaffungspersonen und ihr Einfluß auf die Beschaffungsentscheidungen.

Als Beispiel soll das "Buying-Center-Modell" von Webster/Wind (Webster/Wind 1972, S. 77-85) beschrieben werden.
In diesem Modell wird das Beschaffungsverhalten (B) als Funktion individueller Faktoren (I), interpersoneller Faktoren (Ip), organisationeller Faktoren (O) und Umweltfaktoren (U) aufgefaßt:

**B = f(I, Ip, O, U)**

In jeder Faktorengruppe wird zwischen

- aufgabenbezogenen Variablen (z.B. Preisziele) und
- nicht-aufgabenbezogenen Variablen (z.B. individuelles Leistungsstreben)

unterschieden.

Individuelle Faktoren sind z.B.

- die Persönlichkeit und ihre Motivation, kognitive Struktur und Lernfähigkeit
- und die Präferenzstruktur.

Interpersonelle Faktoren betreffen die Art und Weise der wechselseitigen Kontakte mit anderen Personen (z.B. aufgrund ihrer Rolle im Buying-Center).

Organisationelle Einflüsse erfassen die formalen Regelungen im Unternehmen.

Der Faktor Umwelt steht für sämtliche Umweltstimuli, deren Zusammenwirken Abbildung 8.6.4/I verdeutlicht.

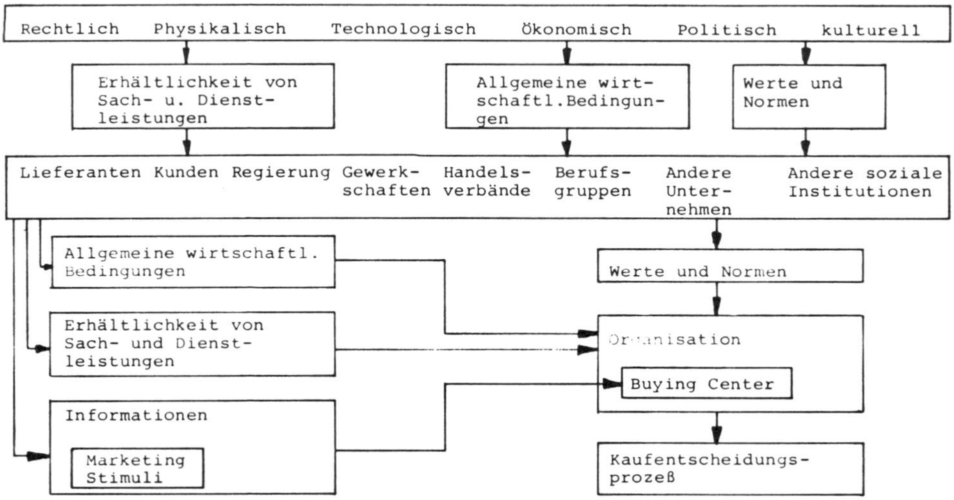


Abb. 8.6.4/I Umwelteinflüsse im Buying-Center-Modell; Quelle: Webster 1972, S. 42

Mit dem Begriff "Buying-Center" werden alle Personen erfaßt, die am Beschaffungsvorgang beteiligt sind.

Die Mitglieder des Buying-Centers sind

- USER (Verwender),
- BUYER (Einkäufer),
- INFLUENCER (Beeinflusser wie z.B. Techniker),
- DECIDER (Entscheidungsträger, der die endgültige Entscheidung trifft, z.B. Finanzvorstand),
- GATEKEEPER (Informationsfilter wie Referenten oder Assistenten).

Im deutschen Sprachraum geht die Unterscheidung von Witte (Witte 1973, S. 15f.) zwischen Macht- und Fachpromotoren (vgl. Kapitel 4.2.2.3) in eine ähnliche Richtung.

Folgende Phasen des Kaufentscheidungsprozesses werden im Buying-Center-Modell unterschieden:

(1) Bedarfsfeststellung,
(2) Festlegung von Beschaffungszielen und Spezifikationen,
(3) Identifizierung von Kaufalternativen,
(4) Bewertung der Alternativen und
(5) Auswahl der Anbieter.

Die Bedeutung des Modells ist eine doppelte. Zum einen gibt es eine Hilfe bei der Lösung von Beschaffungsaufgaben und zum anderen ist es eine Fundierung absatzpolitischer Maßnahmen von Anbietern.

## Kontrollfragen zu Kapitel 8.6

1. Worin besteht der Unterschied zwischen dem weiten und engen Beschaffungsbegriff?
2. Welche Beschaffungsziele kennen Sie?
3. Nennen und beschreiben Sie vier Gruppen beschaffungspolitischer Instrumente!
4. Wie lautet die Formel für die optimale Bestellmenge? Erläutern Sie das Problem und die einzelnen problemrelevanten Variablen!
5. Leiten Sie die optimale Bestellmenge graphisch ab!
6. Beschreiben Sie den Inhalt des Buying-Center-Modells von Webster/Wind!

## 8.7 Personalwirtschaft

### 8.7.1 Personalwirtschaftliche Grundprobleme

Personalwirtschaft wird von Domsch (Domsch 1984, S. 485) definiert als "...Beschreibungen, Erklärungen und Handlungsanleitungen, die sich auf die Bereitstellung und Verhaltenssteuerung von Mitarbeitern in privatwirtschaftlichen Organisationen sowie auf die damit verbundenen Verwaltungsaufgaben beziehen".

Personalwirtschaftliche Ziele lassen sich in

(1) wirtschaftliche Ziele, wie und (2) soziale Ziele, wie

- Arbeitsproduktivität und
- Arbeitswirtschaftlichkeit

- leistungsgerechte Bezahlung,
- Sicherheit des Arbeitsplatzes,
- Altersversorgung,
- menschengerechte Arbeitsplätze
- und zufriedenstellende Arbeit

unterteilen.

Zwischen den wirtschaftlichen und sozialen Zielen gibt es zahlreiche Interdependenzen (z.B. gesteigerte Arbeitsproduktivität durch hohe Arbeitszufriedenheit).

Domsch (Domsch 1984, S. 487) sieht folgende Bereiche des betrieblichen Personalwesens (Abb. 8.7.1/I):

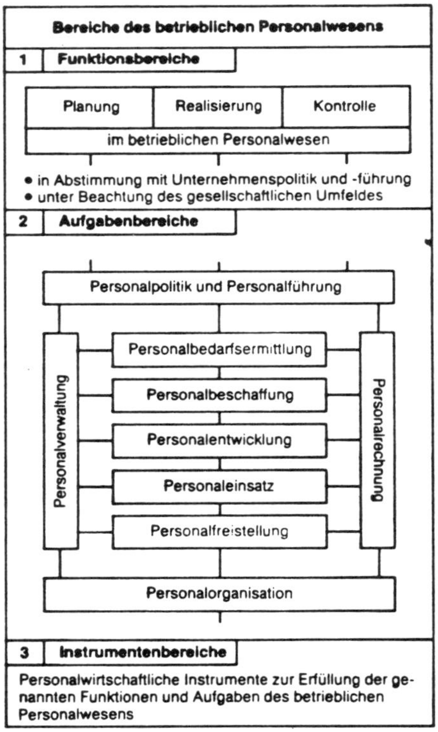


Abb. 8.7.1/I Strukturierung des betrieblichen Personalwesens in Teilbereiche; Quelle: Domsch 1984, S. 487

### 8.7.2 Der Personalbedarf und seine Deckung

Das Problemfeld des Personalbedarfs und seiner Deckung läßt sich untergliedern in:

(1) Personalbedarfsplanung,
d.h. die Frage, wie viele Mitarbeiter welcher Qualifikation wann, wo und wofür benötigt werden,

(2) Personalbeschaffungsplanung,
also der Frage wie viele Mitarbeiter welcher Qualifikation wann, woher und wie gewonnen werden sollen/können,

(3) Personalentwicklungsplanung,
d.h. wie viele und welche Mitarbeiter welcher Qualifikation wie und für welche Positionen gefördert werden sollen/können,

(4) Personalabbauplanung,
d.h. wie viele und welche Mitarbeiter welcher Qualifikation wann, wo und unter welchen Bedingungen wie freigesetzt werden sollen/können.

Eng verbunden mit den Problemen der Personalbedarfs und seiner Deckung sind Probleme der Personaleinsatzplanung sowie der Personalverwaltungs-, Personalorganisations- und Personalkostenplanung.(vgl. Domsch 1984, S. 531)

Instrumente der Personalbedarfsplanung sind beispielsweise (vgl. Domsch 1984, S. 531, 533ff.):

(1) die Kennzahlenmethode,
bei der Kennzahlen für die Beziehung zwischen Personalbedarf und seinen Determinanten berechnet werden wie z.B.:

- Personalbedarf zu Umsatz,
- Personalbedarf zu Verkaufsfläche,
- Produktionsvolumen pro Mitarbeiter bestimmter Qualifikation oder
- Verhältnis von Facharbeitern zu Hilfskräften in verschiedenen Werkstätten.

Ein Problem der Kennzahlenmethode ist die Veränderung der Kennzahlen, wenn z.B. neue Produktionstechniken eingeführt werden.

(2) die Arbeitsplatzmethode,
deren Idee die Planung auf der Basis von Stellenplänen und Stellenbeschreibungen ist.

(3) statistische Verfahren
wie z.B. Trendextrapolationsrechnungen oder Regressionsrechnungen.

(4) Entscheidungsmodelle des Operation Research (OR),
deren Ansätze

- produktionsprogrammorientiert,
- ablauforientiert (häufig auf der Basis von Netzplänen),
- organisationstheoretisch (z.B. spans-of-control-Annahmen) oder
- investitionsorientiert (Kopplung von Sachinvestitionen mit "Personalinvestitionen")

sein können.

Als Instrumente der Personalbedarfsdeckung durch Personalbeschaffung ("Personalmarketing") sind zu nennen:

- Personalwerbung auf dem Arbeitsmarkt incl. PR,
- Angebot attraktiver Arbeitsplätze,
- Angebot attraktiver Arbeitsentgelte (monetär und nicht-monetär),
- Ausbildungsangebote,
- Einschaltung von Partnern bei der Konkaktanbahnung (z.B. Arbeitsämter oder Headhunter),
- systematische Bewertung von Bewerbern

usw..

Auf Instrumente bzw. Methoden und Modelle der Personalentwicklungsplanung und der Personalabbauplanung soll hier nicht näher eingegangen werden. Eine stichwortartige Übersicht gibt Domsch 1984, S. 531.

### 8.7.3 Arbeitsleistung und Arbeitsbedingungen

Die Arbeitsleistungen sind abhängig von objektiven und subjektiven Bedingungen der Arbeit.

Objektiv sind z.B.

- die Arbeitsplatzgestaltung,
- der Ablauf des Arbeitsprozesses,
- der Arbeitsraum oder
- die Arbeitszeit, die der arbeitsphysiologischen und psychologischen Leistungskurve angepaßt sein sollte,

zu erfassen.

Lediglich subjektiv kann

- die Wahrnehmung von Freiräumen,
- die Beurteilung der Lohngerechtigkeit,
- die Wahrnehmung des Betriebsklimas,
- die Wahrnehmung der Sicherheit des Arbeitsplatzes oder
- die Wahrnehmung von Selbstverwirklichungsmöglichkeiten

wirken.

Der Betrieb muß die Arbeitsbedingungen unter Beachtung von Nebenbedingungen (z.B. Arbeitsrecht) so gestalten, daß die Arbeitsleistungen (möglichst) hoch sind. Dabei ist auch dem Aspekt der Arbeitszufriedenheit Rechnung zu tragen.

### 3.7.4 Mitbestimmung

Die Möglichkeiten der Einflußnahme von Arbeitnehmern im Betrieb oder Unternehmen sind durch verschiedene Gesetze geregelt (vgl. Kapitel 4.3.2.2.).
Das Betriebsverfassungsgesetz von 1972 (BetrVG) zum Beispiel gibt dem Betriebsrat verschiedene Rechte, die im folgenden grob katalogisiert werden:

- Recht auf Information,
- Recht auf Einsicht in Unterlagen,
- Recht auf Anhörung,
- Recht auf Beratung und Verhandlung mit dem Arbeitgeber,
- Recht auf Teilnahme an Besprechungen,
- Recht auf Widerspruch, der zur Nachprüfung durch das Arbeitsgericht führt, und
- Recht zur Mitbestimmung in verschiedenen Angelegenheiten, wobei Differenzen von der Einigungsstelle entschieden werden.

Die Vorschriften im Betriebsverfassungsgesetz von 1972 regeln im einzelnen, worauf sich diese Rechte inhaltlich beziehen und wie weit sie gehen.

Neben den Gesetzen, die die Einflußnahme von Arbeitnehmern auf betriebliche Belange regeln, gibt es zahlreiche Gesetze und Verordnungen bzw. richterliche Entscheidungen

- zum Schutz der Arbeitnehmer,
- zum Tarifvertragsrecht,
- zum Koalitionsrecht und
- zu Problemen des Arbeitskampfes.

Darauf kann hier jedoch nicht näher eingegangen werden.

## Kontrollfragen zu Kapitel 8.7

1. Was versteht man unter Personalwirtschaft (Personalwesen)?
2. Welche personalwirtschaftlichen Ziele können unterschieden werden?
3. Welches sind die Aufgabenbereiche des Personalwesens?
4. Welches sind die Fragestellungen der Planung des Personalbedarfs und seiner Deckung?
5. Nennen und beschreiben Sie Methoden der Personalbedarfsplanung!
6. Nennen Sie Instrumente der Personalbedarfsdeckung durch Personalbeschaffung!
7. Nennen Sie objektive und subjektive Arbeitsbedingungen, die die Arbeitsleistung beeinflussen!
8. Welche Rechte hat der Betriebsrat nach dem Betriebsverfassungsgesetz von 1972?

# 8 8 Finanzwirtschaft und Investition

## 8.8.1 Grundprobleme der Finanzwirtschaft

Reale Güterströme schlagen sich spiegelbildlich in einem Finanzvorgang nieder, z.B. als Ausgaben zur Bezahlung von Produktionsfaktoren oder als Einnahmen aus dem Verkauf der Produkte.
Außerdem gibt es Zahlungsströme, denen keine realen Güterströme entsprechen, z.B. reine Finanzbewegungen aus Kredit- und Kapitalbeziehungen mit den Finanzmärkten.
Aus den finanziellen Stromgrößen Einnahmen (Einzahlungen) und Ausgaben (Auszahlungen) ergeben sich finanzielle Bestandsgrößen.
Ein zentraler Begriff der Finanzwirtschaft ist der Begriff "Kapital", definiert nach Schierenbeck (Schierenbeck 1980, S. 245) als "der wertmäßige Ausdruck für die Gesamtheit der Sach- und Finanzmittel, die der Unternehmung (zu einem bestimmten Zeitpunkt) zur Verfügung stehen".

Heinen (vgl. Kappler/Rehkugler in: Heinen 1983, S. 775) unterscheidet vier Gruppen von Zahlungsströmen (Finanzbewegungen):

(1) kapitalbindende Ausgaben wie

- Ausgaben zur Bezahlung eingesetzter Produktionsfaktoren (incl. Kostensteuern),
- Ausgaben wegen Kapitalgewährung an andere (einschließlich Erwerb von Finanzvermögen) z.B. Beteiligungen oder Darlehen und
- Reservierung von Kassenbeständen,

(2) kapitalfreisetzende Einnahmen wie

- Einnahmen aus der Veräußerung betrieblicher Leistungen (zu Selbstkosten),
- Einnahmen aus der Veräußerung sonstigen Sach- und Finanzvermögens sowie aus Kapitalrückzahlungen (zum Nennwert) und
- Auflösung von Kassenreserven,

(3) kapitalzuführende Einnahmen wie

- finanzielle Überschüsse aus der Veräußerung von Leistungen oder von sonstigem Sach- und Finanzvermögen (einschließlich Kapitalrückzahlung),
- Zins- und Dividendeneinnahmen aus Kapitalgewährung und Finanzvermögen,
- Einnahmen aus der Gewährung (offener) Subventionen und
- Einnahmen aus der Aufnahme von Beteiligungs- und Darlehenskapital,

(4) kapitalentziehende Ausgaben wie

- real zu deckende Verluste (finanzielle Fehlbeträge) aus der Veräußerung betrieblicher Leistungen oder sonstigem Sach- und Finanzvermögen (einschließlich Kapitalrückzahlung),
- Zins- und Dividendenausgaben für aufgenommenes Beteiligungs- und Darlehenskapital,
- (Einkommen-, Ertrag,- und Vermögensteuer) Steuer- und Subventionsausgaben und
- Ausgaben infolge von Kapitalrückzahlungen.

Nach ihrer Herkunft werden zwei Kapitalarten gebildet:

(1) Eigenkapital (Beteiligungskapital) und

(2) Fremdkapital (Gläubigerkapital).

Wesentliche Merkmale von Eigen- und Fremdkapital sind nach Perridon/Steiner (Perridon/Steiner 1980, S.171):

(1) die Haftung,

- die bei Eigenkapital mindestens in Höhe der Einlage besteht und
- die bei Fremdkapital nicht gegeben ist,

(2) der Ertragsanteil,

- der sich bei Eigenkapital nach Gewinn und Verlust richtet und
- bei Fremdkapital i.d.R. in einem festen Zinssatz besteht,

(3) der Vermögensanspruch,

- der bei Eigenkapital ein Quotenanspruch auf Liquidationserlöse ist, die größer als die Schulden sind, und
- bei Fremdkapital aus einem Rückanspruch in Höhe der Gläubigerforderung besteht,

(4) die Befugnis zur Unternehmensleitung,

- zu der Eigenkapitalbeteiligung grundsätzlich berechtigt und
- Fremdkapital als solches nicht,

(5) die zeitliche Bindung des Kapitals,

- die bei Eigenkapital i.d.R. unbegrenzt und
- bei Fremdkapital i.d.R. terminiert ist,

(6) die steuerliche Belastung,

- durch die Gewinne als Eigenkapitalerträge voll durch Einkommensteuer, Körperschaftsteuer und Gewerbesteuer in Abhängigkeit von der Rechtform belastet werden und
- Zinsen für Fremdkapital als Aufwand steuerlich absetzbar sind (mit Einschränkungen bei der GewSt),

(7) die finanzielle Kapazität,

- die beim Eigenkapital durch die Bereitschaft der Kapitalgeber begrenzt ist und
- beim Fremdkapital von Sicherheiten abhängt.

Weiterhin wird der Mittelbedarf eines Unternehmens gegliedert in:

(1) Kapitalbedarf,
der dem für die Durchführung betrieblicher Prozesse benötigten Kapital bzw. der Differenz aller kapitalbindenden Ausgaben und kapitalfreisetzenden Einnahmen, die bis zu einem (beliebigen) Zeitpunkt angefallen sind, entspricht,

(2) Finanzbedarf,
der sich aus den Kapitalbedarfsänderungen im Zeitablauf plus den zu einzelnen Zeitpunkten anfallenden kapitalentziehenden Ausgaben ergibt,

(3) Geldbedarf (in einem Zeitpunkt),
der bestimmt wird durch die in einem Zeitpunkt anfallenden Ausgaben und dazu dient, die Zahlungsfähigkeit aufrecht zu erhalten (Liquiditätsziel).

Gutenberg (Gutenberg 1969, S. 12-15) nennt als Hauptdeterminanten des Kapitalbedarfs:

- die Betriebsprozeßanordnung, die ein zeitliches Auseinanderfallen von Betriebseinnahmen und -ausgaben bedingt,
- die Prozeßgeschwindigkeit,
- das Beschäftigungsniveau,
- das Produktionsprogramm,
- die Betriebsgröße und
- das Preisniveau.

Die Hauptaufgabe der Finanzierung ist dabei die Bereitstellung des erforderlichen Kapitals in der geeigneten Qualität, der notwendigen Menge, am richtigen Ort, zur richtigen Zeit zu günstigsten Kosten (ähnliche Definition wie in Kapitel 8.5.2.2 bei der integrierten Materialwirtschaft).

### 8.8.2 Finanzierungsformen

Unter den Finanzierungsformen werden die Arten der Kapitalaufbringung verstanden.
Zur Einteilung der Finanzierungsformen werden verschiedene Ordnungskriterien herangezogen (Perridon/Steiner 1980 S. 169ff.):

(1) nach der Rechtsstellung der Kapitalgeber und der Kapitalhaftung werden unterschieden:

- Eigenfinanzierung, d.h. Erhöhung des Eigenkapitals durch Einlagen der Eigentümer und aus Gewinn,
- Fremdfinanzierung, d.h. Erhöhung des Fremdkapitals durch Kreditgewährung von Gläubigern,

(2) nach der Fristigkeit sind zu nennen:

- kurzfristige Finanzierung (bis zu 1 Jahr),
- mittelfristige Finanzierung (1 bis 4 Jahre),
- langfristige Finanzierung (über 4 Jahre)

(3) nach der Entsprechung von Finanzausstattung und Finanzbedarf wird gesprochen von:

- Überfinanzierung, wenn die Austattung größer ist als der Bedarf,
- Unterfinanzierung, wenn die Austattung kleiner ist als der Bedarf und von
- bedarfsadäquater Finanzierung, wenn sich Ausstattung und Bedarf entsprechen,

(4) nach dem Anlaß der Finanzierung wird differenziert zwischen:

- Gründungsfinanzierung,
- Erweiterungsfinanzierung,
- Umfinanzierung (Andersfinanzierung) und
- Sanierungsfinanzierung,

(5) nach der Mittelherkunft (aus der Sicht der Unternehmung) trennt man:

- Außenfinanzierung (externe Finanzierung), z.B. Einlagen von Eigentümern, Beteiligungen von Gesellschaftern, neues Kreditkapital von Gläubigern oder Subventionen,
- Innenfinanzierung (interne Finanzierung), z.B. Selbstfinanzierung, d.h. Finanzierung aus Gewinn als offene oder stille Selbstfinanzierung, Finanzierung aus Abschreibungsgegenwerten, Finanzierung aus Rückstellungen oder Finanzierung durch Kapitalfreisetzung, d.h. Veräußerung von Vermögensteilen.

Zwischen den verschiedenen Finanzierungsformen sind Zusammenhänge zu beachten. So wird Eigenkapital im Normalfall langfristig (unbegrenzt) zu Verfügung gestellt werden, und Eigenfinanzierung kann sowohl Innenfinanzierung (z.B. Selbstfinanzierung) als auch Außenfinanzierung (z.B. Einlagen von Eigentümern) sein. Dies gilt analog für die Fremdfinanzierung (Innenfinanzierung, z.B.: Finanzierung aus Pensionsrückstellungen; Außenfinanzierung, z.B.: Finanzierung durch Kredite) (vgl. Hax 1984 S. 376 oder Perridon/Steiner 1980 S. 172).

Im folgenden sollen ausgewählte Formen der Einlagen- und Beteiligungsfinanzierung stichwortartig erläutert werden:

(1) ohne Zugang zur Börse:

- Einlage des Eigentümers,
- Beteiligung von Gesellschaftern (evtl. stiller Gesellschafter),
- Aufnahme von Kommanditisten (Teilhaber) in eine KG,
- Ausgabe von Anteilen an Gesellschafter in der GmbH und
- Ausgabe von Genossenschaftsanteilen in einer "eingetragenen Genossenschaft" (eG),

(2) mit Zugang zur Börse:

- Ausgabe junger Aktien in einer AG als Inhaber- oder Namensaktien, Stamm- oder Vorzugsaktien,
- Ausgabe von Kommanditaktien in einer Kommanditgesellschaft auf Aktien (KGaA).

Von ebenso großer Bedeutung sind die Formen der Kreditfinanzierung. Kredite erhält nur der, der kreditwürdig ist. Deshalb wird eine Kreditwürdigkeitsprüfung durchgeführt, mit der zu überprüfen versucht wird, ob der Schuldner seinen Rückzahlungs- und Zinsverpflichtungen in Zukunft nachkommen können wird.
Zur weiteren Risikominderung werden normalerweise "Sicherheiten" verlangt wie:

- Grundpfandrechte (Hypothek oder Grundschuld),
- Sicherungsübereignung,
- Sicherungsabtretung (von Forderungen und Rechten),
- Verpfändung,
- Bürgschaft u.a.

Die Formen der Kreditfinanzierung können unterteilt werden in (Perridon/Steiner 1980, S. 172, 185ff.):

(1) Formen des langfristigen Kredits, z.B.:

- Schuldverschreibungen (bzw. Anleihen oder Obligationen), d.h. Wertpapiere, die den Aussteller zur (i.d.R.) Rückzahlung eines aufgenommenen Geldbetrages und zu Zinszahlungen verplichtet
- Schuldscheindarlehen, die von Kapitalsammelstellen (z.B. großen Versicherungen) gegeben werden und
- langfristige Bankkredite durch z.B. Spezialkreditinstitute,

(2) Formen des kurzfristigen Kredits wie

- Lieferantenkredite,
- Kundenanzahlungen,
- Kontokorrentkredite (von Banken),
- Wechseldiskontkredite (z.B. Einreichung eines Wechsels bei einer Bank),
- Lombardkredit (Gewährung eines Darlehens gegen ein Faustpfand) und
- viele sonstige Sonderformen des kurzfristigen Kredits,

(3) Kreditsubstitute wie

- Factoring und
- Leasing.

Für Unternehmen von besonderer Bedeutung sind die unter dem Begriff Innenfinanzierung zusammengefaßten Finanzierungsformen, da diese nicht von der Bereitschaft Fremder zur Kapitalbereitstellung sondern vom betrieblichen Leistungsprozeß abhängen.
Aus diesem Grunde sollen auch die Formen der Innenfinanzierung eingehender dargestellt werden:

(1) Selbstfinanzierung,
d.h. Finanzierung durch Einbehaltung von Gewinn als

- offene Selbstfinanzierung (in der Bilanz ersichtlich) durch Gutschrift auf dem Kapitalkonto (bei Personengesellschaften und Einzelunternehmen) bzw. durch Bildung von Rücklagen bei Unternehmen mit eigener Rechtspersönlichkeit

oder

- stille Selbstfinanzierung (nicht in der Bilanz ersichtlich) durch Unterbewertung von Aktiva oder Überbewertung von Passiva (z.B. durch Ansatz zu hoher Rückstellungen),

(2) Finanzierung aus Abschreibungsgegenwerten,
die ermöglicht wird durch die Tatsache, daß die als Abschreibung auf die einzelnen Perioden der Nutzungszeit verteilte Wertminderung von abnutzbaren Anlagegütern bereits in der jeweiligen Periode in die Kalkulation der Produkte einfließt und so Kosten gedeckt werden, die de facto erst am Ende der Nutzungszeit entstehen, die Mittel dem Unternehmen also schon vorher zur Verfügung stehen (sofern die verrechneten Abschreibungen auch tatsächlich am Markt verdient werden können),

(3) Finanzierung aus Rückstellungen
(innerbetriebliche Fremdfinanzierung), wobei Rückstellungen für Verbindlichkeiten zu bilden sind, "die am Stichtag" der Bilanzerstellung "zwar dem Grunde nach, aber noch nicht nach Höhe und Fälligkeitszeitpunkt genau feststehen" (Perridon/Steiner 1980, S. 253). Rückstellungen werden gebildet als:

- Rückstellung für ungewisse Verbindlichkeiten,
- Rückstellung für drohende Verluste aus schwebenden Geschäften,
- Rückstellungen für Gewährleistungen oder
- Pensionsrückstellungen,

(4) Finanzierung aus Vermögensumschichtung
(Kapitalfreisetzung) durch:

- Veräußerung von nichtbetriebsnotwendigem Vermögen oder
- Rationalisierungsmaßnahmen.

### 8.8.3 Investitionsentscheidungen

Der Begriff der Investition umfaßt i.w.S. den Einsatz finanzieller Mittel zur Beschaffung von Produktionsfaktoren.
I.e.S. ist damit jedoch nur der Einsatz finanzieller Mittel zur Beschaffung von Anlagegütern gemeint. Im allgemeinen wird dieser enge Investitionsbegriff gewählt, wenn von Investition gesprochen wird.

Generell lassen sich drei verschiedene Investitionsarten unterscheiden:

(1) Erst-, Anfangs- oder Errichtungsinvestitionen,
(2) Ersatzinvestitionen und
(3) Erweiterungsinvestitionen.

Um die Vorteilhaftigkeit von Investitionsobjekten (Investitionsalternativen) beurteilen zu können, sind Verfahren der Investitionsrechnung entwickelt worden.
Die klassischen Verfahren werden in statische und dynamische Verfahren unterteilt.
Statische Verfahren berücksichtigen den Faktor Zeit nicht oder nur unvollkommen.
Dynamische Verfahren berücksichtigen hingegen die Zeit durch Diskontierung von Ein- und Auszahlungsströmen.

Statische Verfahren der Investitionsrechnung sind:

- Die Kostenvergleichsrechnung, bei der alle durch das geplante Projekt wahrscheinlich verursachten Kosten miteinbezogen werden, die Erlöse jedoch unberücksichtigt bleiben. Das Verfahren ist bedingt geeignet für die Beurteilung von Ersatz- und Rationalisierungsinvestitionen.
- Die Gewinnvergleichsrechnung, die den Kostenvergleich durch einen Erlösvergleich erweitert.
- Die Rentabilitätsvergleichsrechnung (Return on Investment [ROI]) setzt den Jahresgewinn einer Investition ins Verhältnis zum eingesetzten Kapital:

$$\text{ROI} = \frac{\text{Gewinn}}{\text{Kapitaleinsatz}} * 100\%$$

oder

$$ROI = \frac{Gewinn}{Umsatz} * \frac{Umsatz}{Kapitaleinsatz} * 100\%.$$

- Die Amortisationsrechnung (Pay-off-Period) ermittelt den Zeitraum, in dem das investierte Kapital (die Anschaffungsausgaben) über die Einnahmenüberschüsse (Erlöse minus laufende Ausgaben) wieder zurückfließt, z.B.:

  Anschaffungsausgabe 100.000,-- DM;
  Einnahmenüberschüsse p.a. 25.000,-- DM,
  daraus folgt

$$Amortisationsdauer = \frac{100.000}{25.000} = 4 \text{ Jahre.}$$

Der Hauptnachteil aller statischen Verfahren ist die Annahme jährlich gleichbleibender Ein- und Auszahlungsströme.

Die dynamischen Verfahren spiegeln insofern die Realität besser wider.
Von den dynamischen Verfahren seien hier erwähnt:

- Die Kapitalwertmethode, die den Barwert (Kapitalwert $C_0$) einer Investition durch Diskontierung der Einzahlungen (E) und Auszahlungen (A) in den einzelnen Jahren (t) der gesamten Nutzungsdauer auf den Bezugszeitpunkt (Investitionszeitpunkt) ermittelt.
  Die Abzinsung erfolgt mit einem Kalkulationszinsfuß (i), der der erforderlichen (gewünschten) Mindestverzinsung entspricht.
  Die Formel lautet:

$$C_0 = \sum_{t=0}^{n} (E_t - A_t) * \frac{1}{(1 + i)^t}$$

  Je höher der Kapitalwert ist, desto vorteilhafter ist das Investitionsobjekt.

- Die interne Zinssatzmethode, die ein Verfahren ist, bei dem der Kapitalwert ($C_0$) gleich Null gesetzt wird, um den Zinsatz zu finden, mit dem sich das eingesetzte Kapital verzinst (interner Zinssatz bzw. Zinsfuß). Wie man an obiger Formel für den Kapitalwert sieht, liegt in t eine Gleichung n-ten Grades vor, die nicht ganz einfach aufzulösen ist.
- Die Annuitätenmethode, bei der die Annuitäten, d.h. die jährlichen durchschnittlichen Einzahlungen und Auszahlungen, verglichen werden, also der Kapitalwert in uniforme (gleich große), jährliche Zahlungen umgerechnet wird.

Abschließend sei bemerkt, daß neuere Verfahren versuchen, ein optimales Investitionsbudget durch simultane Planung des Finanzierungs- und Investitionsprogramms mit Hilfe von OR-Methoden zu ermitteln. Allerdings werden diese Verfahren bisher kaum angewendet.

### 8.8.4 Finanz- und Investitionsplanung

Finanzpläne können nicht autonom erstellt werden, sie müssen die Interdependenzen mit allen anderen Plänen berücksichtigen. Dies gilt speziell auch für die Interdependenzen zwischen Finanz- und Investitionsplan.
Aufgabe der Finanzplanung ist es, die Zahlungsfähigkeit des Unternehmens in jedem Zeitpunkt zu sichern, wobei eine detailliertere kurzfristige und eine gröbere langfristige Planung zusammenspielen.
Dieser Aufgabe dient insbesondere auch die sog. integrierte Finanzplanung, mit der versucht wird, die Finanzrechnung stärker mit den übrigen vorhandenen Rechnungssystemen (z.B. Geschäftsbuchhaltung) zu verknüpfen.
In Ansätzen zum Kapitalbudget wird versucht, mit Hilfe von OR-Methoden sämtliche Absatz-, Produktions-, Investitions- und Finanzierungsmöglichkeiten simultan (gleichzeitig) zu erfassen und ein Optimum zu ermitteln. In der Praxis spielt dies, wie schon oben am Ende von Kapitel 8.8.3 erwähnt, keine Rolle.

## Kontrollfragen zu Kapitel 8.8

1. Welche vier Arten von Zahlungsströmen (nach Heinen) kann man unterscheiden?
2. Was versteht man unter Kapital?
3. Welches sind die Merkmale von Eigen- und Fremdkapital?
4. Was versteht man unter Kapital-, Finanz-, und Geldbedarf?
5. Welches sind die Hauptdeterminanten des Kapitalbedarfs?
6. Nennen und erläutern Sie die Finanzierungsformen nach fünf unterschiedlichen Ordnungskriterien!
7. Erläutern Sie Formen der Einlagen- und Beteiligungsfinanzierung!
8. Was versteht man unter Sicherheiten?
9. Nennen und beschreiben Sie Formen des langfristigen Kredits!
10. Nennen und beschreiben Sie Formen des kurzfristigen Kredits!
11. Was versteht man unter Selbstfinanzierung?
12. Wie funktioniert die Finanzierung aus Abschreibungsgegenwerten?
13. Was versteht man unter der Finanzierung aus Rückstellungen?
14. Was versteht man unter der Finanzierung aus Vermögensumschichtung?
15. Definieren Sie den Begriff "Investition"!
16. Welche Investitionsarten sind zu unterscheiden?
17. Nennen und beschreiben Sie die (klassischen) Verfahren der Investitionsrechnung!
18. Inwiefern hängen Finanz- und Investitionsplanung zusammen?

## 8.9 Informationswirtschaft

### 8.9.1 Bereiche der Informationswirtschaft

Nach Raffée umfaßt "die betriebliche Informationswirtschaft [...] die Aufnahme, Speicherung, Verarbeitung und Abgabe von Nachrichten durch den Betrieb" und im Betrieb "sowie die Sachmittel und Personen, die bei der Aufnahme, Speicherung, Verarbeitung und Abgabe von Informationen herangezogen werden". (Raffée 1974, S. 209)
In diesem Sinne gehören zur Informationswirtschaft:

(1) Fragen der Informationstechnologie (Betriebsinformatik), also

- EDV-Hardware und
- EDV-Software,

(2) Fragen der Gewinnung von Informationen für die einzelnen Betriebsfunktionen wie z.B.

- Marketingforschung,
- Personalwesen,
- Beschaffungswesen etc.,

(3) Fragen der Kommunikation im:

- unternehmensinternen oder
- unternehmensexternen Bereich,

(4) Fragen, die das Rechnungswesen betreffen, also

- die Buchhaltung und der Jahresabschluß,
- die Kosten- und Leistungsrechnung,
- die Statistik und Vergleichsrechnung und
- Prognoserechnungen,

(5) Fragen informatorischer Koordination (Controlling), d.h.

- Integration von Informationen und
- Hilfe zur Steuerung von Informationen.

Generell hat die Informationswirtschaft managementrelevante Informationen und Informationen für unternehmensexterne Interessengruppen zu liefern.
Im folgenden kann jedoch nur auf wenige ausgewählte Fragenkreise eingegangen werden.

Von zentraler Bedeutung für das Rechnungswesen der Unternehmung sind die Buchhaltung und der Jahresabschluß, deren Grundtatbestände und Komponenten kurz vorgestellt werden sollen:

(1) Komponenten des Jahresabschlusses:

- Die Bilanz, die zu einem bestimmten Zeitpunkt Vermögen und Kapital einer Unternehmung gegenüberstellt, wobei die Bilanzgleichung (Vermögen = Kapital) gilt. Für Aktiengesellschaften sieht eine Bilanz (nach HGB) z.B. wie folgt aus:

| Aktiva | Passiva |
| --- | --- |
| A. Ausstehende Einlagen<br>– davon eingefordert:<br>B. Aufwendungen für die Ingangsetzung und Erweiterung des Geschäftsbetriebs<br>C. Anlagevermögen<br>I. Immaterielle Vermögensgegenstände<br>1. Konzessionen, gewerbliche Schutzrechte und ähnliche Rechte und Werte sowie Lizenzen an solchen Rechten und Werten<br>2. Geschäfts- oder Firmenwert<br>3. geleistete Anzahlungen<br>II. Sachanlagen<br>1. Grundstücke, grundstücksgleiche Rechte und Bauten einschließlich der Bauten auf fremden Grundstücken<br>2. technische Anlagen und Maschinen<br>3. andere Anlagen, Betriebs- und Geschäftsausstattung<br>4. geleistete Anzahlungen und Anlagen im Bau<br>III. Finanzanlagen<br>1. Anteile an verbundenen Unternehmen<br>2. Ausleihungen an verbundene Unternehmen<br>3. Beteiligungen<br>4. Ausleihungen an Unternehmen, mit denen ein Beteiligungsverhältnis besteht<br>5. Wertpapiere des Anlagevermögens<br>6. sonstige Ausleihungen<br>D. Umlaufvermögen<br>I. Vorräte<br>1. Roh-, Hilfs- und Betriebsstoffe<br>2. unfertige Erzeugnisse, unfertige Leistungen<br>3. fertige Erzeugnisse und Waren<br>4. geleistete Anzahlungen<br>II. Forderungen und sonstige Vermögensgegenstände<br>1. Forderungen aus Lieferungen und Leistungen<br>– davon mit einer Restlaufzeit von mehr als 1 J.:<br>2. Forderungen gegen verbundene Unternehmen<br>– davon mit einer Restlaufzeit von mehr als 1 J.:<br>3. Forderungen gegen Unternehmen, mit denen ein Beteiligungsverhältnis besteht<br>– davon mit einer Restlaufzeit von mehr als 1 J.:<br>4. sonstige Vermögensgegenstände<br>III. Wertpapiere<br>1. Anteile an verbundenen Unternehmen<br>2. eigene Anteile<br>3. sonstige Wertpapiere<br>IV. Schecks, Kassenbestand, Bundesbank- und Postgiroguthaben, Guthaben bei Kreditinstituten<br>E. Rechnungsabgrenzungsposten<br>I. sonstige Rechnungsabgrenzungsposten<br>II. Disagio (wahlweise im Anhang)<br>F. Abgrenzungsposten für latente Steuern<br>G. (Nicht durch Eigenkapital gedeckter Fehlbetrag) | A. Eigenkapital<br>I. Gezeichnetes Kapital<br>II. Kapitalrücklage<br>III. Gewinnrücklagen<br>1. gesetzliche Rücklage<br>2. Rücklage für eigene Anteile<br>3. satzungsmäßige Rücklagen<br>4. andere Gewinnrücklagen<br>IV. Gewinnvortrag/Verlustvortrag<br>V. Jahresüberschuß/Jahresfehlbetrag<br>B. Sonderposten mit Rücklageanteil<br>C. Rückstellungen<br>1. Rückstellungen für Pensionen und ähnliche Verpflichtungen<br>2. Steuerrückstellungen<br>3. Rückstellung für latente Steuern<br>4. Sonstige Rückstellungen<br>D. Verbindlichkeiten<br>1. Anleihen<br>– davon konvertibel:<br>– davon Restlaufzeit bis zu 1 Jahr:<br>2. Verbindlichkeiten gegenüber Kreditinstituten<br>– davon Restlaufzeit bis zu 1 Jahr:<br>3. erhaltene Anzahlungen auf Bestellungen<br>– davon Restlaufzeit bis zu 1 Jahr:<br>4. Verbindlichkeiten aus Lieferungen und Leistungen<br>– davon Restlaufzeit bis zu 1 Jahr:<br>5. Verbindlichkeiten aus der Annahme gezogener Wechsel und der Ausstellung eigener Wechsel<br>– davon Restlaufzeit bis zu 1 Jahr:<br>6. Verbindlichkeiten gegenüber verbundenen Unternehmen<br>– davon Restlaufzeit bis zu 1 Jahr:<br>7. Verbindlichkeiten gegenüber Unternehmen, mit denen ein Beteiligungsverhältnis besteht<br>– davon Restlaufzeit bis zu 1 Jahr:<br>8. sonstige Verbindlichkeiten<br>– davon aus Steuern:<br>– davon im Rahmen der sozialen Sicherheit:<br>– davon Restlaufzeit bis zu 1 Jahr:<br>E. Rechnungsabgrenzungsposten |
| Bilanzsumme ...... | Bilanzsumme ..... |

Tabelle 8.9.1/I Bilanzschema nach § 266, 2 u. 3 HGB

Für die Zwecke der Gewinnbesteuerung wird nach den Vorschriften des Steuerrechts eine Steuerbilanz erstellt.
Davon ist die Handelsbilanz zu unterscheiden, die nach handelsrechtlichen Vorschriften in erster Linie im Blick auf die Interessen von Gläubigern und Anteilseignern erstellt wird.

- Die Gewinn und Verlustrechnung (GuV), die sich auf einen Zeitraum (hier ein Jahr) bezieht und den Erfolg durch Saldierung aller Aufwendungen und Erträge der Periode ermittelt.
  Das Grundschema der aktienrechtlichen Gliederungen der GuV nach dem Gesamtkostenverfahren (§ 275 Abs. 2 HGB) zeigt Tabelle 8.9.1/II:

1. Umsatzerlöse
2. Erhöhung oder Verminderung des Bestands an fertigen und unfertigen Erzeugnissen
3. andere aktivierte Eigenleistungen
4. sonstige betriebliche Erträge
   - davon aus der Auflösung von Sonderposten mit Rücklageanteil
5. Materialaufwand
   a) Aufwendungen für Roh-, Hilfs- und Betriebsstoffe und für bezogene Waren
   b) Aufwendungen für bezogene Leistungen
6. Personalaufwand
   a) Löhne und Gehälter
   b) soziale Abgaben und Aufwendungen für Altersversorgung und Unterstützung
      - davon für Altersversorgung
7. Abschreibungen
   a) auf immaterielle Vermögensgegenstände des Anlagevermögens und Sachanlagen sowie auf aktivierte Aufwendungen für die Ingangsetzung und Erweiterung des Geschäftsbetriebs
   b) auf Vermögensgegenstände des Umlaufvermögens, soweit diese die in der Kapitalgesellschaft üblichen Abschreibungen überschreiten*)
8. sonstige betriebliche Aufwendungen
   - davon Einstellung in den Sonderposten mit Rücklageanteil
9. Erträge aus Beteiligungen
   - davon aus verbundenen Unternehmen
10. Erträge aus anderen Wertpapieren und Ausleihungen des Finanzanlagevermögens
    - davon aus verbundenen Unternehmen
11. sonstige Zinsen und ähnliche Erträge
    - davon aus verbundenen Unternehmen
12. Abschreibungen auf Finanzanlagen und auf Wertpapiere des Umlaufvermögens
13. Zinsen und ähnliche Aufwendungen
    - davon an verbundene Unternehmen

14. **Ergebnis der gewöhnlichen Geschäftstätigkeit**

15. außerordentliche Erträge
16. außerordentliche Aufwendungen

17. außerordentliches Ergebnis

18. Steuern vom Einkommen und vom Ertrag
19. sonstige Steuern

20. Jahresüberschuß/Jahresfehlbetrag

*) u. a. Abschreibungen wegen zeitlicher Wertschwankungen und steuerliche Abschreibungen nach § 254 i. V. mit § 279 Abs. 2 HGB.

Tab. 8.9.1/II GuV nach dem Gesamtkostenverfahren (§ 275, 2 HGB)

Wählbar ist auch eine Gliederung der GuV nach dem Umsatzkostenverfahren, auf dessen Darstellung verzichtet wird. Wegen des Prinzips der doppelten Buchhaltung sind die Bilanz und die GuV miteinander verknüpft. In der Bilanz wird jedoch der Gewinn durch Gegenüberstellung von Bestandsgrößen (Aktiva, Passiva) ermittelt.

- Der Anhang enthält Erläuterungen und Ergänzungen zur Bilanz und GuV. Das Ausmaß der Berichterstattung ist unternehmensgrößen-abhängig gestaffelt.

- Der Lagebericht ist der vierte Bestandteil des Jahresabschlusses. Er soll Informationen enthalten über den Geschäftsverlauf und die Lage der Gesellschaft, den Sozialbericht (Verhältnisse und Leistungen), den Nachtragsbericht über bedeutsame Vorgänge nach Schluß des Geschäftsjahres und Angaben über Forschung und Entwicklung.

(2) die Grundtatbestände der Buchhaltung stützen sich vor allem auf das Grundprinzip der doppelten Buchhaltung, durch das alle Geschäftsvorfälle auf mindestens zwei verschiedenen Konten verbucht werden.
Auf einem Konto wird im "Soll" gebucht, auf dem anderen im "Haben". Folglich muß die Summe der Soll-Buchungen immer gleich der Summe der Haben-Buchungen sein. Ein Konto ist dabei eine zweiseitig geführte Rechnung, auf der die Wertbewegungen registriert werden.

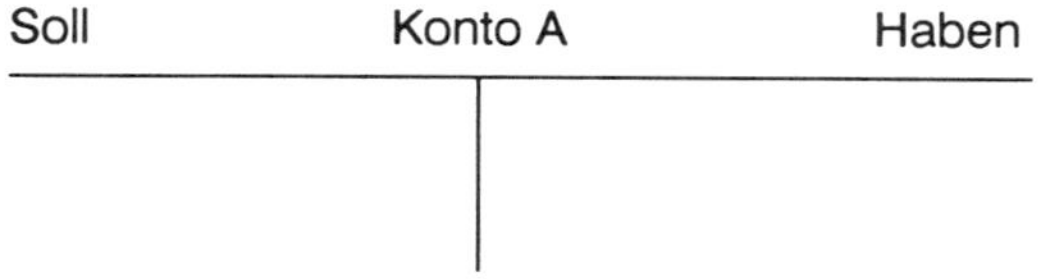


Abb. 8.9.1/I Schema eines Kontos

Alle Konten entsprechen in ihrem Aufbau folgender Gleichung:

**Anfangsbestand**
**+ Zugang**
**- Abgang**
**= Endbestand**

Im System der Doppik lassen sich drei Gruppen von Grundkonten unterscheiden:

- Finanzkonten (Einnahme- und Ausgabekonten),
- Bilanzkonten (Vermögens- und Kapitalkonten) und
- Erfolgskonten (Aufwands-/Kosten- und Ertrags-/Leistungskonten).

Finanzkonten und Bilanzkonten sind durch den Liquiditätssaldo bzw. den Kassenbestand miteinander verknüpft; Bilanzkonten und Erfolgskonten sind durch den Erfolgssaldo (Gewinn/Verlust) miteinander verknüpft.
Ein allgemeiner Gliederungsplan für die Kontenführung ist der Industrie-Kontenrahmen (IKR).
Anders als der ältere Gemeinschaftskontenrahmen (GKR) trennt der IKR klar zwischen Finanzbuchhaltung (Geschäftsbuchhaltung) und Betriebsbuchhaltung (Kosten- und Leistungsrechnung):

- Konten der Finanzbuchhaltung in den Klassen 0 bis 8 und
- Konten der Betriebsbuchhaltung in der Klasse 9.

Im einzelnen sind die Kontenklassen des IKR:

- Konten für Sachanlagen und immaterielle Anlagen (Kontenklasse 0),
- Konten für Finanzanlagen und Geldkonten (Kontenklasse 1),
- Konten für Vorräte, Forderungen und aktive Rechnungsabgrenzung (Kontenklasse 2),
- Konten für Eigenkapital, Wertberichtungen und Rückstellungen (Kontenklasse 3),
- Konten für Verbindlichkeiten und passive Rechnungsabgrenzung (Kontenklasse 4),
- Ertragskonten (Kontenklasse 5),
- Konten für Material-, Personal-, und Abschreibungsaufwendungen (Kontenklasse 6),
- Konten für Zinsen, Steuern und sonstige Aufwendungen (Kontenklasse 7),
- Konten für Eröffnung und Abschluß (Kontenklasse 8) und
- Konten der Kosten- und Leistungsrechnung (Kontenklasse 9).

Ein weiterer wichtiger Bereich des Rechnungswesens ist die <u>Kosten- und Leistungsrechnung</u> (bzw. die kalkulatorische Erfolgsrechnung), die anders als die Geschäftsbuchhaltung, die den handels- und steuerrechtlichen Jahresabschluß fundiert, primär internen Zwecken dient.
Sie knüpft nicht an Aufwendungen und Erträge, sondern an <u>Kosten und Leistungen</u> an. Deshalb läßt sie Aufwand, der keine Kosten darstellt (neutraler Aufwand), unberücksichtigt.
Andererseits berücksichtigt sie kalkulatorische Kosten (z.B. Eigenkapitalzinsen, die keinen Aufwand darstellen).
<u>Ziele der Kosten- und Leistungsrechnung</u> (KLR) sind (vgl. Dellmann 1984, Bd.II, S. 278):

- <u>die Ermittlung des Erfolgs einzelner Perioden</u>, deren Länge nicht über ein Jahr hinausgeht (kurzfristige Erfolgsrechnung) und
- <u>die Ermittlung des Erfolgs sachlicher Kalkulationseinheiten</u> mit Hilfe der Deckungsbeitragsrechnung oder der Trägerrechnung, bezogen auf Größen wie Stück, Auftrag, Abteilung, Kostenstelle o.ä..

Für die Kosten- und Leistungsrechnung werden die Kosten in verschiedene <u>Kostenarten</u> unterteilt, über die im folgenden ein Überblick gegeben werden soll.

Tabelle 8.9.1/III listet zunächst nach verschiedenen Kriterien gebildete "Kostenkategorien" auf:

| Kriterium | Kostenkategorien |
|---|---|
| unmittelbare Leistungs-bezogenheit | Programmkosten<br>Kosten mit unmittelbarem Zusammenhang mit kurzfristigen Programmentscheidungen<br><br>Bereitschaftskosten<br>Kosten der Betriebsbereitschaft |
| Zurechenbarkeit auf ein bestimmtes Bezugsobjekt | Einzelkosten<br>(zurechenbar)<br>Gemeinkosten<br>(nicht zurechenbar) |
| Verhalten bei Variation einer Kosteneinflußgröße | Fixe Kosten<br>Variable Kosten |
| Entscheidungsbezug | Relevante Kosten<br>Nicht relevante Kosten |
| Verbrauchte Güterarten | Kostenarten nach Güterarten geordnet (z.B. Materialkosten) |

Tab. 8.9.1/III Kostenkategorien

Von diesen Kostenkategorien, die Bezug nehmen auf sozusagen "ursprüngliche" Eigenschaften der Kosten, sind sonstige Kostengliederungen beispielsweise nach dem Umfang der Verrechnung oder dem Zurechnungsobjekt scharf zu trennen.

Nach dem Zurechnungsobjekt unterscheidet man z.B.:

- Periodenkosten,
- Stellenkosten und
- Stück- oder (Produkt-) Einheitskosten.

Nach dem Umfang der Verrechnung spricht man von:

- Vollkosten und
- Teilkosten.

Teilkosten liegen dann vor, wenn nur ein Teil der vollen Kosten einer Periode auf Stellen oder Stücke verteilt wird, da z.B. oft auf die Verteilung nicht verursachungsgemäß zurechenbarer Kosten verzichtet wird.

Der Strukturaufbau der Kosten- und Leistungsrechnung läßt vier Bereiche erkennen.

(1) Die Kosten- und Leistungsartenrechnung,
die der Erfassung von Kosten- und Leistungsarten nach der Art verbrauchter Güter (z.B. Material-, Arbeits-, Kapitalkosten) und entstandenen Leistungen (z.B. Menge und Wert eines erzeugten Produkts) dient.
Diese Artenrechnung hat den Charakter einer Datenbank und ist Datenbasis für perioden- und stückbezogene Zurechnungen und Analysen.

(2) Die Kosten- und Leistungsstellenrechnung i.w.S.,
bei der eine Verrechnung von Kosten- und Leistungsarten auf örtlich-organisatorische Verantwortungsbereiche (z.B. auf Stellen) erfolgt. Diese Verantwortungsbereiche können sein:

- Arbeitsplätze,
- Stellen (Stellenrechnung i.e.S.),
- Bereiche,
- Abteilungen,
- Sparten (Unternehmens- oder Geschäftsbereiche) und
- die Unternehmung.

Von Kostenstellenrechnung spricht man dann, wenn eine Kostenrechnung für einen betrieblichen Verantwortungsbereich durchgeführt wird, in dem allein die Kostenentstehung verantwortet werden muß (z.B. die Dreherei oder Montage).
Ziel ist dabei i.d.R. die Kontrolle der Wirtschaftlichkeit dieser Kostenstelle.
Nach der Art der erzeugten Produkte können folgende Kostenstellen unterschieden werden:

- Hauptkostenstellen, die verkaufbare Produkte erstellen, die zum Kern des Produktionsprogrammes eines Betriebes gehören,
- Nebenkostenstellen, die verkaufbare Produkte erstellen, die aber nur Randprodukte sind und
- Hilfskostenstellen, die Produkte erstellen, die zum innerbetrieblichen Verbrauch bestimmt sind.

Die Verteilung der Kostenarten auf die Kostenstellen kann mit Hilfe eines sogenannten Betriebsabrechnungsbogens (BAB) vorgenommen werden.
Dabei werden die Gemeinkosten (nicht verursachungsgemäß zurechenbare Kosten) in einer Vollkostenrechnung "geschlüsselt". Die Schlüssel sollen der Verursachung der Kosten möglichst nahe kommen.

(3) Die Kosten- und Leistungsträgerrechnung wird gegliedert in:

- die Kostenträgerrechnung, bei der die Kosten je Produkteinheit (Stück o.ä.) ermittelt werden, und
- die Stückerfolgsrechnung, die der Ermittlung des Erfolgs je Produkteinheit als Differenz von Preis und Stückkosten dient.

Die Trägerrechnung kann auf Voll- und Teilkostenbasis durchgeführt werden.

Zwecke der Trägerrechnung sind:

- die Vor- und Nachkalkulation für die Ermittlung von Stückkosten für die Bewertung von Warenbeständen,
- die Bildung einer Basis für Kostenvergleiche,
- die Durchführung von Wirtschaftlichkeitsrechnungen,
- die Ermittlung von Preisuntergrenzen und
- die Planung von Produktprogrammen.

(4) Die kurzfristige Erfolgsrechnung,
in deren Rahmen der Erfolg für Perioden, die kürzer als ein Jahr sind (z.B. monatlich, vierteljährlich), ermittelt wird.
Verfahren der kurzfristigen Erfolgsrechnung sind:

- das Gesamtkostenverfahren, bei dem die Gesamtkosten mit den Gesamtleistungen verglichen werden, wobei eine Inventur der Bestände an Halb- und Fertigfabrikaten erforderlich ist, und
- das Umsatzkostenverfahren, bei dem die Erlöse (Umsätze) der verkauften Produkte mit den Kosten der verkauften Produkte verglichen werden.

Die Betriebsinformatik hat durch den Einsatz der Elektronischen Datenverarbeitung (EDV) in der Informatonswirtschaft stark an Bedeutung gewonnen. Dies führt dazu, daß heute jeder Mitarbeiter im Unternehmen grundlegende Kenntnisse über

- Hardware-Komponenten,
- Software (System- und Anwendungssoftware) und
- Software-Entwicklung

besitzen und darüber hinaus mindestens eine Programmiersprache beherrschen sollte. Vertiefend kann darauf jedoch nicht eingegangen werden.

### 8.9.2 Ausgewählte Probleme der Informationswirtschaft

#### 8.9.2.1 Management-Informationssyteme

Als Management-Informationssysteme (MIS) werden EDV-gestützte Informationssysteme bezeichnet, die auf den Informationsbedarf von Managern zugeschnitten sind. Für kleine Teilbereiche der Unternehmung liegen solche Informationssysteme vor; umfassende Management-Informationssysteme wurden zwar angestrebt, sie konnten jedoch noch nicht realisiert werden.

Komponenten eines MIS sind normalerweise:

- Datenbanken, d.h. in Speichermedien vorhandene Einzelinformationen über reale Sachverhalte,
- Methodenbanken über statistische Methoden der Datenverarbeitung und
- Modellbanken, die quantitative Modelle der Realität und mathematische Funktionen für Variablenzusammenhänge enthalten.

Unterscheidbar sind zwei Typen von MIS:

(1) berichtsorientierte Datensammlungs- und Verarbeitungssysteme wie:

- Berichtssysteme,
- Identifikations- und Klassifikationssysteme und
- Kontrollsysteme (z.B. Ausnahmeberichtssysteme, Frühwarnsysteme),

(2) entscheidungsorientierte Informationssysteme wie:

- Prognosesysteme für Entwicklungs- oder Wirkungsprognosen und
- Entscheidungssysteme zur Entscheidungsvorbereitung und Entscheidungsfindung.

### 8.9.2.2 Informationsbewertung

Informationen sind wichtige produktive Faktoren und/oder Produkte, die bewertet werden müssen. Dies soll ein Beispiel verdeutlichen:

Ein Manager besitzt im Rahmen der Planung neuer Produkte nur sehr unvollständige Informationen über die Marktchancen eines Produktes. Er überlegt, ob er einen Testmarkt durchführen soll oder nicht. Die Kosten des Testmarktes sind bekannt; unbekannt ist der Nutzen des Testmarktes, d.h. der Wert der mittels des Testmarktes zu gewinnenden Informationen. Für seine Entscheidung muß der Manager eine Bewertung der ihm unbekannten Informationen vornehmen.
Für dieses Problem gibt es wahrscheinlichkeitstheoretische Lösungsansätze (z.B. Bayes-Ansatz), die in der Praxis jedoch - verständlicherweise - nicht angewandt werden.
Angesichts der Kosten der Informationsgewinnung ist es nur schwer verständlich, daß man sich in der Betriebswirtschaftslehre über die Bewertung von Informationen bisher sehr wenig Gedanken gemacht hat.

## Kontrollfragen zu Kapitel 8.9

1. Wie kann der Begriff "betriebliche Informationswirtschaft" definiert werden?
2. Welche Fragestellungen betreffen die Informationswirtschaft?
3. Aus welchen Komponenten besteht der Jahresabschluß?
4. Beschreiben Sie die Kernelemente der Bilanz einer Aktiengesellschaft!
5. Beschreiben Sie die Kernelemente der Gewinn- und Verlustrechnung einer Aktiengesellschaft!
6. Was ist der Unterschied zwischen einer Bilanz und einer GuV?
7. Welche Angaben enthält der Geschäftsbericht?
8. Erläutern Sie das Grundprinzip der doppelten Buchführung!
9. Welche drei Gruppen von Grundkonten lassen sich in der doppelten Buchhaltung unterscheiden?
10. Nennen Sie die Kontenklassen im Industrie-Kontenrahmen (IKR)!
11. Welchem Zweck dient die Kosten- und Leistungsrechnung (KLR)?
12. Welches sind Ziele der KLR?
13. Worin unterscheiden sich die fünf wesentlichen Kostenkategorien?
14. Was versteht man unter Voll- und Teilkostenrechnungen?
15. Wozu dient die Kosten- und Leistungsartenrechnung?
16. Wozu dient die Kosten- und Leistungsstellenrechnung?
17. Welche Verantwortungsbereiche können Bezugsobjekt einer Stellenrechnung sein?
18. Was versteht man unter einer Kostenstelle?
19. Welche Kostenstellen können nach der Art der erzeugten Produkte unterschieden werden?
20. Was versteht man unter der Schlüsselung von Gemeinkosten?
21. Was gehört zur Kosten- und Leistungsträgerrechnung?
22. Wozu dient die Trägerrechnung?
23. Was versteht man unter der kurzfristigen Erfolgsrechnung?
24. Was versteht man unter dem Gesamt- und Umsatzkostenverfahren?
25. Was versteht man unter Management-Informations-Systemen (MIS)?
26. Welches sind die Komponenten eines MIS?
27. Welche Typen eines MIS können unterschieden werden?

# 9. Perspektiven der Betriebswirtschaftlehre

Die Spezialisierung der Forscher in vielen Teilbereichen der Betriebswirtschaftslehre ist so weit fortgeschritten, daß von der Bildung relativ autonomer Disziplinen innerhalb der Bertriebswirtschaftslehre gesprochen werden kann.
Auf der anderen Seite setzt sich jedoch die Erkenntnis durch, daß eine Problemlösung (gerade auf wirtschaftlichem Gebiet) ohne interdisziplinäre Zusammenarbeit nicht zufriedenstellend möglich ist.
Diese Zusammenarbeit erfordert auch die Öffnung der Betriebswirtschaftslehre gegenüber Nachbardisziplinen wie Soziologie und Psychologie, aber ebenso gegenüber den Ingenieurwissenschaften.
Besonders intensiv wird zur Zeit die Öffnung der Betriebswirtschaftlehre gegenüber der Philosophie und Ethik diskutiert.
Ausgangspunkt ist die Feststellung, daß rein wirtschaftliches, oft auf kurzfristige Gewinnmaximierung ausgerichtetes Verhalten, zu ethisch nicht tragbaren Konsequenzen führen kann, wie etwa der Lieferung von Anlagen zur Chemiewaffenproduktion oder der von Drogengrundstoffen, um nur zwei Beispiele aus jüngster Zeit zu nennen.
Ziel ist dabei die Auflösung des Konflikts bzw. angenommenen Widerspruchs zwischen Ökonomie und Ethik (die auch ökologische Belange einschließt) zugunsten einer an die Industrie neue und hohe Anforderungen stellenden Synthese der Problemkreise.
Die Betriebswirtschaftslehre wird sich der Verantwortung stellen müssen und ihren Beitrag zu dieser Diskussion zu leisten haben.
Dies schließt m.E. sowohl eine interdisziplinäre Zusammenarbeit von Betriebswirtschaftlern mit Philosophen, Ethikern, Theologen, Ökologen und die Errichtung von Lehrstühlen für Wirtschaftsethik ein als auch die Verpflichtung des einzelnen Hochschullehrers, in den Studenten ein ethisches Problembewußtsein und Verantwortungsgefühl zu wecken und weiterzuentwickeln.

# Literaturverzeichnis


Abernathy, W. J.; Utterback, J. M. (Abernathy/Utterback): Patterns of Industrial Innovation, in: Technology Review, Vol. 80 (No. 7, 1978), Reprint, S. 1-9

Adam, D. (Adam 1988): Produktionspolitik, 5. Aufl., Wiesbaden 1988

Ansoff, I.; Steward, J. M. (Ansoff/Steward 1967): Strategies For a Technology-Based Business, in: Harvard Business Review, Vol. 45 (No. 12/1967), S. 71-83

Bertalanffy, L. v. (Bertalanffy 1968): General System Theory, New York 1968

Brockhoff, K. (Brockhoff 1984): Forschung und Entwicklung, in: Vahlens Kompendium der Betriebswirtschaftslehre, Bd. I, München 1984, S. 159-186

Commes, M.-T./Lienert, R.: Controlling im F&E-Bereich, in: Zeitschrift für Organistation, Heft 7, 1983, S. 347-354

Dellmann, K. (Dellmann 1984): Kosten- und Leistungsrechnungen, in: Vahlens Kompendium der Betriebswirtschaftslehre, Bd. II, München 1984, S. 271-332

Disch, W.; Meier-Maletz, M. (Disch/Meier-Maletz 1981): Handbuch der Verkaufsförderung, Hamburg-Zürich 1981

Domsch, M. (Domsch 1984): Personal, in: Vahlens Kompendium der Betriebswirtschaftslehre, Bd. I, München 1984, S. 483-539

Fayol, H. (Fayol 1950): Administration Industrielle et Générale, 3e livraison, Paris 1950

Gutenberg, E. (Gutenberg 1965): Grundlagen der Betriebswirtschaftslehre, Bd. I: Die Produktion, 10. Aufl., Berlin-Heidelberg-New York 1965

Gutenberg, E. (Gutenberg 1969): Grundlagen der Betriebswirtschaftslehre, Bd. III: Die Finanzen, 3. Aufl., Berlin-Heidelberg-New York 1969

Hansen, U.; Leitherer, E. (Hansen/Leitherer 1984): Produktpolitik, 2. Aufl., Stuttgart 1984

Hax, H. (Hax 1984): Finanzierung, in: Vahlens Kompendium der Betriebswirtschaftslehre, Bd. I, München 1984

Heinen, E. (Heinen 1977): Einführung in die Betriebswirtschaftslehre, 6. Aufl., Wiesbaden 1977

Hopfenbeck, W. (Hopfenbeck 1989): Allgemeine Betriebswirtschaftslehre und Managementlehre, Landsberg am Lech 1989

Ihde, G-B. (Ihde 1971): Logistik, Stuttgart 1971

Kappler, E.; Wegmann, M. (Kappler/Wegmann 1983): Konstitutive Entscheidungen, in: Heinen: Industriebetriebslehre, 7. Aufl., Wiesbaden 1983, S. 31-267

Kieser, A.; Kubicek, H (Kieser/Kubicek 1978): Organisationstheorien II, Stuttgart-Berlin-Köln-Mainz 1978

Kirsch, W.; Bamberger, I.; Gabele, E.; Klein, H. K. (Kirsch 1973): Betriebswirtschaftliche Logistik, Wiesbaden 1973

Kotler, P. (Kotler 1974): Marketing-Management, 2. Aufl., Stuttgart 1974

Küpper, H.-U. (Küpper 1984): Beschaffung, in: Vahlens Kompendium der Betriebswirtschaftslehre, Bd. I, München 1984, S. 187-240

Lewin, K. (Lewin 1963): Feldtheorie in den Sozialwissenschaften, Bern 1963

Maidique, M. A.; Patch, P. (Maidique/Patch 1980): Corporate Strategy and Technological Policy, Working Paper Harvard Business School 9-679-033, N°. 3/1980

Malik, F.; Probst, G. (Malik/Probst 1981): Evolutionäres Management, in: Die Unternehmung, 35.Jg., 1981, S. 121-140

Marr, R. (Marr 1984): Betrieb und Umwelt, in: Vahlens Kompendium der Betriebswirtschaftslehre, Bd. I, München 1984, S. 47-110

Maslow, A. E. (Maslow 1970): Motivation and Personality, 2nd edition, New York-Evanston-London 1970

Mayer, D.; Greenberg, H. M. (Mayer/Greenberg 1964): What makes a Good Salesman?, in: Harvard Business Review, 42.Jg. (July-August 1964), S. 119-125

Müller-Merbach, H. (Müller-Merbach 1976). Einführung in die Betriebswirtschaftslehre, München 1976

Nieschlag, R; Dichtl, E.; Hörschgen, H. (Nieschlag/Dichtl/Hörschgen 1981): Marketing, 12. Aufl., Berlin 1981

Perridon, L.; Steiner, M. (Perridon/Steiner 1980): Finanzwirtschaft der Unternehmung, 2. Aufl., München 1980

Pfeiffer, W.; Schneider, W.; Dögl, R. (Pfeiffer 1986): Technologie-Portfolio-Management, in: Staudt, E. (Hrsg.): Das Management von Innovationen, Frankfurt/Main 1986, S. 107-124

Pfohl, H-C. (Pfohl 1972): Marketing-Logistik, Mainz 1972

Pfohl, H-C. (Pfohl 1981): Planung und Kontrolle, Stuttgart-Berlin-Köln-Mainz 1981

Porter, M. E. (Porter 1980): Competitive Strategy, New York 1980

Projektgruppe im Wirtschafts- und Sozialwissenschaftlichen Institut des Deutschen Gewerkschaftsbundes (WSI 1974): Grundelemente zu einer Arbeitsorientierten Einzelwirtschaftslehre. Ein Beitrag zur politischen Ökonomie der Unternehmung, WSI-Studie zur Wirtschafts- und Sozialforschung, Nr. 23, Köln 1974

Raffée, H. (Raffée 1974): Grundprobleme der Betriebswirtschaftslehre, Göttingen 1974

Raffée, H. (Raffée 1984): Gegenstand, Methoden und Konzepte der Betriebswirtschaftslehre, in: Vahlens Kompendium der Betriebswirtschaftslehre, Bd. I, München 1984, S. 1-46

Reichwald, R.; Mrosek, D. (Reichwald/Mrosek 1983): Produktionswirtschaft, in: Heinen: Industriebetriebslehre, 7. Aufl., Wiesbaden 1983, S. 365-503

Rühli, E. (Rühli 1975): Beiträge zur Unternehmensführung und Unternehmenspolitik, Bern-Stuttgart 1975

Schierenbeck, H. (Schierenbeck 1980): Grundzüge der Betriebswirtschaftslehre, 5. Aufl., München-Wien 1980

Schierenbeck, H. (Schierenbeck 1987): Grundzüge der Betriebswirtschaftslehre, 9. Aufl., München-Wien 1987

Schmalenbach, E. (Schmalenbach 1934): Selbstkostenrechnung und Preispolitik, Leipzig 1934

Schneider, D. (Schneider 1981): Geschichte betriebswirtschaftlicher Theorie, München-Wien 1981

Schoch, R. (Schoch 1969): Der Verkaufsvorgang als sozialer Interaktionsprozeß, Winterthur 1969

Seiffert, H. (Seiffert 1969): Einführung in die Wissenschaftstheorie 1, München 1969

Silberer, G. (Silberer 1979): Warentest, Informationsmarketing, Verbraucherverhalten, Berlin 1979

Specht, G (Specht 1971): Grundlagen der Preisführerschaft, Wiesbaden 1971

Specht, G. (Specht 1974): Marketing-Management und Qualität des Lebens, Stuttgart 1974

Specht, G. (Specht 1988): Distributionsmanagement, Stuttgart-Berlin-Köln-Mainz 1988

Specht, G.; Michel K-U. (Specht/Michel 1988): Integrierte Technologie- und Marktplanung mit Innovationsfeldportfolios, in: ZfB 1988, 58. Jg., (H. 4, 1988), S. 502-520

Staehle, W. (Staehle 1980): Management, München 1980

Steiner, M. (Steiner 1984): Konstituierende Entscheidungen, in: Vahlens Kompendium der Betriebswirtschaftslehre, Bd. 1, München 1984, S. 111-157

Ulrich, H. (Ulrich 1970): Die Unternehmung als produktives System, Bern-Stuttgart 1970

Ulrich, P.; Fluri, E. (Ulrich/Fluri 1984): Management, 3. Aufl., Bern-Stuttgart 1984

Webster, F. E.; Wind, Y. (Webster/Wind 1972): Organizational Buying Behaviour, New Jersey 1972

Wild, J. (Wild 1974): Grundlagen der Unternehmensplanung, Reinbek bei Hamburg 1974

Wildemann, H. (Wildemann 1984): Entscheidungsparameter der Werkstattsteuerung, in: Wildemann, H. u.a.: Flexible Werkstattsteuerung durch Integration von KANBAN-Prinzipien, München 1984, S. 19-31

Witte, E. (Witte 1973): Organisation für Innovationsentscheidungen. Das Promotorenmodell. Göttingen 1973

Wöhe, G. (Wöhe 1984): Einführung in die allgemeine Betriebswirtschaftslehre, 15. Aufl., München 1984

Zwicky, F. (Zwicky 1971): Entdecken, Erfinden, Forschen, München-Zürich 1971

## Stichwortverzeichnis